Aleida Assmann
Jan Assmann

GEMEINSINN

DER SECHSTE, SOZIALE SINN

Aleida Assmann
Jan Assmann

GEMEINSINN

DER SECHSTE, SOZIALE SINN

C.H.Beck

Unseren Kindern
Vincent, David, Marlene, Valerie, Corinna

Mit 8 Abbildungen

1. Auflage. 2024

2. Auflage. 2025

Wilhelmstraße 9, 80801 München, info@beck.de

www.chbeck.de
Umschlaggestaltung: Kunst oder Reklame, München
Satz: Janß GmbH, Pfungstadt
Druck und Bindung: CPI – Ebner&Spiegel, Ulm
Gedruckt auf säurefreiem und alterungsbeständigem Papier
Printed in Germany
ISBN 978 3 406 82186 8

verantwortungsbewusst produziert
www.chbeck.de/nachhaltig
produktsicherheit.beck.de

INHALT

3.
Brüderlichkeit
– 55 –

4.
Menschenbilder zwischen Partikularismus und Universalismus
– 63 –

5.
Beziehungsgrammatiken: Feindbilder und Freundbilder
– 103 –

Epilog oder: Was wir von den Finnen lernen können

Anhang

VORWORT

1957 wurde in Bonn ein unabhängiger und überparteilicher Bürgerverein namens «Aktion Gemeinsinn e.V.» gegründet. Er setzte «auf die Bereitschaft der Menschen zum Engagement für den Zusammenhalt der Gesellschaft» und griff Probleme auf, die «im Interesse aller gelöst werden müssen, die aber Staat, Länder und Gemeinden nicht oder nicht alleine lösen können. Denn was der Staat nicht tun kann, was aber dennoch für die Gemeinschaft getan werden muss, das muss der Bürger tun.»[1] Der Verein verzichtete bewusst auf institutionelle Förderung durch den Staat und finanzierte seine Arbeit ausschließlich über Beiträge, Spenden und Zuwendungen für Projekte. Viele ehrenamtliche Mitarbeiter leisteten inhaltliche und organisatorische Hilfe. 2015 stellte der Verein seine Arbeit ein. Der letzte Vorsitzende war Henning von Vieregge, Autor des Buches *Wo Vertrauen ist, ist Heimat. Auf dem Weg in eine engagierte Bürgergesellschaft*.

Davon wussten wir nichts, als wir uns vornahmen, den Begriff «Gemeinsinn» wieder aufzunehmen und neue Zugänge zu ihm zu sondieren. Als produktiver Kontext für diese Aufgabe bot sich ein von der Dr. K. H. Eberle Stiftung an der Universität Konstanz von 2020 bis 2023 gefördertes Projekt an mit dem Titel: «Gemeinsinn. Was ihn bedroht und was wir für ihn tun können». Dass die Hälfte dieser Laufzeit in die Coronazeit fiel, hat die Arbeit an dem Thema nicht behindert, sondern eher noch angetrieben. Denn erstens stand menschliches Zusammenleben plötzlich unter dem Vorzeichen «Gemeinsinn» und war von gegenseitiger Rücksicht bestimmt, deren erste Regel lautete: «Deine Maske schützt mich, meine Maske schützt dich.» Und zweitens, nicht weniger wichtig, erschloss die digitale Technologie der Videokonferenz ganz neue Foren und Formen distanzierter Zusammenarbeit. Davon konnte die Arbeitsgruppe, für die wir an der Universität Konstanz ein ideales Milieu fanden, sehr profitieren.[2] Wir sind der Stiftung und der Universität, vor allem aber den Mitgliedern der Gemeinsinn-Gruppe und ihren Gästen für reichhaltige Anregungen, spannende Diskussionsrunden und Kooperationen zu großem Dank verpflichtet.

Innerhalb dieser größeren Gruppe hat sich noch eine engere Kooperation entwickelt. Dass wir als Ehepaar zusammenarbeiteten, war für uns selbstverständlich, aber dass diese Zusammenarbeit unter der Hand die Form einer Ko-Autorschaft angenommen hat, war für uns beide neu und überraschend. Es ist schmerzlich, dass einer von uns das Erscheinen dieses Buches nicht mehr erlebt. Aber es war ein großes Glück, dass wir es noch gemeinsam zu Ende schreiben konnten.

Ich danke Ulrich Nolte und Jonathan Beck vom Verlag C.H.Beck dafür, dass sie dieses Buchmanuskript so wohlwollend angenommen haben. Ulrich Nolte hat den Editionsprozess mit großem persönlichem Einsatz beraten und begleitet; Sabine Walther hat ihn mit Kompetenz und Sorgfalt unterstützt und David Assmann hat sich wie gewohnt als kritischer Mitleser bewährt. Allen sei für diese so effektive Kooperation herzlich gedankt.

Konstanz, im Frühjahr 2024 *Aleida Assmann*

EINLEITUNG

Gemeinsinn und Demokratie

In den letzten zehn Jahren ist die Demokratie verstärkt ins Zentrum wissenschaftlicher Aufmerksamkeit gerückt. Viele Institute zu diesem Thema wurden neu gegründet, der Begriff tauchte immer öfter in wissenschaftlichen Großprojekten und Forschungsverbünden auf, die Zahl aktueller Publikationen ist rasant angestiegen. Der Grund ist offensichtlich: Demokratien befanden sich nicht mehr im Aufwind, sondern erfuhren erstmals in der Geschichte des Westens starken Gegenwind. Das war nach 1989 noch ganz anders. Nach dem Sturz der Mauer und dem Ende des Kalten Krieges bekannten sich viele Staaten zu dieser Regierungsform und strebten eine Mitgliedschaft in der EU an. Auch außerhalb der EU formierten sich in autoritären Staaten zivilgesellschaftliche Bewegungen, die trotz repressiver Gewalt mit ihren Großdemonstrationen zeigten, wie attraktiv und ansteckend demokratische Grundwerte sind. Charles Taylor konstatierte damals: «Demokratie ist zu einer Norm geworden, der sich niemand mehr verweigern kann. Es gibt eine Art Demokratisierungsdruck, der für alle Gesellschaften gilt.» Er sah in dieser Entwicklung einen historischen Wandel der «politischen Legitimation» der Demokratie und sprach von einem internationalen Konsens, denn er beobachtete, dass sich in den 1990er Jahren selbst autoritäre Regime als Demokratien «tarnen» mussten.[1]

Doch die Hoffnung, dass mit dem Ende des Staatssozialismus auch der Anfang eines neuen Zeitalters der Demokratisierung beginnen würde, wurde bald getrübt. Gewiss gab es 2013/2014 den Maidan in Kyjiv, auf dem sich die Ukrainer zur EU bekannten und über hundert von ihnen als Märtyrer der Freiheit ermordet wurden. 2020 gingen in Belarus Hunderttausende aus Protest nach einer gefälschten Wahl auf die Straße, darunter weiß gekleidete Frauen mit Blumen in der Hand. Im Iran erleben wir gegenwärtig eine feministische Revolution unter dem Motto: «Frau, Leben, Freiheit!», getragen von ungeheurem Mut und großer Solidarität. Das sind nach wie vor beeindruckende Manifestationen von Zivilgesellschaften. Es gibt aber auch massive Gegenbewegungen, die sich formieren und strategisch aufstellen. Dazu gehören radikale nationalistische Parteien, die in demokratischen Ländern wie Polen, Italien, Ungarn und auch Deutschland mit fremdenfeindlichen Parolen mobilisieren. Auch in anderen EU-Staaten gewinnen rechte Parteien an Zulauf, die offen gegen Pluralismus und Menschenrechte polemisieren. In einigen Mitgliedstaaten wenden sich die Regierungen inzwischen offen gegen den demokratischen Wertekonsens der EU und bauen ihren Staatsapparat um. In Polen wurde das System unabhängiger Richter unterlaufen, Ungarn verwandelte sich unter Präsident Orbán von einer Demokratie in eine «hybride Wahlautokratie». Eine ähnliche Entwicklung war in Israel zu beobachten.

Kein Wunder, dass in dieser Zeit der politischen Krisen und Kriege das wissenschaftliche Interesse an Demokratie deutlich zugenommen hat. Warum hat die Demokratie an Überzeugungskraft verloren? Es gibt gute Gründe, genauer wissen zu wollen, wodurch diese Regierungsform gefährdet ist und wie sie gestärkt werden kann. Lange Zeit galt der Streit als das belebende Elixier der Demokratie. Wir erinnern uns an diese verbreitete Empfehlung: Kontroverse Diskussionen sollten innovative Lösungen hervorbringen und auf diese Weise einen permanenten Fortschritt in Gang setzen. Man war sich einig: Widerspruch und Gegenpositionen zwingen zum Nachdenken und Nachbessern, sie fördern geistige Beweglichkeit und halten die Gesellschaft in Bewegung, um auf immer neue Herausforderungen konstruktive Lösungen zu finden.

So weit, so gut. Es kommt dabei aber letztlich auf die Qualität des Arguments und seine Überzeugungskraft an. Verantwortliche Politiker waren immer in der Lage, für ihre Ziele und Werte auch Unterstützung im anderen Lager zu finden. Differenz und Dissens zwischen den Parteien ist selbstverständlich und gewollt, schloss aber Übereinstimmungen in den Werten und der Einschätzung des Gesamtbilds nicht aus. Diese Form des kommunikativen Streits unterscheidet sich klar von der Form des unkommunikativen Streits, mit dem wir es heute in politischen Auseinandersetzungen zu tun haben.

Die neue Form von Streit schließt Konsens nämlich prinzipiell aus. Der Blick auf ein wie immer geartetes Gemeinwohl ist der Gesellschaft abhanden gekommen. Sie ist ideologisch gespalten. Die AfD hat kompromisslose Umgangsformen eingeführt und neue Maßstäbe gesetzt, und viele Politiker haben sich an dieses populistische Klima angepasst. «Nachhaltig ist das neue Profitabel», verkündet die Werbung einer großen Unternehmensberatung im Intercity. Doch solche Formen des Kompromisses und des Interessensausgleichs sind eher selten. Wer an die Wirtschaft denkt, lehnt den Klimaschutz ab, wer an die Umwelt denkt, lehnt die Wirtschaft ab. Viele erregte Diskussionen (man denke an Gendersternchen) dienen heute nichts anderem als einer kategorischen Veränderungsverhinderung. Die Bremse des Status Quo wird dabei immer fester angezogen. Der Streit hat die Grundwerte der Demokratie erfasst. Der Graben zwischen Demokraten und Antidemokraten wird immer tiefer. Während die Konsenslosigkeit dazu führt, dass wir auf der Stelle treten und sich nichts mehr bewegt, führt die Politik der Antidemokraten zur Selbstabschaffung der Demokratie.

Die Selbstabschaffung der Demokratie ist ein Thema, das die Soziologin Eva Illouz näher untersucht hat.[2] Ihre Fragestellung geht auf die Kritische Theorie der Frankfurter Schule zurück, die gezeigt hat, dass die Demokratie gefährliche Möglichkeiten besitzt, ihre eigenen Grundlagen zu untergraben. Aber anders als Erich Fromm, Horkheimer, Adorno und andere geht Illouz nicht von einem «autoritären Charakter» aus, sondern von bestimmten problematischen Gefühlen, die in einer digitalisierten Gesellschaft inzwischen strategisch massenhaft produziert und eingesetzt werden, um die Wahrheit zu untergraben, Rationalität auszuhebeln und das soziale Mitgefühl zu vergiften.

Mit diesen Fragen beschäftigt sich auch das vorliegende Buch. In diesem Fall sind die Autoren jedoch weder Politologen, Philosophen, Soziologen, Historiker oder Rechtstheoretiker, sondern hoffen, als Kulturwissenschaftler einen Beitrag zu diesem Thema zu leisten. Mit der Thematisierung von Gefühlen sind wir bereits mitten in der Kultur der untersuchten Gesellschaften angekommen. Gefühlskulturen existieren nicht nur in der Gegenwart, sondern überdauern auch und speisen sich aus den Quellen der eigenen Geschichte und den Profilen früherer Identitätskonstruktionen. Denn die politische Frage: Wie wollen wir leben? ist nur schwer zu trennen von der Frage: Wer wollen wir sein? Und diese Frage ist noch schwerer zu trennen von der Geschichte, die man gemeinsam durchlebt hat. Im Zentrum der Frage nach der Zukunft der Demokratie stehen somit auch Fragen nach der Zugehörigkeit, nach Kriterien des Einschließens und Ausschließens und nach Menschenbildern und sozialen Beziehungsgrammatiken. Mit diesen Stichworten sind bereits einige zentrale Begriffe benannt, mit denen wir arbeiten werden. Sie werden in den Kapiteln dieses Buches entwickelt in der Hoffnung, damit der Demokratieforschung weitere relevante Perspektiven zu eröffnen.

Die Fragestellung

Was heißt und zu welchem Ende studieren wir den Gemeinsinn? Bevor wir uns der Geschichte, Bedeutung und Aktualität des Wortes zuwenden, müssen wir zunächst den Kontext, die Problemlage und vor allem die Stoßrichtung dieser Frage klären. Einen ersten Impuls für die grundsätzliche Frage nach der Funktion von Gemeinsinn hat der Staatsrechtler Ernst-Wolfgang Böckenförde in seinem berühmt gewordenen Diktum gegeben: «Der freiheitliche, säkularisierte Staat lebt von Voraussetzungen, die er selbst nicht garantieren kann. Als freiheitlicher Staat kann er (…) nur bestehen, wenn sich die Freiheit, die er seinen Bürgern gewährt, von innen her, aus der moralischen Substanz des einzelnen und der Homogenität der Gesellschaft, reguliert.»[3]

Seine Leser und Kritiker wollten damals natürlich genauer wissen, was denn mit der «moralischen Substanz des einzelnen» und der «Homogenität der Gesellschaft» gemeint sei. In einer Antwort auf diese Fragen hat Böckenförde nachgeliefert und präzisiert: «Vom Staat her gedacht, braucht die freiheitliche Ordnung ein verbindendes Ethos, eine Art ‹Gemeinsinn› bei denen, die in diesem Staat leben. Die Frage ist dann: Woraus speist sich dieses Ethos, das vom Staat weder erzwungen noch hoheitlich durchgesetzt werden kann? Man kann sagen: zunächst von der gelebten Kultur. Aber was sind die Faktoren und Elemente dieser Kultur? Da sind wir dann in der Tat bei Quellen wie Christentum, Aufklärung und Humanismus.»[4]

Mit dieser Erläuterung zu seinem Diktum hat der Rechtswissenschaftler Böckenförde einen ganzen Strauß von Fragen an die Kulturwissenschaftler weitergereicht. Fragen wir zuerst einmal: Wie ist dieses berühmte Diktum entstanden? Es lohnt sich, die Sätze, die wie ein Mantra immer wieder zitiert werden, genauer in ihrer Entstehungsgeschichte zu beleuchten. Böckenförde hat seinen wichtigen Gedanken zu einer möglichen Lücke in der Verfassung zuerst 1964 in Anwesenheit von Carl Schmitt auf einem Sommerseminar in Ebrach vorgetragen, das der Heidelberger Staatsrechtler Ernst Forsthoff regelmäßig für seinen akademischen Lehrer organisierte. Weil dieser aufgrund seiner NS-Vergangenheit von jeder akademischen Lehrtätigkeit ausgeschlossenen war, gab ihm sein Schüler Forsthoff die Gelegenheit, regelmäßig mit einer handverlesenen Auswahl seiner eigenen Studenten zu diskutieren.

Im Mittelpunkt dieses Seminars stand die Frage nach der Autonomie der demokratischen Gesellschaft innerhalb eines säkularen Staats, der auf jegliche Weihen der Religion verzichtet. Böckenförde wies damit auf eine Leerstelle in der westdeutschen Demokratie hin, die durch Säkularisierung und die Privatisierung der Religion entstanden ist. Das Rechtssystem kann sich in der Demokratie nicht selbst autorisieren, es braucht einen Schutz durch «Einbettung» in eine bestimmte politische Kultur. Auf die Frage, wie diese Leerstelle kompensiert werden könne, gab Böckenförde eine tentative Antwort: durch die moralische Substanz der individuellen Bürger und die Homogenität der Gesellschaft. Mitte der 1960er Jahre konnte sich Böckenförde noch auf eine homogene, christlich geprägte Gesellschaft verlassen. Das verbindende Ethos suchte er in «einer Art Gemeinsinn» derer, die in diesem Staat leben, und verstand darunter im Wesentlichen das, was diese Menschen bereits gemein haben, nämlich ihre gelebte Kultur.

Böckenfördes Diktum ist in den 1960er Jahren entstanden. Die Welt hat sich seither stark verändert. In Deutschland gab es viele Einwanderungswellen, nicht nur unmittelbar nach 1945, sondern auch ab den 1960er Jahren mit dem Anwerbeabkommen u. a. türkischer «Gastarbeiter», deren Enkel inzwischen in der dritten Generation in Deutschland leben. Die Voraussetzungen, von denen Böckenförde ausging, gibt es heute in der diversen Gesellschaft so nicht mehr. Was er noch als Lösung des Problems ansah, erweist sich heute als eine offene Frage. Seine Lösung erinnert an die verschiedenen Vorschläge einer deutschen «Leitkultur». Dieses Konzept griff im Jahr 2000 Friedrich Merz auf, als es galt, auf das neue Staatsbürgergesetz zu reagieren.[5] Die Leitkultur sollte Inhalte der Mehrheitskultur zusammenfassen und sie zu einer verbindlichen Voraussetzung für den Integrationsprozess von Zuwanderern machen. In einem Papier vom Mai 2001 erklärte der CDU-Bundesvorstand, was er sich unter den «Faktoren und Elementen» der «gelebten Kultur» vorstellte: «Grundlage des Zusammenlebens in Deutschland ist nicht multikulturelle Beliebigkeit, sondern die Werteordnung der christlich-abendländischen Kultur, die von Christentum, Judentum, antiker Philosophie, Humanismus, römischem Recht und Aufklärung geprägt wurde. Integration setzt voraus, dass diese Werteordnung akzeptiert wird.»[6]

Bei dem Versuch, den Einwanderern ein kollektives Selbstporträt der Mehrheitsgesellschaft vorzustellen, haben die hier zusammengefassten Werte und Traditionen durchaus Bedeutung, handelt es sich dabei doch um das Angebot eines europäischen Erbes, das hoch geschätzt und deshalb aktiv zu pflegen und zu nutzen ist. Es ist aber nicht unproblematisch, bei der Präsentation des kollektiven Selbstbildes der deutschen Gesellschaft einen exklusiven Kulturstolz zu entwickeln, der sich nur die positiven Traditionen heraussucht und die dunklen Kapitel der eigenen Geschichte mit Schweigen übergeht. Die deutsche und die europäische Kultur sind bekanntlich auch von Traditionen gewalttätiger Expansion, von Kolonialisierung, Sklaverei, Rassismus, Antisemitismus und übersteigertem Nationalismus geprägt, der sich in zwei Weltkriegen entladen hat; von der forcierten Zerstörung der Umwelt durch ungezügelte Modernisierung ganz zu schweigen. Es wäre keine Schande für die Bewohner eines Landes, wenn sie ihre Geschichte etwas vollständiger erzählen und sich mit den Zugewanderten auch darüber austauschen würden.

Seit dem Antritt der neuen Regierung der Ampelkoalition 2021 ist es still um das auf Assimilation ausgerichtete Konzept der Leitkultur geworden.[7] Das hängt nicht zuletzt damit zusammen, dass durch demographischen Wandel die Heterogenität der Gesellschaft deutlich zugenommen hat. Folglich hat das von Böckenförde angesprochene Desiderat – «ein verbindendes Ethos, eine Art Gemeinsinn» als Stütze des demokratischen Rechtsstaats und seiner freiheitlichen Grundordnung – nichts von seiner Dringlichkeit verloren, sondern ist im Gegenteil in der heterogenen Gesellschaft noch wichtiger geworden.

Wir können uns hier Rat bei der Soziologin Eva Illouz holen, die 2023 ein Buch über *Undemokratische Emotionen* veröffentlicht hat. In diesem Buch, das auf die von Populisten mit Vorliebe geschürten und ausgebeuteten Gefühle eingeht, kommen im Epilog auch noch «die Gefühle einer anständigen Gesellschaft» zu Wort.[8] Hier mahnt die Autorin etwas an, was in der soziologischen und politischen Literatur bislang erstaunlich unterbelichtet geblieben ist: «Leider hat Habermas es versäumt, die Rolle von Gefühlen in einer (...) Zivilgesellschaft explizit zu erörtern.» Jürgen Habermas wie auch Niklas Luhmann haben Gesellschaft bekanntlich als eine Form von «Kommunikation» definiert. Habermas strebte einen «herrschaftsfreien Diskurs» an; auf die Regeln dieser Kommunikation sind beide jedoch nicht weiter eingegangen. Nach bald zwei Jahrzehnten Erfahrung mit sozialen Netzwerken und einem Jahrzehnt Erfahrung mit populistischen Parteien erweist sich diese Leerstelle inzwischen als problematisch.

Nachdem Eva Illouz undemokratische Gefühle wie Angst, Abscheu, Ressentiment und blinden Patriotismus ausführlich beschrieben und analysiert hat, kommt sie zu dem Schluss: «Ich möchte geltend machen, dass die Zivilgesellschaft einen minimalen Respekt einschließen muss und dass ein solcher Respekt nicht möglich ist ohne bestimmte Emotionen, die es uns erlauben, einander in geeigneter Weise als Bürgerinnen und Mitmenschen anzusprechen.» (215)

Ähnlich wie Böckenförde ist auch Eva Illouz davon überzeugt, dass eine gute Zivilgesellschaft nicht ohne bestimmte emotionale Dispositionen oder Habitus auskommen kann bzw. sich vor negativen und entwürdigenden Emotionen wie Hass hüten muss. Im Gegensatz zu dem populistischen und rassistischen Wunsch, «alle Unterschiede im Rahmen einer imaginierten Gemeinschaft ähnlicher Menschen zu beseitigen», schlägt sie Emotionen wie «Mitgefühl und Brüderlichkeit» als konstitutiv für eine Zivilgesellschaft vor, «weil beide Emotionen die radikale Fremdheit und Unterschiedlichkeit derer voraussetzen, denen sie gelten» (215).

Niemand konnte sich vor dem 7. Oktober 2023 die Steigerung des Hasses vorstellen, den die Hamas bei ihrem Angriff auf den Kibbuz Be'eri mit ihrem Massaker umsetzte und sadistisch zur Schau stellte. Dieses traumatische Ereignis zeigt, dass heute im Krieg nicht nur militärische Gewalt eingesetzt wird, sondern auch Bilder und Gefühle zu Waffen mit größtem Verbreitungsradius geworden sind. Das Buch, in dem Eva Illouz negative politische Emotionen zu ihrem Thema gemacht hat, ist von diesen bis dahin undenkbaren Ereignissen regelrecht überrollt worden. Von Liebe und Empathie ist nicht mehr die Rede, aber umso mehr von Hass.

Zur Forschungsdiskussion

Mit diesem Buch tragen wir zu einer Wiederbelebung der Begriffe «Gemeinsinn» und «Gemeinwohl» bei, die bereits seit mehr als zwei Jahrzehnten im Gange ist. Unter dem Thema «Gemeinwohl und Gemeinsinn» konstituierte sich 1998 unter der Leitung von Herfried Münkler eine interdisziplinäre Arbeitsgruppe an der Berlin-Brandenburgischen Akademie der Wissenschaften mit dem Ziel, Grundlagenforschung im Themenfeld von Demokratie, Recht und Integration zu betreiben. Man wollte prüfen, ob diese beiden altmodischen Begriffe in der modernen Transformationsgesellschaft ausgedient oder im aktuellen Wissenschaftsdiskurs noch eine Gegenwart und sogar Zukunft haben.[9]

Während Gemeinwohl ein Anliegen ist, das alle in einer kleineren oder größeren Gruppe betrifft, handelt es sich bei Gemeinsinn um eine Fähigkeit, die einzelnen Menschen zugesprochen wird. Beide Begriffe haben sich in der politikwissenschaftlichen Forschung als ein komplementäres Paar etabliert. Das Team um Herfried Münkler aus Sozialwissenschaftlern, Politologen, Philosophen und Ethikern hat hier entscheidende Grundlagen gelegt.

Einen wichtigen soziologischen Beitrag hat auch der Habermas-Schüler Claus Offe zu diesem Thema geleistet.[10] Er untersuchte den rhetorisch-performativen Gehalt der Gemeinwohl-Formeln und fragte nach der Passfähigkeit der moralischen Gemeinwohlsemantik innerhalb einer modernen säkularen Gesellschaft, die vorwiegend von Einzelinteressen gesteuert ist. In einer liberalen Gesellschaft, in der man gewohnt ist, in ökonomischen Kategorien wie «Kosten» oder «Anreize» zu denken, seien Begriffe wie «Tugenden» oder «Pflichten» nur schwer unterzubringen. Diese Begriffe hätten daher, so Offe, oft einen appellativen Charakter: «Wenn politische Tugenden nicht bei den Akteuren als normative Ressourcen oder Dispositionen bereits angelegt sind, kann kein institutionelles Verfahren sie evozieren.» Da wir Offe in diesem Punkt zustimmen, konzentrieren wir uns auf den Begriff «Gemeinsinn» und fragen nicht nach Durchsetzungsmechanismen von oben oder von unten, sondern eben nach den «normativen Ressourcen oder Dispositionen, die in den Akteuren bereits angelegt sind», bzw. nach den Rahmenbedingungen einer Gesellschaft, die solche Dispositionen unterdrücken und marginalisieren oder schätzen und begünstigen. Dass Offe für diese Dimension humaner Tugenden offen ist, zeigt sein Umgang mit Begriffen wie Vertrauen, Solidarität, Achtung und Anerkennung, die in den letzten beiden Jahrzehnten eine starke diskursive Aufwertung erfahren haben.

In seinem aktuellen Buch über *Gemeinwohl und Weltverantwortung* fragt der Politikwissenschaftler Peter Graf von Kielmannsegg nach den Grenzen des Gemeinwohls in einer Zeit globaler Verflechtungen und fortgeschrittener ökologischer Zerstörung. In einem Interview hat er diese Thematik folgendermaßen umrissen: «Die Idee des Gemeinwohls ist immer auf ein begrenztes Gemeinwesen bezogen gewesen: die Stadt, den Staat. Inzwischen leben wir in einem

Zeitalter, in dem die Staaten weltweit eng miteinander verflochten sind, aufeinander einwirken, voneinander abhängen. Mehr noch – es gibt heute so etwas wie ein Menschheitsschicksal. Die Frage gewinnt deshalb Schlüsselbedeutung, wie sich die Verantwortung eines partikularen Gemeinwesens für sich selbst und seine Verantwortung für das Menschheitsschicksal zueinander verhalten. Oder wie sie miteinander vereinbar gemacht werden können.»[11]

Die aktuelle Krise der Demokratie hängt direkt mit einem Verlust des Gemeinwohlgedankens zusammen. Die regulative Idee des Gemeinwohls ist gegenwärtig in einigen Demokratien durch das oberste Ziel des Machterhalts der eigenen Partei und einen rücksichtslosen Wettbewerb um die Gunst der Wähler ersetzt worden. Populistische Politik ist aber das Gegenteil einer am Gemeinwohl des Staates und der Gesellschaft orientierten Politik. Wer es sich zum Ziel gesetzt hat, die Emotionen der Wähler zu manipulieren und ihre kurzfristigen Wünsche zu bedienen, hat das Gemeinwohl längst aus den Augen verloren.

Dem Gemeinsinn ist ein Buch von Ulrich Schnabel gewidmet: *Zusammen. Wie wir mit Gemeinsinn globale Krisen bewältigen* (2022). Schnabel ist Wissenschaftsredakteur und Autor erfolgreicher Sachbücher. Auch unser Gemeinsinn-Projekt wird in seinem Buch erwähnt. Es enthält eine reichhaltige Bestandsaufnahme gemeinsinniger Praktiken aus unterschiedlichen Bereichen. In der Kunst zum Beispiel konstatiert er einen neuen Trend vom einsamen Genie hin zum künstlerischen Kollektiv und zur Wertschätzung schöpferischer Zusammenarbeit. Sein aufklärender Journalismus korrigiert Klischees und zeigt, dass in Katastrophensituationen Menschen nicht nur an sich denken, sondern meist freiwillig Hilfe leisten. Er berichtet auch von einfallsreichen Experimenten aus der Wissenschaft, die erklären, unter welchen Umständen in unterschiedlichen Kulturen die Einstellung der Menschen eher auf Egoismus oder auf Altruismus ausgerichtet ist. Zudem wird an vielen alltäglichen Beispielen anschaulich beschrieben, wie «sich aus der beschränkten Energie vieler schwacher Einzelner die große Kraft der Gemeinschaft entwickeln kann». Es kann nämlich von Vorteil sein, eine «kritische Masse» zu bilden, wenn zum Beispiel laut einer neuen Verkehrsregel mehr als fünfzehn «Radfahrende einen ‹geschlossenen Verband› bilden, der über eine Kreuzung fahren darf, selbst wenn die Ampel zwischenzeitlich auf Rot umschaltet».[12]

Das Buch ist aber auch ein Lernbuch, das auf generationsübergreifender biographischer Erfahrung beruht und darstellt, wie sich indivdueller Mut durch Aktionen vervielfachen lässt und man sich dem Anpassungsdruck an die Masse entziehen kann. Die nachwirkende Erfahrung der Diktatur des Nationalsozialismus in der eigenen Familie ist der Hintergrund, vor dem die Werte des Gemeinsinns und der Individualität neu vermessen werden.

Kulturwissenschaftler und Ideenhistoriker haben sich bislang an dieser Diskussion um Gemeinwohl und Gemeinsinn deutlich weniger beteiligt. Vor dem Hintergrund der aktuellen Anfälligkeit der Demokratie und der Notwendigkeit ihrer Stärkung haben diese Begriffe jedoch eine neue Aktualität gewonnen, weil sie unmittelbare Fragen nach gesellschaftlicher Partizipation, politischer Kultur und der ethischen Unterfütterung des Rechtsstaats aufwerfen. Mit diesem Buch erweitern wir deshalb den politikwissenschaftlichen, sozialtechnischen und rechtlichen Diskurs um historische, religiöse, philosophische und literarische Perspektiven, und wir tun das in der Überzeugung, dass diese Grundfragen unserer sozialen und politischen Existenz keine festen disziplinären Grenzen haben.

1.

GEMEINSINN: ZUR SPRACH- UND BEGRIFFSGESCHICHTE

Wir beginnen unsere Untersuchung zum Gemeinsinn mit einigen Bemerkungen zur Wort- und Begriffsgeschichte. Während die Geschichte des Wortes bis in die Antike zurückführt, hat der Gebrauch des Begriffs «Gemeinsinn» im politischen Diskurs eine viel kürzere Geschichte, die nur bis zur Französischen Revolution zurückreicht. Anschließend geht es um Menschenbilder und Beziehungsgrammatiken. Diese werden darauf hin untersucht, ob sie eher dazu tendieren, Distanz, Schranken und Grenzen zwischen Menschen und Gruppen zu errichten, oder ob sie mit gemeinsinnigen Strukturen vereinbar sind.

Sensus communis

Das deutsche Wort Gemeinsinn taucht als Übersetzung des lateinischen *sensus communis* zuerst im späten 17. Jahrhundert auf.[1] (Auf den Schöpfer dieses Begriffs und seinen Beitrag zur Gemeinsinn-Geschichte werden wir noch ausführlicher zurückkommen.) Das Wort hat mehrere Ursprünge, die wir hier als *sensus communis* 1 und 2 unterscheiden.[2] Die erste Bedeutungstradition verdanken wir Aristoteles. Sie geht auf seinen Begriff der *koinē aisthēsis* zurück, der lateinisch mit *sensus communis* übersetzt wurde. Mit diesem Begriff erfand Aristoteles einen sechsten Sinn, der zu den bekannten fünf

Sinnen hinzukommt. Die fünf Sinne, mit denen jeder Mensch ausgestattet ist, ermöglichen die sinnliche Wahrnehmung der unmittelbaren Umgebung durch die drei Nah-Sinne Berühren, Schmecken und Riechen, sowie der weiteren Umgebung durch die beiden Fern-Sinne Sehen und Hören. Zu diesen kommt nun nach Aristoteles noch ein sechster Sinn hinzu, der die Daten der anderen fünf Sinne zu einer «gemeinsamen Wahrnehmung» zusammenführt.

Neben diesem sechsten Sinn des Aristoteles hat sich eine zweite Bedeutung von *sensus communis* etabliert, die sich auf das bezieht, «worin man sich praktisch mit allen Menschen verbunden fühlen und ungefragt eins wissen kann» (Tilman Borsche). Bei dieser Bedeutung steht nicht die psychische Wahrnehmung, sondern die soziale Übereinkunft mit anderen Menschen im Mittelpunkt. Sie gilt vor allem seit der Aufklärung als eine notwendige Grundlage aller individuellen Wahrnehmung. Englische und schottische Philosophen wie Shaftesbury, Hutcheson und Hume haben diese sozialanthropologische und intersubjektive Variante des *common sense* im 18. Jahrhundert aufgegriffen und weiterentwickelt.

Diese angelsächsische Tradition hat wiederum die deutsche Aufklärung stark beeinflusst. An den *common sense*, der im Französischen mit *bon sens*[3] und im Deutschen mit «gesunder Menschenverstand» übersetzt wird, schließt sich auch Kants Analyse des Geschmacks «als einer Art von sensus communis» in seiner Kritik der Urteilskraft an. In den Paragraphen 40/41 zeigt er die unhintergehbare Sozialität unseres Interesses am Schönen und unserer Geschmacksurteile auf. Kants Paragraphen zum Gemeinsinn sind ein Locus classicus und das wichtigste Portal geworden, durch das Philosophen bis heute in das Diskursfeld des Gemeinsinns eintreten.

«Gemein» bedeutet hier: Wir teilen etwas mit anderen; dadurch, dass andere genauso oder ähnlich denken, bestätigt sich eine alltägliche Ratio, die zwar nicht von Philosophen anerkannt wird, aber, nicht weniger wichtig, von Mit-menschen. Was ich denke, ist somit verallgemeinerbar, ich kann damit auch andere erreichen und mich auf die Unterstützung anderer verlassen. Es ist beruhigend zu wissen: Ich liege nicht ganz falsch, ich bin nicht schräg oder verrückt. Orwell hat Verrücktheit einmal definiert als eine «Minderheit einer

Person»: «Lunacy is a minority of one».[4] Die Denktradition des Gemeinsinns zeigt: Es kann politisch, gesellschaftlich oder kulturell von Vorteil sein, mit anderen übereinzustimmen.

Eine weitere Bedeutung des *sensus communis*, auf die wir uns im Folgenden beziehen werden, geht auf Cicero und Seneca zurück. Sie sind zwei herausragende römische Vertreter der griechischen Tradition der Stoa. Ihnen ging es nicht nur um die Idee eines guten Lebens, sondern auch um eine verantwortungsvolle gute Regierung und die gegenseitige Unterstützung der Bürger. Vor diesem Hintergrund haben sie den Aristotelischen Begriff *sensus communis* ins Moralische und Politische erweitert. So entstand eine dritte Bedeutung dieses Begriffs im Sinne von mitmenschlicher Tugend. *Sensus communis* steht damit nicht mehr nur für gemeinsame Wahrnehmung und Wissensformen im weitesten Sinne, sondern auch für das Engagement von Bürgern und die Verfassung der Gesellschaft. Diesen Gehalt der stoischen Tradition, der sich auf die Pflichten des Individuums gegenüber seinen Mitmenschen bezieht, hat später Herder in seinen *Briefen zur Beförderung der Humanität* mit neuer Bedeutung aufgeladen.

Ganz allgemein gesprochen umfasst Gemeinsinn das, was allen gemeinsam ist. Das kann sich auf zweierlei beziehen: Gemeinsam ist, was allen gehört im Sinne von «Allmende», aber auch: was sich für alle gehört und von ihnen gefordert ist, im Sinne von humanen Tugenden und Pflichten. Dieser Begriff umfasst zudem die gemeinsamen Neigungen und Bedürfnisse. Deshalb ist Kants Hinweis auf die irreduzible Sozialität des Menschen, die sich im Geschmacksurteil zeigt, so brillant. Die Sozialität des Menschen führt nicht nur zu Rechten und Pflichten, Forderungen und Zumutungen, sondern drückt sich auch in menschlichen Neigungen aus wie dem angeborenen Sinn für Schönheit, den mitzuteilen ein genuines anthropologisches Bedürfnis ist. Hier noch einmal die unterschiedlichen Bedeutungen von Gemeinsinn im Überblick:

Die Formen des Gemeinsinns

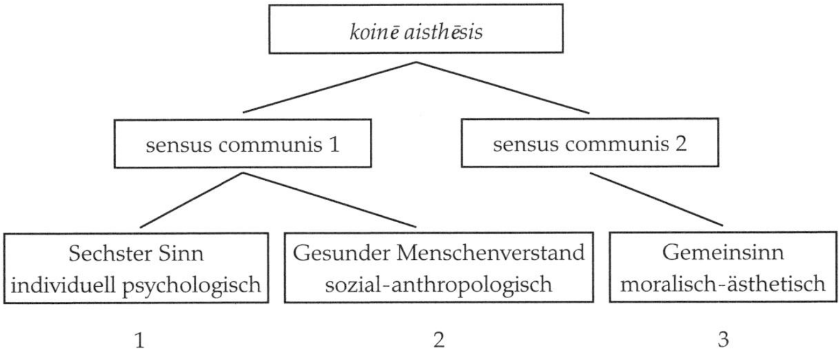

koinē aisthēsis

sensus communis 1

sensus communis 2

Sechster Sinn
individuell psychologisch

Gesunder Menschenverstand
sozial-anthropologisch

Gemeinsinn
moralisch-ästhetisch

1 2 3

Sensus communis 1: Der sechste Sinn, der die Informationen der anderen fünf Sinne zu einer gemeinsamen Wahrnehmung zusammenführt (Aristoteles)

Sensus communis 2: Der gesunde Menschenverstand, den wir mit anderen Menschen teilen (schottische Philosophen und Immanuel Kant)

Sensus communis 3: Die sozialen Pflichten, die wir gegenüber unseren Mitmenschen haben (Cicero, Seneca und die Stoa)

Gemein, Gemeinwohl und Gemeinsinn

Nach dieser ersten Übersicht über die Begriffsgeschichte werden wir uns in diesem Kapitel auf Bedeutungskomponenten des Wortes «Gemeinsinn» und einschlägige Parallel-Begriffe konzentrieren. Zunächst ist wichtig zu klären, wofür jeweils genau das Kernelement in Begriffen wie Gemeinschaft, Gemeinsinn oder Gemeinwohl steht. Das Wort «gemein» kommt als Adjektiv und als Präfix (wie in Gemein-sinn) vor und wird auf das althochdeutsche Wort *gimeini,* «zuteil geworden», «bestimmt», «gemeinsam», «gemeinschaftlich», «allgemein», «übereinstimmend», «zugleich», zurückgeführt.[5] In der Funktion des Adjektivs entwickelte sich später aus dem Begriff des Gemeinsamen, das allen zukommt, die pejorative Nebenbedeutung von «niedrig, niederträchtig» (vgl. engl. *mean*).

Als Gegensatz von «gemein-» kann «eigen-» (aus ahd. *eigan*) gelten, das sich in vieler Hinsicht ganz ähnlich verhält. Auch «*eigen*» kommt als Präfix vor (z. B. Eigen-sinn, Eigen-schaft usw.) und als Adjektiv und hat in beiden Verwendungen verschiedene Bedeutung: 1. eigen = enges Besitzverhältnis, 2. eigen = besonders, schwierig, eigenartig, seltsam, davon abgeleitet «Eigenheit» (im Sinne eines Alleinstellungsmerkmals), «Eigenart».

Die Begriffe «Gemeinsinn» und «Gemeinwohl» klingen so gut zusammen, dass man leicht übersieht, dass das Präfix «gemein» jeweils auf die Übersetzung eines ganz anderen lateinischen Wortes zurückgeht: «Gemeinsinn» ist die Übersetzung von *sensus communis,* «Gemeinwohl» ist die Übersetzung von *salus publica. Publicus* (ältere Form *poplicus*) hängt mit *populus* «Volk» zusammen. Der Gegensatz von *publicus* «öffentlich» ist *privatus* «privat», der Gegensatz von *communis* «gemeinsam» ist *proprius* «eigentümlich» bis hin zu *propriété* «Eigentum». Die Sprachanalyse macht es deutlich: Das «öffentliche Wohl» und der «Sinn für das Gemeinsame» sind zwei grundverschiedene Dinge. «Öffentlich» ist das, was alle betrifft und allen zugänglich ist; «gemeinsam» ist das, was allen zusteht und gehört. Die Allmende zum Beispiel ist ein *gemeinsamer* Raum, auf dem jeder seine Schafe weiden lassen kann, die Agora dagegen ist ein *öffentlicher* Raum, den jeder betreten kann und auf dem öffentliche Kundgebungen stattfinden.

Der Begriff des Gemeinwohls bezieht sich auf ein «Gemeinwesen» *(res publica)* und das Wohl einer Gruppe. Wer von Gemeinwohl spricht, hat in der Regel nicht die ganze Menschheit, sondern sein Gemeinwesen im Blick, dessen Wohlfahrt die Regierung sich zum Ziel setzen muss. Dem Gemeinwohl gilt die Sorge des Herrschers um die *res publica*. Diese Orientierung am Gemeinwohl galt in der Antike deshalb als Herrschertugend und Kennzeichen jeder guten Regierung. Sie ist auch das Thema der Fürstenspiegel, die es im Alten Ägypten und Mesopotamien seit dem frühen 2. Jahrtausend gibt. (Dieselbe Herkunft und dasselbe Alter gilt übrigens auch für die didaktische Literatur, die von den Bürgertugenden handelt und wo es um den Gemeinsinn geht.) Die Orientierung am Gemeinwohl funktionierte strikt von oben nach unten. In der Moderne wurde diese Tugend demokratisiert; aus einer Herrschertugend wurde eine Bürgertugend. Das Handeln in der Öffentlichkeit und zum Wohl der Allgemeinheit wird von jedem Bürger der *res publica* für die *res publica* gefordert. Der Begriff «Gemeinsinn» dagegen geht von Einzelnen aus und entsteht innerhalb einer Gruppe. Er setzt ein Bewusstsein von Gemeinsamkeit voraus. So wie die vertikale, von oben nach unten gerichtete Orientierung am Gemeinwohl eine Herrschertugend ist, ist der horizontal vernetzte Gemeinsinn eine Bürgertugend.

Bei dem Element «gemein» gilt es, neben dem «Gemeinsamen» auch das Gewöhnliche, Selbstverständliche, Nicht-Besondere, allen offen Stehende ins Auge zu fassen, um dessen prekären, gefährdeten Status zu verstehen. Inbegriff des Gemeinsamen in diesem Sinne ist, wie schon betont, die «Allmende», englisch «common», der allen zur gemeinschaftlichen Nutzung offenstehende Raum, auf dem jeder seine Schafe weiden lassen kann. In diese Richtung weisen inzwischen auch die neuen Formen des Teilens innerhalb einer *sharing economy* wie zum Beispiel *carsharing*, die sich als Gegenbewegung zum Besitzindividualismus in den mit Recht so genannten «Kommunen» verbreiten und durchsetzen.

Man spricht von Gemein*sinn* und nicht von Gemein*geist*. Letzteres klingt kollektivistisch, nationalistisch, essentialistisch. Der «Sinn» in «Gemeinsinn» ist demgegenüber eher individuell bestimmt. «Sinn» bedeutet hier so viel wie «einen Sinn haben für etwas» und verweist auf eine individuelle Wahrnehmungsgabe und Empfänglichkeit und damit letztlich auch auf eine Fähigkeit, die man hat oder ausbilden kann.[6] Das Wort «Gemeinsinn» kennt keine Endung auf «-ismus». Auch das ist bemerkenswert, denn der Sinn gehört zum Menschen als Individuum und bleibt mit ihm verbunden; ein «-ismus» dagegen verweist auf ein abstraktes Prinzip oder eine kollektive Denkrichtung.

Gemeinschaft und Gesellschaft

Noch stärker als die Begriffe «Gemeinwohl» und «Gemeinsinn» bilden die Begriffe «Gemeinschaft» und «Gesellschaft» ein Paar, das sich im allgemeinen Sprachgebrauch fest etabliert hat. Die Unterscheidung zwischen Gemeinschaft und Gesellschaft geht auf den Soziologen und Nationalökonom Ferdinand Tönnies zurück, der sie 1887 in einem gleichnamigen Buch eingeführt hat. *Gemeinschaft und Gesellschaft* gilt als die erste soziologische Studie in deutscher Sprache überhaupt und widmet sich der Frage, auf welcher Grundlage sich Menschen zu größeren Gruppen zusammenschließen können.

Helmuth Plessners Buch *Grenzen der Gemeinschaft* ist das Pendant zum Werk von Tönnies geworden. Es erschien 1924.[7] In der von radikalen Bewegungen und Gewalteskalation umgetriebenen Weimarer Republik hat Plessner mit diesem Buch eine *Kritik des sozialen Radikalismus* vorgelegt, in der er vor einer Überdehnung des Konzepts Gemeinschaft auf die Gesamtgesellschaft warnt und hellsichtig auf die Gefahren sowohl der rechten völkischen Einheitsutopien als auch der linken kommunistischen Genossenschaften hinweist. Plessners «neue Sachlichkeit» (um hier einen Begriff des Kunsthistorikers Gustav Hartlaub zu verwenden) entsprach der Perspektive des jüdischen Außenseiters und war auf Distanzwahrung und Differenz ausgerichtet. Es ging ihm aber nicht um die Isolierung des Einzelnen gegenüber der Gesellschaft, sondern um dessen Einbindung in ein Regelwerk des höflichen Miteinander, des Zeremoniells, des Spiels, der Diplomatie, des Zögerns, des Taktes und der Masken. Angelehnt war diese Lebensform an die Existenz in der modernen Großstadt mit ihrer Anonymität und ihren Zufällen.

Im kollektiven Gedächtnis der Wissenschaft sind Tönnies und Plessner automatisch als ein Gegensatzpaar abgespeichert, wobei der Pol der Gemeinschaft stets negativ konnotiert ist und mit Nähe, Vertrautheit und Wärme verbunden wird (die «Kuhstallwärme der Gemeinschaft»), während der Pol der Gesellschaft positiv besetzt ist und mit Fremdheit, Distanz und Kälte konnotiert ist. Dabei wird oft übersehen, dass Tönnies selbst kein heimatverbundener Nationalist war, sondern ein überzeugter Republikaner, Mitglied der SPD, und damit Gegner und früher Verfolgter der Nazis, die ihn nach der Machtergreifung sofort seiner Stellung und Bezüge beraubten. Man sollte deshalb seinen Gemeinschaftsbegriff nicht vorschnell mit dem späteren nationalsozialistischen Begriff der «Volksgemeinschaft» gleichsetzen.

Die Suffixe «-gemeinschaft» und «-gesellschaft» sind auch in andere Begriffsbildungen eingegangen. Wenn man sich eine Liste solcher Komposita vor Augen führt, kann man feststellen, dass dabei die Elemente Gemeinschaft und Gesellschaft nicht einfach austauschbar sind.

Gemeinschaft	**Gesellschaft**
Sprachgemeinschaft	Handelsgesellschaft
Religionsgemeinschaft	Tauschgesellschaft
Volksgemeinschaft	Zivilgesellschaft
Solidargemeinschaft	Produktionsgesellschaft
Gesinnungsgemeinschaft	Dienstleistungsgesellschaft
Wertegemeinschaft	Klassengesellschaft
Hausgemeinschaft	Weltgesellschaft
Rechtsgemeinschaft	Sklavenhaltergesellschaft

Worin genau besteht hier der durchgängige Unterschied? Der Sprachgebrauch zeigt, dass «Gemeinschaft» gewählt wird, wenn der Verbindung von Menschen etwas Gemeinsames wie Sprache, Religion oder Werte zugrunde liegt, das die einzelnen Mitglieder zusammenbringt. «Gesellschaft» dagegen bietet sich an, wenn ein Rahmen geschaffen wird, in dem sich Menschen oder Gruppen mit gemeinsamen Interessen zu Formen der Kooperation zusammenschließen. Was sie verbindet, kann dabei gut, schlecht oder auch neutral sein. Die Grundfrage hinter dem Wort Gemeinschaft lautet demnach: Was verbindet uns? Die Grundfrage hinter dem Wort Gesellschaft lautet dagegen: Was führt uns zusammen?

Beide Grundfragen, sowohl nach dem, was uns mit anderen Menschen verbindet, als auch danach, was uns mit ihnen zusammenführt und zusammenhält, werden uns in diesem Buch wie ein roter Faden begleiten. Dafür brauchen wir alle verfügbaren Traditionen des *sensus communis*: die sinnliche wie die moralische, die psychologische wie die soziologische, die rechtliche wie die politische. Als Individuum ist der Mensch mit seinen fünf Sinnen in der Welt verankert und in der Lage, sie in seiner Wahrnehmung, Aufmerksamkeit und seinem Urteil zusammenzufassen (Gemeinsinn 1). Als Individuum ist er nicht nur sozial immer schon in größere Einheiten eingebunden (Gemeinsinn 2), sondern steht auch in einem Bezugsfeld, in dem er Rechte gegenüber dem Staat und Pflichten gegenüber dem Anderen hat (Gemeinsinn 3). Von diesen Traditionen ausgehend verstehen wir unter «Gemeinsinn» einen sozialen Sinn, der zusammen mit den anderen fünf Sinnen als sechster Sinn jedem Menschen angeboren ist. Ob sich dieser sechste Sinn allerdings entwickeln kann oder ob er verkümmert, das hängt zu einem großen Teil von der Kultur und ihren Werten ab, in die man hineingeboren wird. Voraussetzungen und Potenziale dieses Begriffs sollen in diesem Buch herausgearbeitet werden. Zu den Potenzialen gehört, dass dieser Begriff grundsätzlich keine klaren Grenzen hat. Mehr noch, er hat die Kraft, die Logik fester Zuschreibungen auszuhebeln. Als sozialer Sinn bezieht er sich deshalb nicht auf eine klar umrissene Gemeinschaft, sondern auf den oder die Anderen. Das kann sich auf den engsten Kreis der Familie oder den weitesten Kreis der Menschheit bzw. alles Lebendigen beziehen, je nachdem, mit wem wir empfinden, feststellen oder beschließen, etwas «gemein» – *communis* – zu haben.

Christian Thomasius, der deutsche Erfinder des Gemeinsinns

Das folgende Kapitel schließt den historischen Exkurs zur Sprachgeschichte des Gemeinsinn-Begriffs mit dem Juristen, Philosophen und Publizisten Christian Thomasius ab, der das deutsche Wort «Gemeinsinn» als erster in seiner *Einleitung zur Vernunfftlehre* verwendet hat.[8] Thomasius wurde 1655 in Leipzig geboren, kurz nach dem Dreißigjährigen Krieg, dessen Schrecken ihm noch in den Knochen steckten. In seiner Geburtsstadt wurde er zum Doktor der Rechte ausgebildet und hielt Vorlesungen. Gleichzeitig war er schriftstellerisch tätig und verhalf als einer der ersten Gelehrten überhaupt der deutschen Sprache auch in der Wissenschaft zur Durchsetzung. Hinter seiner Sprachenpolitik stand bereits ein gemeinsinniges Programm: Er wollte den Status der deutschen Sprache gegenüber der lateinischen und der französischen aufwerten und damit zugleich einen Raum der öffentlichen Volksbildung schaffen, wie er in Frankreich bereits existierte und in England gerade entstand. Menschenbildung vollzog sich in der Sprache; Konversation war das Medium, allgemeine Teilhabe und Öffentlichkeit das Ziel. So hat Thomasius 1687 das *Handorakel* von Gracian, ein Brevier der Lebenskunst, unter dem Titel *Grundregeln, vernünftig, klug und artig zu leben* ins Deutsche übersetzt. In seiner Sprachenpolitik ging es ihm um die Überwindung des «akademischen Sprachzauns». Innerhalb des Bürgertums waren die sich lateinisch verständigenden Gelehrten radikal von den Ungelehrten abgeschnitten. Und tatsächlich sind bis heute Wissenschaft und Volk durch eine sperrige, mit Fremdwörtern und abstrakten Fachausdrücken angereicherte Sprache voneinander getrennt. Demgegenüber setzte sich Thomasius lange vor anderen Aufklärungsphilosophen für eine «nationale Sprachform mit bürgerlich-europäischem Inhalt» ein und schuf damit überhaupt erst die Voraussetzungen für «die mögliche Wirksamkeit einer ins Bürgertum gehenden Aufklärung».[9] Auf diese Weise hoffte er soziale Schranken zu überwinden und ein selbstbewusstes Bürgertum zu schaffen.

Wegen bigotter Vorwürfe von Geistlichen musste Thomasius 1690 Leipzig verlassen. Er setzte seine Tätigkeit in Halle fort, wo auf ihn später Christian Wolf, der berühmte Philosoph und Volksaufklärer folgte. In Halle widmete sich Thomasius seinem Hauptwerk, seiner Naturrechtslehre. Als Gelehrter steht er fest auf dem Boden der humanistischen Tradition des *sensus communis* 2 (gesunder Menschenverstand) und hat sich als ein früher Vermittler der Aufklärung in Deutschland große Verdienste erworben. Im Zentrum seines Werks steht der Begriff der Menschenwürde, für den er einen naturrechtlichen Rahmen geschaffen hat. Ernst Bloch, ein großer Verehrer von Thomasius, betont, sein Glaube an die menschliche Würde habe Thomasius überhaupt erst zum Studium der Rechte geführt.[10]

Die im Naturrecht verankerte Theorie des Thomasius ist eine Sozialethik, die ohne die Stütze der Theologie auskommt. Ihm war bewusst, «dass man überhaupt nicht von Naturrecht sprechen könne, wenn es von Gott den Menschen auferlegt sei» (332). Recht und Moral unterscheiden sich bei ihm kategorisch von den Zehn Geboten, denn sie haben in seinem System keinen religiösen Ursprung. Die Moral tritt bei Thomasius an die Stelle der Religion. Die diesseitigen Werte Glück und Frieden bestimmen das Ziel des gesellschaftlichen Zusammenhangs. Die Ordnung der Gesellschaft gründet sich bei Thomasis deshalb auch nicht auf Pflichten gegenüber Gott, sondern auf Pflichten gegenüber den Mitmenschen.

Der Kern seiner Verhaltenslehre beruht auf dem uralten Prinzip der Goldenen Regel, die in allen Kulturen der Welt bekannt ist. Sie wird von ihm in zweierlei Gestalt formuliert: «Was du nicht willst, dass dir geschehe, das tue den anderen nicht», oder kürzer: «Verletze niemand, weder deinen Nachbarn als Person noch als Volk.» Diese Regel wird durch die positive Fassung ergänzt: «Was du willst, dass dir geschehe, das tue den anderen.» Hinzu kommt eine dritte Regel, die den inneren Frieden sichert, aber nicht erzwingbar ist: Die Sittlichkeit, die sich nicht mit Gewalt, sondern durch persönliche Überzeugung Geltung verschafft, ist eine Motivation des Handelns, die über das (archaische) Prinzip der Reziprozität hinausgeht. Denn während die Gerechtigkeit von der Gewalt gestützt wird, wird die Sittlichkeit durch Liebe in Gang gehalten. Ernst Bloch fasst zusammen: Die Naturlehre des Thomasius «drückte nicht nur das Selbstgefühl des bürgerlichen Individuums gegen den ringsum bestehenden Polizeistaat aus, sie gab auch der menschlichen Würde (…) einen damals in der Gesellschaft überhaupt noch nicht vorhandenen Ort.» (335)

Es ist kein Zufall, dass diese rechtlichen und ethischen Grundsätze, auf die sich Thomasius stützt, bekannt klingen und von weither kommen. Das gilt bereits für die stoische Tradition, die sich auf gemeinsame Vorstellungen gründet, «die der menschlichen Natur schlechthin eingeboren sind» (336). Das Naturrecht verfährt strikt wissenschaftlich nach der Vernunft: Seine Grundsätze hat Thomasius nach dem Vorbild der Mathematik von festen Prinzipien abgeleitet. In der Frage nach dem Grundprinzip der menschlichen Natur steht Thomasius in der Tradition von Hugo Grotius, der auf den *appetitus socialis*, den Geselligkeitstrieb als urmenschliche Antriebskraft vertraute, während Thomas Hobbes den rücksichtslos egoistischen Machttrieb und den Krieg aller gegen alle zu seinem Ausgangsprinzip machte. Thomasius sah die Zielsetzung seines Naturrechts im inneren und äußeren Frieden und dem Sichtbarwerden geglückter Humanität. Er brachte, wie Bloch betont, «einen neuen Ton ins Naturrecht, indem er «menschliches Glück mit menschlicher Würde naturrechtlich verband» (338).

Bloch nennt Thomasius auch den «Professor der beginnenden Menschenrechte» (331). Dass er diesen Titel verdient, macht seine eigenwillige Verbindung von Glück und Würde deutlich. Wie ernst er die von ihm propagierten Grundsätze nahm, zeigt sich in seinem praktischen Handeln. Thomasius gehörte zu den ersten, die verlangten, die Folter aufzuheben. Sie wurde in Preußen erst ein halbes Jahrhundert später abgeschafft. Außerdem hat er als einer der ersten den Hexenwahn bekämpft. Ernst Bloch hat sein Vermächtnis in drei Punkten schlüssig zusammengefaßt: «Er eröffnete die deutsche öffentliche Aufklärung, verband wie keiner die Studierstube mit der Welt und griff in sie ein.» (349) Christian Thomasius ist nicht nur ein origineller und vielseitiger deutscher Aufklärer von Format, er ist auch ein europäischer Vordenker des Gemeinsinns.

2.

SOLIDARITÄT

Gesellschaftlicher Zusammenhalt, Gemeinsinn, Solidarität

Es gibt ein ganzes Bündel von Begriffen, die benötigt werden und täglich in Gebrauch sind, um die gesellschaftlichen Krisen, die wir gerade erleben, zu bearbeiten. Diese Begriffe sind nicht neu, ebenso wenig wie die Probleme. Das zeigt ein Rückblick auf das Jahr 2000, für das der Ministerpräsident Baden-Württembergs Erwin Teufel eine Zukunftskommission einberufen hatte. Seine Initiative griff ähnliche Themen auf wie die Arbeitsgruppe über Gemeinwohl und Gemeinsinn, die damals in Berlin zusammenkam. Abschließend resümierte Erwin Teufel: «Vor dem Hintergrund eines wirtschaftlichen, sozialen und kulturellen Wandels, den man mit Stichworten wie ‹Globalisierung›, ‹Digitalisierung› und ‹demographischer Wandel› umschreiben kann, hatte die Kommission die Aufgabe, Strategien zur Stärkung des Zusammenhalts in unserer Gesellschaft zu entwickeln und Quellen für Gemeinsinn und Solidarität neu zu erschließen. Ziel der Kommission war es, Wege aufzuzeigen, um diese Umbruchssituation, der unsere Gesellschaft sich stellen muss, positiv zu gestalten.»[1]

Von einer Umbruchsituation kann auch heute wieder die Rede sein, inzwischen ist als Verstärker noch der Begriff der Zeitenwende hinzugekommen. Es mag überraschen, dass vor mehr als zwanzig Jahren alle Stichworte schon da waren: Globalisierung, Digitalisierung und demographischer Wandel – aber keines von ihnen trug damals auch nur annähernd das Gewicht, mit dem sie heute beladen sind. Globalisierung stand noch für stetige Erweiterung der Perspektiven durch grenzüberschreitende Verbindungen, in der Digitalisierung spielten die sozialen Medien noch keine Rolle (Facebook zum Beispiel wurde erst 2004 erfunden), und der demographische Wandel hielt sich in Grenzen, weil zwar gerade ein neues Staatsbürgergesetz eingeführt worden war, aber der Druck auf die europäischen Außengrenzen noch nicht zu einem politischen Stressfaktor und täglichen Dauerthema geworden war. Eher unverbindlich klingen deshalb auch die schönen Worte, die zur Bearbeitung bereitgestellt wurden: gesellschaftlicher Zusammenhalt, Gemeinsinn und Solidarität. Schauen wir sie uns etwas näher an.

Die Rede vom *gesellschaftlichen Zusammenhalt* ist inzwischen zur meistgebrauchten Formel der politischen Rhetorik aufgestiegen. Sie wird nicht nur täglich überall beschworen, sie wird auch intensiv beforscht. In Leipzig ist 2020 ein Institut für Gesellschaftlichen Zusammenhalt gegründet worden, das mit zehn Instituten über Deutschland verteilt ist. Eines davon existiert an der Universität Konstanz, wo auch unser Gemeinsinnprojekt von 2021–2023 verortet war.[2] Der Wunsch nach gesellschaftlichem Zusammenhalt richtet sich meist gegen eine von außen oder innen kommende Gefahr: Wir halten zusammen gegen Spaltendes und Bedrohliches. Wer Zusammenhalt sagt, denkt an ein Kollektiv und eine starke Klammer, die es schützt. Das kann durchaus auch nationale Alleingänge vom Typ *America first!* oder den Brexit forcieren. Gleichzeitig passt der Begriff aber auch sehr gut auf eine Notsituation wie die Covid-Pandemie, die allen Gruppen und Individuen Zugeständnisse, Durchhaltevermögen sowie erhöhte Toleranz und Flexibilität abverlangt hat.

Eine viel ältere und äußerst praktische Bedeutung des Wortes «Zusammenhalt» begegnete uns auf einer Weihnachtskarte des Keramikmuseums Westerwald. Abgebildet war ein Bräter, der von einem sogenannten Rastelbinder mit einem Metalldraht sorgfältig zusammengeflickt war. Als Erklärung war auf der Karte zu lesen: «Solche Handwerker wurden früher sehnsüchtig erwartet. Denn auch wenn das Gefäß einen Sprung hatte oder etwas ausgebrochen war, mit einer sorgfältigen Bindung ließen sich alle Teile zusammenhalten.»[3]

Mit dem Begriff *Gemeinsinn* wiederum gehen wir eher von einzelnen Individuen aus, die durch Kommunikation und Handeln Be-

Auch wenn die Gefäße im Lauf der Jahre einen Sprung bekamen oder etwas abgebrochen war, ließen sich doch mit einer sorgfältigen Rastel-Bindung alle Teile noch eine ganze Weile zusammenhalten.

ziehungen zwischen Menschen herstellen und aufrechterhalten. Beim Gemeinsinn, wie wir ihn verstehen, werden individuelle und kollektive Interessen zurückgestellt und der Blick auf etwas Übergreifendes gerichtet, das uns jenseits von Herkunft und Zugehörigkeit verbindet. Er ist nicht das Gegenteil von Individualismus, sondern das Gegenteil von Egoismus und ermöglicht ein Denken in größeren Zusammenhängen und Bindungen. Dieser Begriff von Gemeinsinn zielt also gerade nicht darauf ab, sich ein- oder unterzuordnen, sondern Initiative zu ergreifen und Andere einzubeziehen.

Da unser Gemeinsinn-Projekt startete, als gerade die Pandemie begann, konnten wir bald feststellen, dass uns diese Krise täglich Neues über Gemeinsinn lehrte. Es war, als hätte sich die Welt vor unseren Augen in ein riesiges Soziallabor verwandelt, in dem unterschiedliche Formen des Umgangs mit der Krise erprobt wurden. Das emblematische Bild für Gemeinsinn wurde für uns die Schutzmaske. Denn hier gilt die einfache Logik der Gegenseitigkeit: Deine

Maske schützt mich, meine Maske schützt dich. Das durchkreuzt augenfällig die in der westlichen Kultur so tief verankerte Logik des Eigensinns, wie sie in der Politik des Kalten Krieges vorherrschte: Deine Atomsprengköpfe schützen dich, meine Atomsprengköpfe schützen mich. Dieses antagonistische Denken wurde Mitte der 1980er Jahre durch – man könnte sagen: politischen Gemeinsinn – überwunden. Es war damals das Konzept der «gemeinsamen Sicherheit», das den Sturz der Mauer vorbereitete und den Ost-West-Konflikt entspannte.[4]

Es wurde in der Covid-Krise allerdings auch sichtbar, dass der transnationale Verbund der EU durch Corona deutliche Rückschläge erhielt, weil plötzlich die Ebene der Nationen wieder gestärkt wurde und dem Nationalstaat neue Verantwortung als Schutzmacht zufiel. Besonders verpönt waren nationale Alleingänge bei der Beschaffung von Impfstoffen, die deutliche Ungleichheiten zwischen Nord- und Südeuropa sichtbar machten. Sehr bald war aber auch klar, dass niemand das aus der EU ausgetretene Großbritannien beneidete. Auch die Wiedereröffnung vorübergehend geschlossener Grenzen wurde von der Bevölkerung hüben wie drüben erleichtert gefeiert, weil klar war, dass die Zukunft der einen Nation politisch und wirtschaftlich unauflösbar mit der der anderen Nation verknüpft ist.

Der Autor und Dramaturg Thomas Oberender hat die Coronakrise mit der Wendeerfahrung der Ostdeutschen verglichen. In beiden Situationen konstatierte er «die globale Erfahrung einer Ausnahmesituation und Offenheit (...). Diese Generalaussprache einer ganzen Gesellschaft war das wesentliche Moment der Revolution. 1989 – das hieß die Pausentaste drücken. Bevor der Einheitsvertrag, der Beitritt kam, war das der kollektive Versuch und die experimentelle Praxis eines ganzen Landes, die Gesellschaft auf allen möglichen Ebenen neu zu denken. Danach kam das Alte.» Corona war in diesem Sinne eine zweite Chance, diesmal nicht nur für die Deutschen, sondern für alle Menschen: ein utopischer Moment, um «die Gesellschaft auf allen Ebenen neu zu denken». Denn es ging um nicht weniger als die Frage, «wie wir unsere Lebenspraxis in andere Zusammenhänge einbetten, indem wir uns auf das Nachhaltige, das weniger Zerstörerische, das Heilende konzentrieren – also etwas, das unsere Gesellschaft in der Art, wie sie mit dem Planeten und den Menschen umgeht, dringend entwickeln muss.»[5]

Mehr als zwanzig Jahre nach Erwin Teufels Zukunftskommission zur Millenniumswende gilt es, sich auf eine neue Zukunft einzustellen, in der wir nicht nur mit einer Pandemie zu kämpfen haben, sondern in der auch die Zerstörung des Planeten rapide fortschreitet, die Migration zum Dauer-Reizthema der Politik geworden ist und wir mit neuen Kriegen konfrontiert sind. In dieser Situation sind die drei Schlüsselbegriffe wieder aktuell und mit ihnen die unterschiedlichen Perspektiven auf die Probleme: erstens der Blick von oben als Frage der Politik und Sozialforschung nach dem *gesellschaftlichen Zusammenhalt*, zweitens der Blick auf die Einzelnen und ihre individuelle Bereitschaft, durch *Gemeinsinn* etwas aktiv zu verändern und dabei selbst umzudenken und umzufühlen. Und drittens steht der Begriff der *Solidarität* im Raum. Er bezieht sich auf die Gesellschaft als ganze und ihre Ressourcen des Miteinanders und der Resilienz in Zeiten eines umfassenden Wandels. Alle drei Begriffe werden gebraucht, um den dramatischen Weltwandel, den wir grade erleben, nicht nur zu erleiden, sondern auch konstruktiv mitzugestalten.

Neue Impulse für Solidarität

«Man muss Begriffe in Frage stellen, um weiter was mit ihnen anfangen zu können», schreibt Heinz Bude in seinem Buch über Solidarität.[6] Schauen wir uns also auch diesen Begriff etwas näher an, denn bei großen Worten und Ideen reicht es ja nicht, sich nur auf ihren guten Klang zu verlassen, sondern es lohnt sich, ihre Geschichte etwas genauer zu kennen. Näheres über die moderne Geschichte der Solidarität kann man zum Beispiel in dem klugen Buch *Mächtige Gefühle* der Historikerin Ute Frevert nachlesen.[7] Von ihr erfahren wir, dass der Begriff ursprünglich aus der Rechtssprache stammt und sich auf eine Gemeinschaft von Schuldnern bezieht, die sich vertraglich auf eine gemeinschaftliche Haftung verpflichten. Diese Bedeutung von Solidarität kann man sich am Wort «Soli» klarmachen, dem Solidaritätszuschlag, der nach der Wiedervereinigung zur Finanzierung der deutschen Einheit erhoben wurde und weiter besteht.

Mit Geld, Schulden und Umverteilung hat in ganz anderem Maßstab der Corona-Wiederaufbaufonds der EU von 750 Milliarden Euro zu tun, der drei Monate nach Beginn der Pandemie im Mai 2020 in Brüssel verabschiedet wurde. Die Pandemie hat eine neue Schuldenpolitik ermöglicht, die bis dahin in der EU absolut tabu war: Um die wirtschaftlichen Folgen der Coronakrise zu bewältigen, waren die Staaten bereit, sich erstmals im großen Stil gemeinschaftlich zu verschulden. «Das ist Europas Moment», erklärte Kommissionspräsidentin Ursula von der Leyen.[8] Kein einziger EU-Staat könne die Folgen der Coronakrise allein bewältigen. Mit diesem Geld kam es zu einer merklichen Umverteilung von Nord nach Süd: Italien und Spanien waren die Hauptprofiteure des Wiederaufbaufonds. Die Kosten für dieses Wiederaufbauprogramm waren zwar beispiellos in der Geschichte der EU, aber man war sich einig: «Die Kosten des Nichthandelns würden uns noch viel teurer zu stehen kommen.»[9]

Das Wiederaufbauprogramm steht unter dem Motto: «Reparieren und Vorbereiten für die nächste Generation». Damit blühte auch die Solidaritätsrhetorik auf. Die Hoffnung war, dass mit dieser Hilfe für finanzschwache Länder der Binnenmarkt in der EU gestärkt wird und davon dann auch die leistungsstarken Exportnationen im Norden profitieren. Aber nicht nur um die Wiederankurbelung der Wirtschaft ging es dabei, sondern auch um die Vorsorge für folgende Generationen. Denn die schuldenfinanzierten EU-Subventionen sollen vorrangig in Zukunftsaufgaben wie Klimaschutz und Digitalisierung fließen. (Genau dieser Teil der Widmung scheint inzwischen in Vergessenheit geraten zu sein, denn die Verfassungsrichter in Karlsruhe haben überraschenderweise Ende 2023 entschieden, dass der Klimaschutz nicht Teil des Wiederaufbaufonds sein darf.)

Bei Ute Frevert kann man auch lesen, dass sich die sozialistische Arbeiterbewegung den Begriff der Solidarität in den letzten Jahrzehnten des 19. Jahrhunderts aneignete und darunter «Gemeinbesitz, gemeinschaftliche Produktion, Bewirtschaftung und Nutznießung» verstand. Dieser Schwenk nach links war gegen das Bürgertum gerichtet: Die bürgerliche «Brüderlichkeit der Phrase» sollte durch eine «Brüderlichkeit der Tat» ersetzt werden. Mit «Brüderlichkeit» knüpfte man an die demokratischen Grundwerte der Freiheit, Gleichheit, Brüderlichkeit der Französischen Revolution an und zog daraus auch Konsequenzen für eine ökonomische Umverteilung. Im folgenden Kapitel sollen aktuelle Stimmen zum Begriff der Solidarität zu Wort kommen, die darin eine Chance bzw. eine Zumutung sehen.

Empirische Perspektiven

Der anglo-holländische Arzt und Sozialtheoretiker Bernard Mandeville hatte einst gehofft, dass privater Eigennutz auf wunderbare Weise das Gemeinwohl befördern würde.[10] Da sind wir uns inzwischen nicht mehr so sicher. Im Gegenteil erweist sich der Kapitalismus immer öfter als ein Nullsummenspiel, das den Gewinn der einen an den Verlust der anderen koppelt. In der ökonomischen Theorie stellt man sich den Menschen als einen Homo oeconomicus vor, der von dem Wunsch nach Profitmaximierung angetrieben und im Rahmen eines Rational-Choice-Denkens klar kalkulierend auf den eigenen Vorteil bedacht ist. Solche Menschenbilder sind keineswegs unschuldig, denn sie richten die Menschen auf das aus, was von ihnen im Rahmen einer bestimmten ökonomischen Logik erwartet wird. Menschenbilder haben, wie wir noch genauer sehen werden, in einer Kultur immer Verstärkereffekte: Sie entsprechen den herrschenden normativen Strukturen einer Gesellschaft, die sie gleichzeitig stützen.

Dieses Bild des von Natur aus egoistischen Menschen, das unter Wirtschaftswissenschaftlern und Psychologen weit verbreitet ist, wurde während der Coronakrise einem weltweiten Labortest unterzogen. Nach Beginn der Pandemie wurde bald deutlich, dass sich hier ein finanzieller Schaden aufbaute, der das Gemeinwesen noch über Jahre belasten wird. Die Frage nach Möglichkeiten und Grenzen der Solidarität gewann damit eine unerwartet aktuelle und existenzielle Bedeutung.

In einem Interview an der Universität Zürich wurden der Soziologe Heiko Rauhut und der Sozialpsychologe Johannes Ullrich zu diesem Thema befragt.[11] Beide waren sich in einem Punkt einig: Auf Solidarität sei kein Verlass; sie sei «eine wankelmütige Gefährtin». Johannes Ullrich hielt es für «eine Sisyphus-Aufgabe» und «kognitive Überforderung», die Einzelfallperspektive zu überwinden «und das große Ganze in den Blick (zu) nehmen». Er erklärte auch gleich, warum das gar nicht geht. «Lerntheoretisch spricht alles dagegen, dass wir es schaffen, das richtige Muster nicht nur zu erkennen, sondern uns auch entsprechend zu verhalten». Das Problem bestehe in den neuronalen Belohnungssystemen. Wer seine unmittelbaren Bedürfnisse befriedigt, werde umgehend vom Belohnungszentrum im Gehirn mit positiven Signalen geflutet, wer dagegen «das Richtige» tut, gehe leer aus: «das erstrebenswerte Muster der Enthaltsamkeit zum Wohl aller (versinkt) im geistigen Nebel». Der Belohnungsaufschub verhindere diese Art von Weitsicht, und das wiederum hänge damit zusammen, «dass wir von Natur aus kurzsichtig sind». Soweit der Sozialpsychologe Ullrich.

Der Soziologe Heiko Rauhut wiederum hält es für ein «evolutionäres Wunder, dass wir Menschen kooperieren». Er erforscht mit quantitativen Methoden Möglichkeiten und Grenzen kooperativen Verhaltens, was auch ein Thema der Soziobiologie ist.[12] Solidarität ist für Rauhut eine Form der Kooperation, die jedem Einzelnen im Interesse des Gemeinwohls Opfer abverlangt. Seine provokante Frage lautet: Ist der Preis für Solidarität vielleicht zu hoch? Hier setzt nämlich das Rational-Choice-Denken ein. «Jeder macht für sich eine Güterabwägung zwischen dem Opfer, das er oder sie bringen muss, und dem Nutzen, der dadurch gestiftet wird.» Verzicht, so fand Rauhut heraus, sei in dieser Kosten-Nutzen-Rechnung erst dann sinnvoll, wenn er von Vielen geleistet wird. Man beobachtet deshalb sorgfältig, «wie sich der Rest der Herde verhält». Das heißt zugleich: Man orientiert sich nicht an eigenen Werten oder Emotionen, sondern an der Entwicklung des Mainstreams: «Wir beobachten die anderen: Wenn sie sich an die Regeln halten, sind wir bereit, das auch zu tun.»

Heiko Rauhut hob auch die Rolle von Vorbildern als Quelle der Orientierung in der Pandemie hervor: «Die Aufrufe von Prominenten, wegen Corona zu Hause zu bleiben, waren sicher hilfreich.» Nur kamen dann, so können wir ergänzen, eben auch noch andere Vorbilder dazu, die in die Gegenrichtung wiesen und in den sozialen Medien ihre Wirkung entfalteten wie Donald Trump, Jair Bolsonaro und andere Corona-Leugner wie Querdenker und sogenannte «Spaziergänger».

Die Quintessenz seiner Forschung fasste Rauhut in einem Interview so zusammen: «Unsere Kooperation, unsere Solidarität beruht meist auf Reziprozität, auf Gegenseitigkeit, wie du mir, so ich dir. Hier gilt als Letztbegründungsrahmen die Kosten-Nutzen-Rechnung, das Kalkül, die strategische Beziehung – andere Beziehungen kommen nicht zur Sprache, bleiben außerhalb des Denkrahmens. Dabei handelt es sich oft um langfristige, strategische Formen von Zusammenarbeit, in der Familie, am Arbeitsplatz oder in der Nachbarschaft: Wenn ich heute meiner Kollegin helfe, wird sie das das nächste Mal für mich tun. Klar: Mit solidarischen, kooperativen Menschen lebt und arbeitet man lieber zusammen als mit Egoisten. Deshalb kann es sich lohnen, als solidarisch zu gelten. Doch selbst wenn wir uns in den leuchtenden Farben des Altruismus präsentieren: Tief drin sind wir Rappenspalter, die sich genau überlegen, was sie geben und im Gegenzug dafür erhalten.»

Das Interview endete mit der Frage, «ob von der doch beträchtlichen Solidarität, die wir in Zeiten von Corona an den Tag legen, wohl etwas bleiben wird, wenn die Krise vorbei ist». «Vielleicht», so Johannes Ullrich, «haben wir ja tatsächlich etwas gelernt – dass wir ein gemeinsames Ziel erreichen können, wenn sich jeder zusammenreißt und vorübergehend auf die Befriedigung seiner Bedürfnisse verzichtet.» Beide Wissenschaftler stellen in dem Interview fest: «Solidarisch zu sein, ist eigentlich gegen unsere Natur. Trotzdem hat die Coronakrise gezeigt, dass wir ein gemeinsames Ziel erreichen können, wenn wir bereit sind, zum Wohle aller vorübergehend auf die Befriedigung unserer Bedürfnisse zu verzichten.»

Dieses Gespräch machte deutlich, dass der Psychologe wie der Soziologe, wenn sie über Grenzen und Möglichkeiten der Solidarität nachdenken, beide vom ökonomischen Menschenbild der Rational-Choice-Theory als einzigem Schlüssel menschlichen Verhaltens ausgehen. Noch einmal Rauhut: «Die Forschung zeigt sehr gut, dass wir zwar sehr wohl bereit sind, mitzumachen, wenn das gefordert wird, doch gerne etwas weniger als die anderen.» Genauer gesagt: «Wenn wir beobachten, dass andere weniger tun», liegt es nahe, dass «wir dann auch wieder etwas weniger tun.» Unter solchen Voraussetzungen ist seine Aussage dann nur folgerichtig, «dass Solidarität rasch in sich zusammenfällt».

Das Menschenbild wissenschaftlicher Disziplinen birgt die Gefahr eines Zirkelschlusses: Man baut auf das, was man schon weiß, und folgt auf diese Weise einer sich selbst erfüllenden Prophetie. Die wissenschaftlich empirisch bestätigte «Natur» des Menschen mündet in ein Menschenbild, das für die Gesellschaft dann als handlungsleitend gilt.

Die Frage: «Wie kann Solidarität über längere Zeit aufrechterhalten werden?», regte beide Wissenschaftler noch zu konkreten Vorschlägen an. Zum einen brauche man dafür Regeln, die für alle verbindlich sind, aber auch die Androhung von Strafen, um auch Unwillige mitzunehmen. An diesem Punkt tauchte noch ein interessantes Argument auf. Rauhut warnte vor Strafen und insbesondere vor Geldbußen. Die seien nämlich schädlich für die «intrinsische Motivation», also «unseren eigenen Antrieb, solidarisch zu sein». Dieser innere Antrieb könne durch extrinsische Motivationen wie Geldstrafen (übrigens auch durch materielle Vergütung!) untergraben werden. Von einem inneren Antrieb, sich solidarisch zu verhalten, war bisher nicht die Rede gewesen. Dieser hat im Menschenbild des Homo oeconomicus ja eigentlich auch keinen Platz. Der Verlauf des Gesprächs zeigte jedoch, dass es durchaus möglich ist, die Grenzen dieses wissenschaftlichen Menschenbildes gelegentlich zu überschreiten.

Zwei Solidaritätskritiker

Wie weit die Bedeutungen von Solidarität auseinander gehen können, lässt sich am Beispiel von zwei weiteren Autoren zeigen. Beide halten wenig von Solidarität, gehen dabei aber von ganz unterschiedlichen Prämissen und Werten aus. Die eine Position vertritt Reinhard K. Sprenger, Bestsellerautor und Management-Theoretiker.[13] Er bezeichnet sich selbst als «Radikalkapitalist». Gerade heute, so schreibt er, lenke «die Formel ‹Seid solidarisch!› bedenkenlos unser Denken. ‹Haltet euch an Hygieneregeln! Bleibt zu Hause! Unterlasst alles, damit Menschen nicht sterben und das Personal in den Krankenhäusern geschont wird!›.» Sprenger wehrt sich gegen diese vom Staat verordnete Solidaritäts-Rhetorik. Er empfindet sie als eine Zumutung, weil sie den freien Bürgern unerträgliche Zwänge auferlegt. Deshalb ist sein Text auch mit den Worten überschrieben: «Sie sagen Solidarität und meinen Gehorsam.» Wenn überhaupt, könne man nur von engsten Familienangehörigen verlangen, beim Handeln von den eigenen Interessen abzusehen, nicht aber von Staatsbürgern. Letztere seien mit Rechten und Freiheiten ausgestattet, die ihnen niemand nehmen dürfe, und schon gar nicht der Staat. Solidarität erlebt Sprenger als einen kollektiven moralischen Imperativ und damit als einen Übergriff der staatlichen Macht und Moral. «So ist die Solidarität auf den Hund gekommen: eine rhetorische Moralkeule der Gemeinschaftsseligkeit, die Freiheitsrecht beschneidet.» Echte Solidarität, die für Sprenger nur in engsten Nähebeziehungen möglich ist, werde «zerstört, wenn sie erzwungen wird, wenn sie als politisches Programm zur Anpassung oder Umerziehung eingesetzt wird». Eine NZZ-Leserin applaudierte: «Man zwingt die Bürger von oben herab mit rhetorischen Moralkeulen (z. B. mit der Forderung nach einer ‹Solidarität mit den Vulnerablen›) in Freiheitsbeschränkungen rein und kalkuliert dabei, dass diese Bürger solcherlei verdrehtem Gemeinschaftssinn aufsitzen würden.»[14]

Die entgegengesetzte Position vertrat der Büchner-Preisträger Lukas Bärfuss. Er ist eher ein radikaler Antikapitalist und begründet diese Position ebenfalls mit einem solidaritätskritischen Argument. In einem Vortrag über das Thema «Solidarität. Wie lässt sich ein alter Wert neu denken?»[15] lautete sein Ausgangspunkt: Solidarität gibt es, wo es keine Gerechtigkeit gibt. Gerechtigkeit aber braucht Strukturen und keine Solidarität: «Wer sich nach Solidarität sehnt, der ist zu faul für die Gerechtigkeit.» Bärfuss zufolge schafft eine ungerechte Vermögensverteilung Ungleichheit und untergräbt damit die Demokratie. Für Bärfuss ist Solidarität eine Krücke, die er wegwirft, um gute Gesetze einzufordern. Das sagte er als Bürger der Schweiz, wo der Primat der Ökonomie übermächtig geworden ist und Privateigentum und Gemeinwohl deutlich auseinanderstreben. Gemeinwohl kann er sich nicht vorstellen ohne ein Gemeingut, in das die Gesellschaft vieles überführt. Dafür aber bedarf es eines gemeinsamen Willens und Interesses, das zuerst einmal entwickelt werden muss. Bärfuss sieht sich in einer Welt, die geprägt ist von lauter Ichs, die auf ihrer Autonomie (und ihrem Besitz) bestehen. Dieser egomanen Identität stellt er das Projekt einer «relationalen Identität» gegenüber, in der wir noch Analphabeten sind, weil wir, wie er meint, für sie noch keine gemeinsame Sprache und vor allem noch kein angemessenes Rechtssystem gefunden haben. Das Wort Solidarität ersetzte Bärfuss in seiner Frankfurter Rede passenderweise durch das Wort «Eintracht». Eintracht braucht sowohl Vielfalt als auch ein gemeinsames Ziel und einen gemeinsamen Willen. Dieses Wohl aller muss aber erst einmal klar formuliert werden, bevor es umgesetzt werden kann. Seinen Vortrag verstand Bärfuss deshalb als einen solchen Formulierungsvorschlag für das Wohl aller.

«Solidarität-mit» und «Solidarität-gegen»

Heinz Bude, der den Gebrauch des Begriffs der Solidarität in der Gegenwart untersucht hat, macht in seinem Buch *Solidarität* darauf aufmerksam, dass die glühenden Vertreter der Solidarität heute oft von rechts kommen. Wenn sie zur Solidarität aufrufen, meinen sie «zu oft das eigene Volk, das sich gegen die Fremden, die Zuwanderer und die Flüchtlinge abschließen soll. (...) Sie meinen eine exklusive Solidarität, die mit Mauern geschützt und durch Kultur behauptet wird.»[16]

Solidarität hat also immer einen Kontext, den man unbedingt mit einbeziehen muss. Wen schützt und schließt sie ein, und vor allem: Wen schließt sie aus? Es ist deshalb wichtig, hier zwischen «Solidarität-gegen» und «Solidarität-mit» zu unterscheiden. Solidarität mit der eigenen Gruppe findet man überall auf der Welt, aber oft ist sie gegen eine andere Gruppe gerichtet oder wird auf Kosten anderer aufrechterhalten. Individuelle Solidarität mit Fremden, Ungleichen, Ausgeschlossenen ist dagegen sehr viel seltener.

Es gibt ein historisches Beispiel für Gemeinsinn in einem nichtdemokratischen Staat, der die Geschlechtergrenze zwar überbrückte, aber an deren Stelle eine radikale Rassengrenze errichtete. Das war der Fall in der Aneignung dieses Begriffs in der Zeit des Nationalsozialismus. Der amerikanische Politikwissenschaftler Albert O. Hirschman, der 1933 aus dem nationalsozialistischen Deutschland fliehen musste, konnte sich sehr gut an die Politik erinnern, die einst in Deutschland im Namen des Gemeinsinns propagiert wurde: «Während der Weimarer Republik wurde in Deutschland oft Klage über den Mangel an bestimmten sozialen Eigenschaften geführt. Vermisst wurden ein Sinn von Mission, ein Gefühl der Zusammengehörigkeit und Wärme – kurz: Gemeinsinn. Die Nazibewegung verdankte ihren Aufstieg nicht zuletzt dem Versprechen, all diese angeblichen ‹Bedürfnisse› in Hülle und Fülle durch die Schaffung einer neu gefestigten ‹Volksgemeinschaft› zu befriedigen.»[17]

Gemeinsinn war ein Leitbegriff der politischen Kultur in der Zeit der NS-Diktatur. Der Begriff wurde mit der Auslöschung von Individualismus und der Unterordnung unter das Kollektiv der Nation verbunden. Er bezeichnete die willige Einordnung des Einzelnen in die deutsche «Volksgemeinschaft» nach dem Motto «Du bist nichts, dein Volk ist alles», sowie die Opferbereitschaft für das Kollektiv. Diese nach innen gerichtete Inklusion war die Kehrseite einer radikalen, nach außen gerichteten Exklusion: Sie war auf ein klares Feindbild gegründet und hatte eine mörderische Stoßrichtung: den kollektiven Willen zur Verfolgung und Ausrottung der Juden, der Sinti und Roma und anderer Minderheiten wie Zeugen Jehovas und «Asoziale», wie die Homosexuellen genannt wurden. Dieser sogenannte «Gemeinsinn» beschwor einen Zusammenhalt für die «arische» Gesellschaft, der auf Kosten anderer ging; es handelte sich nicht um Solidarität-mit, sondern um Solidarität-gegen.

Die Generation derer, denen wie Dolf Sternberger oder Jürgen Habermas die Ideologie des Nationalsozialismus noch in den Knochen steckte, haben in den Nachkriegsjahren vor diesem Hintergrund vor jeglichem Gemeinschafts-Credo gewarnt und ihm ihr

Bekenntnis zu einem sachlichen Verfassungspatriotismus entgegengestellt. Diese Skepsis ist unbedingt ernst zu nehmen. Man muss sie aber auch in ihrem historischen Kontext verstehen und darf bestimmte Begriffe in einen längeren historischen Zusammenhang stellen, der nicht im Nationalsozialismus endet. Das Thema Nationalsozialismus spielt in diesem Buch über Gemeinsinn eine besondere Rolle. Dieser historische Hintergrund wird in zwei Kapiteln behandelt, in denen einige Thesen des Staatsrechtlers und NS-Juristen Carl Schmitt vorgestellt und diskutiert werden. Die Auseinandersetzung mit Schmitts Gedankengut, Begrifflichkeit und Argumenten liegt uns besonders am Herzen, weil seine Texte weiterhin große Konjunktur haben und er unter seinen (meist männlichen) Lesern hohes Ansehen genießt und gerne kontextfrei zitiert wird.

«Sprechen-für»: Ein anderer Begriff des Politischen

Bertolt Brecht hat 1931 das Gedicht *Die Nachtlager* verfasst:

Ich höre, dass in New York
An der Ecke der 26. Straße und des Broadway
Während der Wintermonate jeden Abend ein Mann steht
Und den Obdachlosen, die sich ansammeln
Durch Bitten an Vorübergehende ein Nachtlager verschafft.

Die Welt wird dadurch nicht anders
Die Beziehungen zwischen den Menschen bessern sich nicht
Das Zeitalter der Ausbeutung wird dadurch nicht verkürzt
Aber einige Männer haben ein Nachtlager
Der Wind wird von ihnen eine Nacht lang abgehalten
Der ihnen zugedachte Schnee fällt auf die Straße.

Leg das Buch nicht nieder, der du das liesest, Mensch.

Einige Menschen haben ein Nachtlager
Der Wind wird von ihnen eine Nacht lang abgehalten
Der ihnen zugedachte Schnee fällt auf die Straße
Aber die Welt wird dadurch nicht anders

Die Beziehungen zwischen den Menschen bessern sich dadurch nicht
Das Zeitalter der Ausbeutung wird dadurch nicht verkürzt.

Wäre Brechts Gedicht nach Zeile 11 zu Ende, würde es mit einer Note der Zuversicht und Hoffnung enden. Der Akzent fiele dann nämlich auf die Versicherung, dass sich mit dem konkreten Angebot eines individuellen Nachtlagers etwas positiv verändert hat. Es folgen aber sieben weitere Zeilen. In der 12. Zeile kommt es zu einem Bruch. Das Selbstgespräch dessen, der sich über die Situation der Nachlager in New York Gedanken macht, wird durch eine unvermittelte Anrede mit einem schroffen Befehl an den Leser unterbrochen, der nicht als Leser angesprochen wird, sondern als «Mensch»: «Leg das Buch nicht nieder, der du das liesest, Mensch!» Nach diesem Rollenwechsel vom Leser zum Menschen folgt noch einmal die zweite Strophe, nun aber in umgekehrter Reihenfolge der Zeilen: Erst kommt die positive Beschreibung dessen, was auf der Straße passiert, nämlich die Organisation von Nachtlagern, und dann kommt die negative Bewertung, dass sich durch einen solchen menschenfreundlichen Einsatz an den menschenverachtenden kapitalistischen Verhältnissen nichts ändert. Als Mensch soll der Leser weiterlesen, um die Hoffnung und Zuversicht, die das Gedicht im ersten Durchgang aufgebaut hat, im zweiten Durchgang zu durchkreuzen. Am Ende steht jedoch weder Resignation noch Pessimismus, sondern eine tiefere Einsicht: Humanitäre Hilfe stabilisiert ein ungerechtes System, sie verändert es nicht.

Brecht dachte politisch in den Kategorien von Weltanschauungen. Er ergriff Partei für den Sozialismus und gegen den Kapitalismus. In seinen Augen war der Sozialismus dem Kapitalismus überlegen, weil er für die Nachtlager seiner Bürger sorgte und diese Pflicht nicht dem Gemeinsinn in Gestalt freiwilliger humanitärer Helfer überließ, die die manifesten Schäden des Systems abfederten, ohne sich dabei um die Ursachen der Ungleichheit zu kümmern. Wer das Thema auf der politischen Ebene behandelt, muss zu diesem Schluss kommen. Wer es auf der Ebene der Gesellschaft und der sozialen Beziehungen betrachtet, entdeckt noch andere Ebenen, zum Beispiel die des herrschenden Gesellschaftsvertrags, der politischen Kultur und der Frage nach Bürgerrechten und Menschenpflichten.

Was genau tut der Mann, der jeden Abend an einer Ecke in New York Obdachlosen ein Quartier verschafft, indem er Passanten anspricht? Er fordert nichts für sich, er handelt als ein Mittler. Sein Motiv ist die Solidarität. Diese Haltung ermöglicht es ihm, sich für andere einzusetzen, deren Not und Schicksal er nicht teilt. Er ist nicht einer von ihnen, und doch spricht und handelt er in ihrem Namen. Ähnlich äußerte sich die New Yorker Rabbinerin Diana Fersko, die jeden Schabbat in einem Bezirk New Yorks Essen an Bedürftige verteilt: «Wir werden die Obdachlosigkeit nicht besiegen, aber wir können jeden Schabbat 150 Leute mit Essen versorgen.»[18]

Die Rabbinerin übernimmt Verantwortung für andere, die nicht zu ihrer eigenen Gruppe gehören. Bis um das Jahr 2000 war es noch allgemein üblich und möglich, sich für andere einzusetzen, deren Gruppe man selbst nicht angehört. Inzwischen ist diese Form humanitären Handelns durch Verzerrungen der Identitätspolitik in Verruf geraten. Diese neue Entwicklung ist aus einer «Politisierung» menschlicher Beziehungen entstanden, die der Staatsrechtler Dieter Conrad 1990 an dem Begriff des Politischen von Carl Schmitt festgemacht und kritisiert hat. Conrad war ein Schüler des Juristen Ernst Forsthoff, der in Ebrach die Seminare mit Carl Schmitt organisiert hat, an denen auch Conrad regelmäßig teilnahm. Schmitt hatte den Begriff des Politischen nach dem Vorbild des Rechts (legal/illegal), der Moral (gut/böse), der Wirtschaft (profitabel/unprofitabel) usw. über eine «Leitunterscheidung» definiert und dafür den Gegensatz von Freund und Feind vorgeschlagen. Dieser brandgefährlichen Setzung der Schmittschen Freund-Feind-Unterscheidung als Leitfigur des Politischen stellt Dieter Conrad das demokratische Prinzip der Repräsentation als Grundform des Politischen gegenüber, das er als «Sprechen-für» bezeichnet: «Das Politische beginnt da, wo das für andere, im Sinne von: im Interesse anderer, sich mischt mit dem für andere im Sinne von: an Stelle anderer.»[19]

Unter «für andere» verstand Conrad gerade auch die Aufgabe, sich zum Anwalt eines Unterlegenen zu machen, um dessen Sache zu stärken. Carl Schmitts Dichotomie von Freund und Feind, die heute wieder Konjunktur hat, entspricht einer Solidarität-gegen, die ausschließlich zum Wohle der eigenen Volks- oder Gesinnungsgenossen handelt. Im «Dritten Reich» orientierte sich die Ideologie einer deutsche Volksgemeinschaft an dieser ausschließenden Freund-Feind-Maxime von Carl Schmitt und seinem Begriff des Politischen. Conrad baute im Gegensatz dazu seinen Begriff des Politischen auf einer demokratischen Solidarität-mit und einem Sprechen-für auf. Solidarität-mit schließt gerade auch die ein, die anders sind als man selbst und mit denen man weder Herkunft noch Erfahrungen teilen muss. Sprechen-für ist eine Grundvoraussetzung der repräsentativen Demokratie in einem heterogenen Nationalstaat und einer diversen Gesellschaft. Sie hat die Aufgabe, sich auch für diejenigen einzusetzen, deren Stimmen noch kaum gehört wurden oder noch nicht anerkannt sind. Unsere repräsentative Demokratie ist eine moderne Erfindung, aber das Prinzip des Sprechens-für hat eine lange Tradition. Dazu wird bereits im Buch der Sprüche in der Bibel aufgefordert, wo es heißt: «Öffne deinen Mund für den Stummen, für den Rechtsanspruch aller Schwachen» (Spr. 31,8).

«Sprechen-als»: Identitätspolitische Einsprüche

Conrad konnte sich mit seinem Vorschlag für einen neuen Begriff des Politischen nicht durchsetzen. Das hing auch damit zusammen, dass gleichzeitig in den 1990er Jahren ein neues Konzept von kollektiver Identität entstand. Ein Anzeichen dafür war der Umstand, dass plötzlich Erinnerungen, die in der Gesellschaft lange Zeit verschwiegen und unsagbar waren, in die Öffentlichkeit zurückkehrten. Durch das neue Medium der (noch analogen) Video-Zeugnisse sollte Holocaust-Überlebenden die Möglichkeit gegeben werden, ihre Erfahrungen aus der eigenen Perspektive öffentlich mitzuteilen. Zwischen 1987 und 2005 wurden ca. 60 000 Videos aufgenommen, um diese persönlichen Zeugnisse für die Zukunft zu sichern und zu verbreiten. Auf diese Weise drangen die Gewaltgeschichte des Zweiten Weltkriegs und der Holocaust ins allgemeine Bewusstsein. Zusammen mit der Holocaust-Erinnerung trat nun ein neues Begriffspaar in den

Vordergrund, das das historische und politische Denken seither nachhaltig geprägt hat: der Gegensatz von «Tätern» und «Opfern».

Als Opfer der Geschichte gelten seither diejenigen, die in asymmetrischen Gewaltbeziehungen lebten und aufgrund ihrer «Rasse» ausgebeutet, misshandelt, unterdrückt, umgebracht, systematisch verfolgt und vernichtet wurden. Das schließt die Kolonial- und Sklavereigeschichte ebenso ein wie die Geschichte des Nationalsozialismus, obwohl in den drei Systemen sehr unterschiedliche Rahmenbedingungen für die Täter und Opfer galten.[20]

Die Frage nach den Opfern der Geschichte hat eine neue Form kollektiver Identitätsbildung eingeleitet. Eine Konsequenz dieser Entwicklung war, dass das öffentliche «Sprechen-für» durch ein «Sprechens-als» ersetzt wurde. Das war verständlich und nötig, weil der fundamentale Wandel der Geschichtsbetrachtung unmittelbar aus der Erfahrungsperspektive der Betroffenen und ihrer Nachfahren hervorging. Dieser persönliche Zugang verstand Geschichte nicht mehr als etwas Abgeschlossenes und Vergangenes, sondern als Noch-Gegenwart. Ab jetzt waren die Stimmen nicht mehr austauschbar, sondern wer sprechen konnte und wer nicht, wurde durch die Autorität der Herkunft, der Familiengeschichte und der persönlichen Erfahrung definiert. Erst mit diesem notwendigen Sprecherwechsel konnten sich das weiße Geschichtsbild und die weiße Sensibilität grundlegend verändern. Dabei geht es keineswegs um rein akademische Fragen der Geschichtsdeutung, sondern um einen gesellschaftlichen Wandel im Zeichen einer historisch informierten Gegenwartsanalyse und, damit verbunden, um einen neuen Blick auf soziale Ungerechtigkeit und heutige strukturelle Ungleichheit in den betroffenen Gesellschaften.

Diese neuen Schwerpunkte und die wachsende Diversität in diesen Diskussionen haben positive Auswirkungen auf die notwendige Transformation und Demokratisierung. Aber es gibt auch einen negativen Effekt, und das ist eine sich verselbständigende Identitätspolitik, die den Partikularismus apodiktisch über den Universalismus stellt und damit dem «Sprechen-für» und der «Solidarität-mit» ihre Legitimität entzieht. Mit dem «Sprechen-für» sind wir wieder bei Brecht und dem Menschen, der nachts in New York an einer Straßenecke steht und sich freiwillig darum kümmert, dass die Obdachlosen im Winter ein Nachtlager finden. Der Impuls, der ihn leitet, ist Solidarität. Das bedeutet in seinem Fall: Nein, ich bin nicht in derselben Situation wie die Obdachlosen, und ich habe möglicherweise eine andere Hautfarbe als sie, aber ich fühle mich in dieser Stadt mitverantwortlich für ihr Leben. Wenn sich der Staat und die Stadtverwaltung nicht darum kümmern, dann tue ich das als Bürger der Stadt. In den USA hat diese Haltung des aktiven Bürgersinns und der sozialen Verantwortung eine lange und beeindruckende Tradition. Es gibt in vielen Stadtteilen Gruppen, die regelmäßig für andere kochen, Beratung anbieten, Unterstützung leisten und damit die Schwachstellen des gnadenlosen kapitalistischen Systems kompensieren.

Diese Form der Solidarität verbreitete sich noch einmal in Windeseile im Gefolge des Mords an George Floyd im Mai 2020. Die *Black-Lives-Matter*-Bewegung war an keiner Grenze aufzuhalten; der Funke sprang nach England und ganz Europa über und bei medienwirksamen Großveranstaltungen und Sportereignissen wurde durch das Symbol des Kniefalls weltweit Solidarität kommuniziert. Inzwischen stellt sich die grundsätzliche Frage: Muss eine erfolgreiche Verlagerung der Perspektive in Richtung Anerkennung von Stimmen, die lange zum Schweigen verurteilt waren, mit einer forcierten Identitätspolitik einhergehen, die Gesten der Empathie und Solidarisierung wie das «Sprechen-für» als illegitim verwirft? Fällt jegliche Fürsprache unter das Verdikt der Missachtung von Differenz und muss als «kulturelle Aneignung» verworfen werden? Was bei diesem Diskurskonflikt auf der Strecke zu bleiben droht, ist der grundlegende Wert der Solidarität, der in einer demokratischen Gesellschaft die politische Kultur ausmacht, die die Bürger- und Menschenrechte stützt.

Solidarität besteht darin, soziale oder kulturelle Unterschiede anzuerkennen, sie jedoch auf der Grundlage einer erkannten und anerkannten Gemeinsamkeit praktischer Ziele oder allgemeiner Werte auch gegebenenfalls einklammern und zurückstellen zu können. Dieser Perspektivenwechsel löscht keine Differenzen aus, aber er nimmt ihnen ihre im Rahmen eines kulturellen «Trennungswahns» oft ins Schrille übersteigerte Bedeutung und macht sie in der praktischen Situation, in der man miteinander zu tun hat, unerheblich. Das Spektrum der Sicht auf Unterschiede samt den Positionen, die eingenommen werden können, reicht von der radikalen Fremdheit über das bloße Anderssein bis hin zum gemeinsamen Menschsein.

Warum macht man sich überhaupt so viel aus Unterschieden? Dafür gibt es einen guten und einen schlechten Grund.

Der gute Grund besteht darin, einen Nachholbedarf zu decken. Es ist inzwischen geboten, umzulernen, um Unterschiede anzuerkennen und anzunehmen, die bisher noch nicht gewürdigt und anerkannt wurden.

Der schlechte Grund besteht darin, Diskursgrenzen zu errichten, die neue soziale Schranken zementieren, die einige mit Legitimität ausstatten und andere von der Mitsprache ausschließen.

Es gibt also gute Gründe für die Identitätspolitik, doch die Verhinderung von Solidarität gehört nicht zu ihnen, sondern ist ein schwerwiegendes Problem. Denn Solidarität stabilisiert nicht nur menschliche Beziehungen, sondern ist in Demokratien auch ein tragendes Element der politischen Kultur.

3.

BRÜDERLICHKEIT

Die dritte Farbe der Trikolore

Eine wichtige Neufassung hat der Begriff «Gemeinsinn» in der Französischen Revolution erfahren, die einen tiefgreifenden historischen Wandel durch eine gewaltsame Zeitenwende einleitete. Mit der Ablösung des Ancien Régime durch eine Republik war ein radikaler Austausch der bislang geltenden Institutionen und Traditionen verbunden. Das erforderte unter anderem die vollständige Ersetzung eines Werte- und Begriffssystems durch ein anderes. Die hergebrachten nationalen Symbole mussten durch etwas ganz Neues überschrieben und damit erfolgreich ausgelöscht werden.[1] Bei diesem symbolischen Gründungsakt spielten die drei Farben der «Trikolore» eine zentrale Rolle. Um sie in ihrer Aussagekraft weiter zu verstärken, wollte man sie mit drei Devisen verbinden, die den Geist des Umsturzes sinnfällig zum Ausdruck bringen und die seitdem auf allen öffentlichen Gebäuden Frankreichs prangen: LIBERTÉ, ÉGALITÉ, FRATERNITÉ. Auf *liberté* und *égalité,* das traditionelle, seit der Antike viel diskutierte Begriffspaar,[2] hatte man sich schnell geeinigt. Der dritte Begriff war dagegen umstritten. *Fraternité* – «Brüderlichkeit», «Bruderschaft», konkurrierte zunächst mit anderen Begriffen wie *propriété,* «Eigentum», aber auch mit «*patrie*», «*sécurité*», «*unité*».[3] In diesen Debatten wurde ein Arsenal benachbarter und entgegengesetzter Begriffe aufgebaut, in deren Licht *fraternité* erst seine scharfen Konturen gewann.

Der Vorschlag *fraternité* wurde vom linken, der Vorschlag *propriété* vom rechten Flügel der Versammlung vertreten. Nach längeren Debatten wurden beide Begriffe in die Struktur der neuen Verfassung eingefügt, wenn auch mit einer unterschiedlichen Stoßrichtung. Während Begriffe wie *liberté, égalité,* aber auch *propriété* in Gesetzesform gebracht werden können, bezieht sich der Begriff *fraternité* eher auf eine Haltung oder Einstellung. Das folgende Schema verdeutlicht diese Komplementarität von *Recht* als Grundlage von Gesetzen einerseits und *politisch-moralischer Kultur* andererseits als Grundlage einer gelebten sozialen Gerechtigkeit.

Staat	**Gesellschaft**
Recht	**politisch-moralische Kultur**
Verfassung, Gesetzeskorpus	Gerechtigkeit, Solidarität
liberté, égalité	*fraternité*

Die Begriffe der linken Spalte stehen zu denen in der rechten Spalte in einem Verhältnis der Rahmung und Einbettung. Links steht, was staatlich garantiert und rechtlich geregelt ist, rechts, was dieser Ordnung gesellschaftliche Akzeptanz und lebensweltliche Wirkung verleiht. «Brüderlichkeit» ergänzt die beiden Rechtsbegriffe «Freiheit» und «Gleichheit» um die soziale Dimension und verbindet sie mit der Aufforderung, sie «brüderlich», das heißt solidarisch, gemeinsinnig, im Kontext von Staat, Gesellschaft, Mitwelt und Umwelt zu verstehen und zu praktizieren. Brüderlichkeit, schreibt Ernst Bloch, «ist der Affekt der Verbundenheit zum gleichen Ziel, der erkannten Abstammung alles dessen, was man wert ist und am anderen werthält, am gemeinsamen Ziel.»[4] Freiheit und Gleichheit bilden die Grundlage des Liberalismus. «Brüderlichkeit», ein Begriff, den wir hier mit Gemeinsinn und Solidarität in eine Reihe stellen, ergänzt diese Grundlage in Richtung einer Sozialmoral. *Fraternité* erscheint in diesem Verständnis als Voraussetzung von *liberté* und *égalité*.[5] Für *égalité* versteht sich das von selbst: Gleichheit setzt immer den Anderen voraus, dem man gleich ist, sowie den Rahmen und den Rechtsraum, in dem diese Gleichheit gilt.

Im Dreiklang von *liberté, égalité, fraternité* kommen drei unterschiedliche Werte zusammen. Während Freiheit und Gleichheit als Rechtsprinzipien der Gesetzgebung und Verfassung angehören und den Kern der Bürgerrechte ausmachen, ist Brüderlichkeit der Kategorie appellativer Werte zuzuordnen. Freiheit und Gleichheit kann man verteidigen und gesetzlich schützen, Brüderlichkeit bzw. Gemeinsinn oder Solidarität dagegen kann man nur geloben und beschwören, aber nicht gesetzlich festschreiben. Damit befinden wir uns im Bereich der politischen Kultur. Es ist nicht der Bereich der Bürger*rechte*, sondern der der Bürger*pflichten*.

Die Begriffe «Gemeinsinn», «Solidarität» und «Brüderlichkeit» enthalten alle die Verpflichtung zu gegenseitiger Hilfe und sozialer Verantwortung. Es gibt aber auch Unterschiede zwischen Solidarität und Brüderlichkeit, wie Eva Illouz anmerkt. Während Solidarität «auf einer wechselseitigen Übereinkunft» beruht und sich «stets in bestimmten Visionen von menschlichen Zwecken und moralischen Belangen» ausdrückt, basiert Brüderlichkeit «nicht auf einer Übereinstimmung oder einer gefühlsmäßigen Bindung an andere, sondern auf der moralischen und rechtlichen Idee der Gerechtigkeit innerhalb der politischen Gemeinschaft».[6] Dass diese Unterscheidung keineswegs spitzfindig ist, sondern einen wichtigen Aspekt der *fraternité* hervorkehrt, lässt sich mit einer wahren Geschichte belegen.

Zwischen Rechtsbruch und Bürgerpflicht: Der Fall Cédric Herrou

Der Protagonist, um den es geht, heißt Cédric Herrou. Er ist Olivenbauer und hat einen Hof mit 800 alten Olivenbäumen und 250 Hühnern. Dieser Bauernhof liegt im Roya-Tal in den Bergen oberhalb von Menton und Monaco nahe der italienisch-französischen Grenze. Die Grenze wird täglich und vor allem nächtlich von vielen Dutzenden illegaler, meist afrikanischer Migranten passiert, denen es gelungen ist, die Kontrollen zu überwinden. Sie kamen erschöpft und oftmals traumatisiert an Herrous Hof vorbei. Dort hatte er mit Zelten, Wohnwagen und provisorischen Hütten eine private Willkommenskultur großen Stils aufgebaut. Er brachte die Migranten unter, versorgte sie, verpflegte sie, hörte ihnen zu und half ihnen, ihre Asylanträge auszufüllen und bei der Präfektur in Breil einzureichen. Nach ein paar Tagen zogen sie weiter und machten Neuankömmlingen Platz. 2015 begann Herrou, sie mit dem Wagen an der Grenze abzuholen.

Immer wieder wurde der Olivenbauer der Fluchthilfe angeklagt und mehrfach zu Geldstrafen und Gefängnis verurteilt. 2018 wendete sich jedoch das Blatt, als Herrou zum Angriff überging und sich mit einer *Question prioritaire de constitutionnalité,* einer «vordringlichen Frage nach Verfassungsgemäßheit» an den französischen Verfassungsrat *(Conseil constitutionnel)* wandte. Dieser Rechtsweg steht jedem Franzosen und jeder Französin offen. Seine Frage war, ob das in der Verfassung festgeschriebene Prinzip der *fraternité* nicht jedem Bürger das Recht gibt, anderen humanitäre Hilfe zu leisten, unabhängig davon, ob es sich um Franzosen oder um Fremde, um legale oder illegale Menschen handelt, die in Not geraten sind und dringend Hilfe brauchen. Offengestanden, gab er zu, «habe ich selbst nicht so recht daran geglaubt, dass ein beliebiger Bürger einfach so den Verfassungsrat anrufen kann».

Das Unerwartete jedoch geschah. Cédric Herrou, der viermal wegen illegaler Fluchthilfe verklagt, verurteilt und bestraft worden war, klagte vor dem französischen Verfassungsgericht sein Recht auf *fraternité,* also auf tätige Brüderlichkeit auch gegenüber fremden Hilfsbedürftigen, ein – und bekam Recht. Damit erhielt das Prinzip der Brüderlichkeit, Notleidenden bedingungslos zu helfen, als Recht Gesetzesrang. Das Kassationsgericht bestätigte das Urteil und hob alle gegen Herrou anhängigen Verfahren und erlassenen Urteile auf. Damit wendete sich das Blatt. «Von nun an», sagt Herrou, «verklagen wir umgekehrt den französischen Staat, weil er das Asylrecht verletzt, indem er Minderjährige nach Italien in die Illegalität zurückschickt und in Gefahr bringt.»

Cédric Herrous ziviler Ungehorsam ist kein Einzelfall. Immer wieder wurden Hilfsbereite vor französischen Gerichten verklagt und verurteilt, ein Straftatbestand, für den sich der Begriff *délit de solidarité,* «Solidaritätsdelikt» eingebürgert hatte. Mit dem Verdikt des Verfassungsrats vom 6. Juli 2018 ist dieses dubiose «Delikt» hinfällig geworden. Die Verfassung hat damit über die staatliche Praxis gesiegt. Den Begriff «ziviler Ungehorsam» lehnte Herrou allerdings für

Cédrik Herrou, ein Olivenbauer in den Bergen oberhalb von Monaco, berät einen Geflüchteten. Sein Anwesen hat er in einen Willkommenspark verwandelt und unterstützt die Durchreisenden mit Nahrung, Unterkunft und Hilfe bei der Kommunikation mit Behörden.

sich ab. Es handele sich im Gegenteil um *obéissance citoyenne,* um «zivilen Gehorsam» auf seiner Seite und Ungehorsam auf Seiten der staatlichen Praxis, die systematisch gegen das Gebot der Brüderlichkeit verstoße.[7]

Brüderlichkeit, so zeigt diese Geschichte, kann Rechtsrang erhalten, aber sie ist nicht einklagbar, jedenfalls nicht im passiven Sinne, dass jemand jemanden oder eine Institution verklagen kann, die es ihm gegenüber an Brüderlichkeit hat fehlen lassen. Die aktive Handlung ist jedoch gerechtfertigt: Niemand darf daran gehindert werden, Notleidenden in humanitärer Absicht beizustehen, und zwar bedingungslos, also ohne Rücksicht auf ungültige oder fehlende Papiere und Aufenthaltstitel.

Der Fall des Olivenbauern Cédric Herrou zeigt, dass Handeln im Geist der Solidarität und Sprechen-für mehr sein kann als die Stabilisierung eines falschen Systems, wie Brecht in seinem Gedicht zu Bedenken gibt. Sein Handeln-für – in diesem Fall für die aus Afrika und dem Vorderen und Mittlerem Osten über Italien Geflüchteten – hat Einzelnen Schutz geboten, ohne die Missstände der europäischen Migrationspolitik grundlegend zu beheben. Gleichwohl hatte dieses Handeln weitreichende rechtliche Konsequenzen: Ein ungerechtes Gesetz wurde abgeschafft, und das Recht, Bedürftigen ohne Ansehen der Legalität ihres Aufenthalts Nahrung und Unterkunft zu verschaffen, wurde im Sinne der Verfassung als *fraternité* anerkannt.

Die Rolle der politischen Kultur

Die Demokratie beruht auf Gesetzen der Freiheit und Gleichheit aller Bürger und Bürgerinnen und keineswegs nur der «Brüder». Gleichzeitig ist mit dem Begriff «Brüderlichkeit» etwas Wichtiges angesprochen, was oft eine Leerstelle bleibt. Diese Leerstelle war unser Ausgangspunkt. Ihr wollten wir in diesem Buch nachgehen. Der Begriff «Gemeinsinn» gab dabei unserer Suchbewegung die Richtung vor; Solidarität und *fraternité* kamen für die Feinjustierung der Orientierung dazu. Zu den Rahmenbedingungen und festen Institutionen des demokratischen Rechtsstaats gehört eine Verfassung, die die Grundrechte aller Bürger garantiert, freie und geheime Wahlen, sowie das Prinzip eines Mehrparteiensystems mit parlamentarischer Repräsentation und Gewaltenteilung. Neben den Rechten der Freiheit und Gleichheit kommt noch das Prinzip der Teilhabe aller Bürgerinnen und Bürger hinzu: Alle können und sollen die Gesellschaft mitgestalten durch eine geregelte Austragung von Konflikten in der Anerkennung von Differenz und in gegenseitigem Respekt.

Damit all das auch wirklich gewährleistet ist, bedarf es zusätzlich zu den Gesetzen und Institutionen in der Demokratie einer entsprechenden politischen Kultur. Wie notwendig sie ist, zeigt sich gerade heute durch ihren Mangel. Weil eine politische Kultur in vielen Demokratien gegenwärtig unter dem Druck wachsender Polarisierungen zerrüttet oder ganz verloren gegangen ist, stellt sich umso dringlicher die Frage, was sie zerstört und aus welchen Ressourcen sie wieder aufgebaut werden kann.

Für die politische Dimension der Partizipation und die Art und Weise des gelebten Miteinanders stehen hier die Begriffe *fraternité*, Solidarität und Gemeinsinn. Sie alle verweisen auf die Frage nach der sozialen und kulturellen Einbettung individueller Rechte. Die Schlüsselfrage lautet hier: Wie wird Demokratie gelebt? Wie agonal oder einvernehmlich, polemisch oder respektierend, aggressiv polarisierend oder fair und konstruktiv ist dieses soziale Milieu? Welche Rolle spielen dabei kulturelle Leitbilder und tragende Werte? Wenn wir diese dynamische Dimension der Demokratie unter dem Stichwort der «politischen Kultur» zusammenfassen, fragen wir damit nach der Legitimität und Akzeptanz von Demokratie in der Gesellschaft. Wie stark ist ihre Identifikations- und Bindungskraft? Diese politische Kultur steht für die soziale Einbettung der Demokratie. Sie entscheidet über die Erhaltung und Veränderungsfähigkeit der Demokratie, über die Zustimmung zu ihr und ihre Schwachstellen, über ihre Resilienz und Kraft zur Selbsterneuerung.

Wie wichtig diese Einbettung des rechtlichen Rahmens ist, erleben wir gerade in dem Maße, wie diese Stütze der Demokratie ausgehöhlt wird und bereits abhandengekommen ist. In Gegenden, in denen rechtsradikales Denken dominiert, ist die politische Kultur von Ressentiments, sozialer Verachtung und Hass geprägt. Damit nehmen der Schutz und die Sicherheit exponierter Individuen und Minderheiten rapide ab. In einer Demokratie müssen sich die Bürgerinnen und Bürger aber mit ihren Aktivitäten und Haltungen auch selbst einbringen. Sie schaffen gemeinsam den gesellschaftlichen Konsens und damit das Klima des Zusammenlebens sowie die Regeln der Nachbarschaft und die Formen des Umgangs miteinander.

Was stärkt die Demokratie? Was bedroht sie? Und wer oder was hält sie am Leben? Um diese Fragen zu untersuchen, müssen wir uns neben den Gesetzen auch den Formen der politischen Partizipation und sozialen Kommunikation zuwenden, die das gesellschaftliche Klima und die politische Kultur bestimmen.

4.

MENSCHENBILDER ZWISCHEN PARTIKULARISMUS UND UNIVERSALISMUS

Die Frage, unter welchen Bedingungen Gemeinsinn gedeiht und welche Bedingungen ihn ausschließen, führt uns zu der Frage nach den vorherrschenden Menschenbildern. Dazu bedarf es einer methodischen Vorbemerkung. Aussagen über die «Natur» des Menschen waren in der Geschichte niemals kontextfrei. Sie wurden innerhalb bestimmter Kulturen und unter bestimmten historischen Bedingungen getroffen. Deshalb waren sie meist tendenziös und stützten bestimmte Gesellschaftsmodelle und politische Theorien. Denn jedes Bild, das der Mensch von sich macht, geht von bestimmten Normen aus und hat zugleich auch eine modellierende Wirkung: Menschenbilder bringen den Menschen, den sie beschreiben, in der Art einer *self-fulfilling prophecy* hervor. Sie sind zugleich deskriptiv und generativ. Solche Menschenbilder sind auch in der Kultur, ihren Institutionen und ihrem Erziehungssystem verankert. Das Bild vom Menschen entscheidet darüber, ob liberale oder autoritäre Strukturen propagiert werden, ob rigide Disziplinierungsmaßnahmen vorherrschen oder Entwicklungs- und Ermöglichungsräume geschaffen werden. Bei der Bewertung von Menschenbildern geht es deshalb nicht vorrangig um die Frage, ob sie richtig oder falsch sind, sondern um die Frage, welchen gesellschaftlichen Wünschen und Werten sie entsprechen und Nachdruck verleihen.

Ist der Mensch gut oder böse? Anthropologische Perspektiven

Es fällt auf, wie stark die Frage nach Wert, Existenz und Natur des Menschen die Forschung der Nachkriegszeit bestimmt hat. Offenbar war dies die Folge einer tiefen Verunsicherung während und nach der NS-Zeit und ein wichtiges Kapitel der Umwertung der Werte, die in den Wissenschaften kaum je explizit und wenn überhaupt, dann nur zögerlich vollzogen wurde. Ein Beispiel für diese Umwertung der Werte ist das Natur- und Geisteswissenschaften sowie europäische Kulturen übergreifende Interesse am «Menschen», das in zahlreichen Tagungen der *Eranos*-Gruppe verhandelt wurde und sich in einer langen Reihe von Publikationen der 1940er und 1950er Jahre niederschlug.[1] Dieser neue, fächerübergreifende und verschiedene Kulturen einbeziehende Diskurs fand im Rahmen einer tastenden Neugründung der Kultur statt und war der Grundfrage «Was ist der Mensch?» gewidmet.[2] Am Anfang der Wiederbelebung der Geisteswissenschaften stand die Notwendigkeit, die «Natur» des Menschen jenseits von Rassismus und Antisemitismus neu zu bestimmen. Arnold Gehlen trug besonders einflussreich zu diesem Diskurs bei mit seinen beiden Bänden *Der Mensch*[3] von 1940 und *Urmensch und Spätkultur* von 1956. Gehlen definierte den Menschen als «Mängelwesen», wobei er an Nietzsche und dessen Beschreibung des Menschen als «nicht festgestelltes Tier» anschloss.[4] Diese Betonung von Mangel und Instabilität war bei ihm die Grundlage für eine Theorie der Institutionen.

In den 1960er Jahren folgte auf den Diskurs über das Wesen des Menschen, der die deutsche Denktradition einschließlich Heideggers Existenzphilosophie bestimmte, die «strukturale Anthropologie», die von französischen und angelsächsischen Wissenschaftlern wie Claude Lévi-Strauss oder Edmund Leach geprägt war. Neu an dieser internationalen Anthropologie war ein starkes Interesse an Linguistik und Zeichentheorie. Diese Form der Anthropologie hat die Forschung der Nachkriegsgeneration auf eine neue, empirisch-ethnographische Grundlage gestellt. Aus ihr haben sich auch die

Kultur- und Medienwissenschaften entwickelt, zu denen wir uns selbst rechnen.

Der deutsche Diskurs wurde in den 1960er Jahren stark von der Verhaltensforschung bestimmt. Sie erforschte die Natur des Menschen und zielte dabei auf bestimmte Merkmale oder Konstanten ab, die den Menschen quer durch alle Epochen und Kulturen ausmachen. Ihr prominenter Vertreter war Konrad Lorenz, der in seinem Buch *Das sogenannte Böse* (1963) eine pessimistische Anthropologie entwickelte.[5] Lorenz versuchte, nicht nur auf die Frage: Was ist der Mensch? eine Antwort zu geben, sondern auch auf die Frage: Ist der Mensch gut oder böse?

Nach Lorenz unterscheidet sich die Natur des Menschen von der der Tiere darin, dass beim Menschen der innerartliche Aggressionstrieb nicht vor der Tötung des Gegners zurückschreckt. Nur der Mensch, so Lorenz, sei in der Lage, Feindbilder von einer derartigen Radikalität aufzubauen, dass sie das Gefühl der Artverwandtschaft außer Kraft setzen und dem Gegner den Status des Menschseins absprechen. Der Mensch ist damit für Lorenz «von Natur aus» auf Gewalt und Kriege ausgerichtet. Diese Theorie von der «Natur» des Menschen hat das Menschenbild der westdeutschen Nachkriegszeit stark beeinflusst. Lorenz hatte als Mitarbeiter des Rassenpolitischen Amtes der NSDAP nicht ferngestanden. Für die Popularität seiner Thesen in der Nachkriegszeit könnte auch eine Rolle gespielt haben, dass er die Gewaltexzesse des Nationalsozialismus mit seiner Anthropologie gewissermaßen «naturalisierte» und damit der menschlichen Verantwortung entzog.

Die Frage, ob der Mensch von Natur aus gut oder böse ist, hat bereits Dichter und Philosophen seit der Aufklärung beschäftigt. Georg Büchner wurde 14 Jahre nach der Französischen Revolution geboren und hat die tagespolitischen Schreckensnachrichten, ihre moralischen Skandale und Heimsuchungen in einem Drama verarbeitet. Dazu gehörte auch ein Gefängnismassaker vom 2. bis 5. September 1792, bei dem der Justizminister George Danton weggeschaut hatte. In seinem Drama *Dantons Tod* (1835) legt der junge Büchner dem alten Revolutionär eine Gewissensfrage in den Mund: «Was ist es, das in uns lügt, stiehlt, hurt und mordet?»

Diese Frage hat bereits den Philosophen Kant zur Zeit der Französischen Revolution umgetrieben.[6] Er ging davon aus, dass das «radikale Böse» in der menschlichen Natur verankert sei. Um jedoch aktiviert zu werden und sich auch in Taten zu manifestieren, müsse zu diesem «Hang zum Bösen» eine Anstiftung von außen hinzukommen. Kant war überzeugt, dass sich die Menschen «wechselseitig verderben und sich einander böse machen» (Kant 1793). Deshalb ist für ihn nicht reiner Instinkt am Werke, sondern der freie Wille, der in Verbindung mit menschlicher Kommunikation entscheidet. Für böse Taten ist nach Kant also nicht der Mensch allein, sondern der Mensch unter dem Einfluss anderer Menschen verantwortlich.

Der Büchner-Preisträger Lukas Bärfuss, der sich für diese Traditionslinie des Nachdenkens über das Böse von Kant und Büchner interessiert, hat sich selbst klar von der Idee eines intrinsisch Bösen verabschiedet. In einem Interview antwortete er auf die Frage, die Büchners Danton sich selbst gestellt hat, mit folgender Überlegung: «Ich glaube nicht, dass in uns etwas hockt, das böse ist. Ich glaube, das Böse entsteht tatsächlich außerhalb von uns selbst, in der Auseinandersetzung mit der Welt und mit den anderen Menschen. Der Mensch in der totalen Isolation hat das Böse nicht in sich. (…) Ich glaube, es ist nicht in uns, es ist zwischen uns, irgendetwas, das zwischen Menschen geschieht. Und die Untersuchung dieses Dazwischen, das hat nicht aufgehört, meine Faszination in Gang zu setzen.»[7]

Aus der Perspektive der Neurowissenschaften hat sich zu dieser Frage auch der Arzt und Psychosomatiker Joachim Bauer geäußert. Er ging von einem Psychogramm zu einen Soziogramm der Aggression über: «Aggression ist kein Selbstzweck. Es gibt keinen ‹Aggressionstrieb› – hier irren sowohl der große Sigmund Freud, Begründer der Psychoanalyse, als auch Konrad Lorenz. Die Aggression ist, wie die Angst, ein evolutionär entstandenes, bei Bedarf abrufbares Emotions- und Handlungsprogramm, dessen Funktion darin liegt, den eigenen Organismus vor körperlichen Angriffen und aversiven Erfahrungen zu schützen. Schmerz begünstigt Aggression. Der Übergang von Schmerz in Wut erklärt, warum Kinder und Jugendliche, die Ausgrenzung oder Demütigung erleben, zu mehr Aggression als andere neigen.»[8]

Da der Mensch nicht ausschließlich von Instinkten und Trieben geleitet ist, sondern über Fähigkeiten verfügt, die sowohl für freundliche wie für feindliche Zwecke eingesetzt werden können, liegt es nahe, sowohl mit negativen als auch mit positiven Fähigkeiten und Haltungen zu rechnen. Ob die menschliche Natur als positiv oder negativ eingestuft wird, hängt dabei von der Wahrnehmung ab und entscheidet sich im Auge des Betrachters. Im Sommer der Migration 2015 teilten sich anlässlich der massenhaften Ankunft von Geflüchteten an der deutschen Grenze die Meinungen. Die einen sprachen von einer «Willkommenskultur» und praktizierten empathische Mitmenschlichkeit. Andere sprachen von einer Krise und sahen sich durch so viele fremde Menschen auf einmal überfordert, und wieder andere sprachen von Bedrohung und sahen in der Gruppe der Zuwanderer eine feindliche Invasion und eine unmittelbare Gefahr für ihr Land und ihr Leben. Im einen wie im anderen Falle haben wir es mit Vorurteilen zu tun, die die Wahrnehmung leiten. Die Entscheidung, dem positiven oder negativen Menschenbild den Vorrang zu geben, liegt jedoch bei den Menschen selbst. Die Grundlage dafür ist ein Teil ihrer kulturellen Identität und persönlichen Lebenserfahrung sowie des Bildungsgrades und der religiösen Überzeugung. All das zusammengenommen prägt die Grundsätze der Wahrnehmung und die Werte des Verhaltens.

Mann und Frau, Erziehung und Gleichstellung

Das christliche Menschenbild ging lange Zeit von einem «gefallenen» Menschen aus. Denn mit dem Sündenfall im Paradies sind alle Menschen schuldig geworden und von der göttlichen Gnade abhängig, die sie aus diesem Zustand wieder erlöst. Augustinus hat diese Lehre mit seiner Theorie der Erbsünde noch radikalisiert.[9] Calvin sprach von der «natura corrupta», die mithilfe aktiver Anstrengungen bezwungen werden kann. Vereinzelte Perspektiven einer positiven Anthropologie gab es schon im Mittelalter, doch galten diese bis in die Neuzeit meist als häretisch.

Wie folgenreich der Unterschied zwischen einem negativen und positiven Menschenbild ist und was er im Einzelnen bewirkt, sieht man am deutlichsten am Stil der Kindererziehung. Dazu schreibt die Historikerin Barbara Stollberg-Rilinger in ihrem Buch über die europäische Aufklärung: «Die hergebrachte Erziehung war von der grundsätzlichen menschlichen Verworfenheit und Sündhaftigkeit ausgegangen, die gerade im vernunftlosen Kind durch strenge Zucht bekämpft und niedergehalten werden müsse. Gegen diese Auffassung, die auch im 18. Jahrhundert durchaus noch vorherrschte, vertraten nun aufklärerische Pädagogen die Überzeugung, dass Kinder natürlich gute Wesen seien, die man nur behutsam, durch gutes Vorbild und indirekten, unmerklichen Einfluss zu lenken brauche, damit sich ihre Anlagen zum Guten entfalten können. Überdies beanspruchte man, die Kinder nicht nur zu nützlichen Bürgern des Gemeinwesens, sondern auch zu selbständig denkenden und handelnden ‹Menschen› zu erziehen, und trug damit den Erkenntnissen einer neuen ständeüberschreitenden Lebenswelt Rechnung.»[10]

Den modernen Erziehern ging es dabei vor allem, wie Stollberg-Rilinger betont, um «die Freiheit des Individuums von äußeren Zwängen». Diese sollte durch eine Verinnerlichung der Normen überwunden werden. Die innere Lenkung des Individuums sollte gestärkt werden, einschließlich der Selbstbeherrschung, Selbstkontrolle und vor allem der inneren Stimme des Gewissens. So stellte sich die Aufklärung nämlich das Mündigwerden vor: als freiwillige Unterwerfung unter das Gesetz der Vernunft.

Seit der Aufklärung trat «der Mensch» in zwei klar differenzierten Varianten auf, einer männlichen und einer weiblichen. Denn charakteristisch für die Aufklärung war eine starke Polarisierung und Biologisierung der Geschlechter im Namen der «Natur». Noch einmal Stollberg-Rilinger: «Die Unterschiedlichkeit des männlichen und weiblichen Körpers wurde immer stärker betont, ja geradezu zu einem komplementären Gegensatz stilisiert. Die Frauen galten dabei zwar durchaus nicht mehr unbedingt als den Männern unterlegen, aber jedenfalls als wesensmäßig völlig anders. Aus der körperlichen Verschiedenheit wurden alle nur denkbaren anderen Unterschiede als ebenso ‹natürliche› abgeleitet: Die Frau erschien als passiv – empfangend, sorgend, gehorsam, phantasiebegabt, der

Mann als aktiv – schaffend, befehlend, vernunftbegabt, und zwar aufgrund der jeweiligen körperlichen Konstitution und der biologischen Rolle des Empfangens und des Zeugens.»[11]

Der Philosoph, der dieses Dogma der Aufklärung von der natürlichen Ungleichheit der Geschlechter besonders wirkungsvoll verbreitet hat, war Jean-Jacques Rousseau. Da er zugleich auch ein einflussreicher Pädagoge war, führte das zu einer strikten Rollentrennung in der bürgerlichen Aufgabenverteilung, die die Frau an Haus, Herd und Familie band, während der Mann sich in der Öffentlichkeit bewegte und für das Einkommen zuständig war. Die Feststellung einer natürlichen Ungleichheit der Geschlechter hatte die schwerwiegende Folge, dass der Mann die Norm des Menschseins verkörperte, während die Frau als Abweichung von dieser Norm galt. Die politischen Konsequenzen dieser Trennung wie die Unterordnung und Unsichtbarkeit von Frauen sind Merkmale, die uns heute noch als Folge dieser Geschlechtertrennung beschäftigen. Während der (weiße) Mann aufgrund *seiner* Natur als Repräsentant der Menschheit anerkannt war und Rechte beanspruchte, waren Frauen aufgrund *ihrer* Natur vom politischen und öffentlichen Leben lange ausgeschlossen. Die Unabhängigkeitserklärung der Vereinigten Staaten von 1776, die mit einer Proklamation allgemeiner Menschenrechte beginnt, hat sich zunächst nur auf die weißen männlichen Mitglieder der Gesellschaft bezogen und nicht auf Frauen, Sklaven und freie Schwarze. Die rechtliche Gleichstellung der Frauen wurde in Deutschland erst in der parlamentarischen Demokratie der Weimarer Republik 1918 möglich. In der Schweiz wurde das Wahlrecht für Frauen im Kanton Appenzell erst im Jahr 1991 eingeführt. In Europa gab es überall einiges aufzuholen, bis sich eine Zukunftsvision durchsetzte, in der «alle Menschen» nicht mehr nur als «Brüder», sondern auch als «Schwestern» anerkannt waren.

Staatstheorien und ihre anthropologischen Grundlagen

Die Grundfragen der Anthropologie sind auch in die Prämissen der Politischen Theorie eingegangen. Diesen Zusammenhang von Staatslehre und Anthropologie hat Carl Schmitt 1932 in der zweiten Auflage seines Buches *Der Begriff des Politischen* mit der ihm eigenen Prägnanz formuliert: «Man könnte alle Staatstheorien und alle politischen Ideen auf ihre Anthropologie prüfen und danach einteilen, ob sie, bewusst oder unbewusst, einen ‹von Natur bösen› oder einen ‹von Natur guten› Menschen voraussetzen.»[12] Er stellte die These auf, dass diejenigen, die von einem negativen Menschenbild ausgehen, das den Menschen als ein von Grund auf gefährliches Wesen ansieht, einen starken Staat befürworten, während diejenigen, die von einem positiven Menschenbild ausgehen und sich den Menschen als im Grunde seines Wesens friedlich und sozial vorstellen, Anwälte eines «schwachen Staates» sind. Diese beiden gegensätzlichen Theorien über den engen Zusammenhang zwischen Menschenbild und Staatsform hat Ernst Bloch am Beispiel von Hugo Grotius und Thomas Hobbes sehr anschaulich einander gegenübergestellt: «Bei Grotius war (der Staat), in Übereinstimmung mit dem appetitus socialis (Geselligkeitstrieb), durch einen Einigungsvertrag, zum Zweck der gegenseitigen Hilfe, entstanden, blickte also liberal drein. Bei Hobbes war er, in Nicht-Übereinstimmung mit dem Wolfs-Charakter der Menschen und ihrem ‹bellum omnium contra omnes›, durch einen Unterwerfungsvertrag, zum Zweck der gegenseitigen Sicherheit, entstanden, blickte also überwiegend autoritär drein.»[13]

Unter einem schwachen Staat verstand Carl Schmitt die liberale Demokratie der Weimarer Republik, die den Bürgern Freiheiten einräumte und ihnen Teilhabe und Schutz zur eigenen Entfaltung bot. An seiner eigenen Präferenz in der Wahl zwischen liberalen und illiberalen politischen Systemen ließ Schmitt keinen Zweifel. Stellte er doch klipp und klar fest, dass «alle echten politischen Theorien (den Menschen) als ‹böse›, d. h. als keineswegs unproblematisches, sondern als ‹gefährliches› und dynamisches Wesen» voraussetzen».[14] Schmitts großes Vorbild war in dieser Hinsicht Thomas Hobbes mit seiner Vorstellung von der wölfischen Natur des Menschen *(homo homini lupus)* und seiner Theorie des Naturzustands als eines Kriegs aller gegen alle *(bellum omnium contra omnes)*.

Eine politische Theorie, die mit einer negativen bzw. pessimistischen Anthropologie gekoppelt ist, ist keineswegs eine Erfindung der frühen Neuzeit, sondern gehört zum Ältesten, was sich überhaupt an Quellen zu dieser Thematik greifen lässt. Schon 2000 Jahre vor Hobbes rechnete die klassische indische Staatslehre mit einem Naturzustand, der durch das Gewaltrecht des Stärkeren, *Matsya-nyaya*, charakterisiert wird. *Matsya-nyaya* bedeutet «das Gesetz der Fische» und ist eine Metapher aus der Tierwelt, die besagt, dass die Kleinen von den Großen gefressen, die Schwachen von den Starken unterdrückt werden. Diese Metapher wurde in den Rang eines «Naturgesetzes» erhoben, von dem man annahm, dass es auch die Menschen regiere.[15] Um diesen als mörderisch erkannten Naturzustand zu überwinden, sind Menschen nach dieser Theorie auf den Staat angewiesen, der eine Sphäre des Rechts und der Ordnung *(dharma)* aufbaut. Denn er allein vermag es, das für die Menschen ideale Biotop zu schaffen, wo sie ihrer Rangordnung gemäß ihren Pflichten folgen und dadurch auf Erlösung hoffen können.[16] Die Menschen sind deshalb auf den Staat angewiesen, der sie vor dem Chaos und ewiger gegenseitiger Zerfleischung rettet. Ohne ihn fallen sie immer wieder in den Zustand der Herrschaftslosigkeit *(arajaka)* zurück: «Gäbe es auf Erden keinen König, der den züchtigenden Stock trägt, dann würden die Starken die Schwachen aufspießen und braten wie Fische.»[17]

Dem Staat, genauer: dem Krieger- und Fürstenstand *(Kshatriya)*, fällt in diesem Weltbild die Schutzpflicht zu, eine Ordnung des Zusammenlebens aufzubauen und zu garantieren, damit Menschsein *(manusha)* überhaupt erst möglich wird. Aus der pessimistischen Anthropologie und der Fiktion eines chaotischen Naturzustands ließ sich auf diese Weise eine umfassende Ermächtigung zum Gewaltgebrauch ableiten, denn dieser wurde ja eingesetzt, um noch schlimmere Gewalt zu verhindern. Diese Bedrohung ist in den altindischen Fürstenspiegeln kodifiziert, insbesondere im *Arthashastra* des Kautiliya, dessen Lehren Max Weber als «nacktesten Machiavellismus» bezeichnete. Nach Weber ist der «Krieg schlechthin» das Dharma der Kriegerkaste. Im Banne dieser Lehren entfaltete sich nicht nur eine imposante Heldenepik, sondern entwickelte sich auch der indische Subkontinent zu einer der friedlosesten Zonen, die die Erde je gekannt hat. Denn dieselben Waffen, die Frieden und Gerechtigkeit innerhalb des Systems garantierten sollten, verbreiteten Krieg und Schrecken in seiner Umwelt. Die kulturelle Begründung der gewaltvollen oder gewaltlosen «Natur» des Menschen ist also keineswegs folgenlos.[18]

Das indische Bild vom «Gesetz der Fische» hat auch Verbreitung in Europa gefunden und taucht in einer mittelalterlichen Staatslehre auf: «Überall unterdrücken die Starken die Schwachen und die Menschen sind wie die Fische im Meer, die sich gegenseitig verschlingen.»[19] Darauf bezieht sich etwa das Gesetzbuch Friedrichs II. von Hohenstaufen aus dem Jahre 1231. Durch den Sündenfall fassten die Menschen «gegeneinander Haß, trennten den nach natürlichem Recht gemeinsamen Besitz der Dinge und … scheuten sich nicht, auf Streitigkeiten einzugehen. So … wurden die Fürsten der Welt gewählt, damit durch sie die Freiheit zu Verbrechen eingeschränkt werden könne.»[20] Der Mythos vom chaotischen Naturzustand kam konservativen und christlichen Denkern bis hin zum Katholiken Carl Schmitt entgegen, um auf diese Werte soziale Institutionen, Wertordnungen und Handlungsmuster auszurichten. Als «aitiologischer» bzw. erklärender und legitimierender Mythos steht er in einem begründenden Verhältnis zu bestehenden Ordnungen, Werten und Bedürfnissen. Er formuliert die Herausforderung der «Natur», auf die die Institutionen der «Kultur» die Antwort sind. Je gefährlicher der Naturzustand, desto größer das für seine Überwindung nötige Gewaltpotenzial, je schlechter die Menschennatur, desto legitimer sind die gewaltsamen Maßnahmen zu ihrer Disziplinierung. Von dieser Logik war auch Leo Strauss überzeugt: Für ihn war die Gefährlichkeit des Menschen die Quelle seiner Herrschaftsbedürftigkeit.[21]

Dieses uralte Dogma hat Mahatma Gandhi mit seiner Staatslehre, seiner politischen Theorie und Praxis des gewaltfreien politischen Handelns bekämpft und von Grund auf revolutioniert. Dieter Conrad hat Gandhis Lehre rekonstruiert und sie dabei auch in den

Kontext westlicher Theorien gestellt, auf die sich Ghandi bezogen hat.[22]

Im Zentrum von Gandhis Denken und politischem Wirken stand eine positive bzw. optimistische Anthropologie. In klarem Gegensatz zu Carl Schmitt stellte er die «Würde des Menschen» in den Mittelpunkt seiner Theorie.[23] Zu dieser Würde gehörte nach Gandhi gerade auch die Nicht-Festgelegtheit des Menschen, sowie die Prozesshaftigkeit der Geschichte, die Offenheit der Zukunft und die Verwirklichung des Neuen. Was den Staat anbelangte, so ging er nicht wie Carl Schmitt von seiner ordnenden und pazifizierenden Wirkung aus, sondern umgekehrt von der Gefahr seiner zutiefst gewaltsamen Natur – «als Möglichkeit polizeilicher Brachialgewalt, militärischen Waffengebrauchs und aller Risiken des Einsatzes einer nicht sicher kalkulierbaren menschlichen Wildheit».[24]

Heute steht die pessimistische Anthropologie bei Intellektuellen wieder hoch im Kurs, die sie als realistisch und illusionslos verehren, während sie die optimistische Anthropologie als naiv, sentimental und blauäugig abtun. Dieser Vorwurf ist auch Gandhi wiederholt von westlicher Seite von Theoretikern der Schule Carl Schmitts gemacht worden. Auf diesen Vorwurf hat Dieter Conrad eine schlüssige Antwort gegeben: «Das wahre Problem scheint nicht zu sein, ob einige wenige Heilige (gemeint ist: vom Typ Gandhi) der Welt ein Idealgesetz aufzwingen sollen, sondern ob einige wenige Wolfsnaturen genügen, um allen das Wolfsgesetz aufzuerlegen.»[25]

Carl Schmitts Kampf gegen die «jüdische Demokratie»

Das Konzept des Gemeinsinns hat wenig Chancen im Horizont eines illiberalen Begriffs des Politischen, der von dem Menschen als einem potenziellen Bösewicht und Aggressor ausgeht. In der realen Menschenwelt, so die Annahme des bedrohungsbewussten Reaktionärs, herrscht nämlich nicht Gemeinsinn, sondern es herrschen Gewalt und Chaos. Diese Theorie ist gefährlich, denn indem permanent Gewalt thematisiert und beschworen wird, wird sie schließlich auch entfesselt.

Mit ihrem negativen Menschenbild und der Angst vor einem Chaos von unten haben illiberale Denker staatlichen Gewalteinsatz legitimiert und damit, wie Dieter Conrad gezeigt hat, oft genug in der Geschichte ein «Chaos von oben» ausgelöst, das sich in Gestalt eines charismatischen, von Traditionen und Institutionen abgekoppelten Führers manifestiert, der die Massen durch Suggestion und persönliche Entscheidungsmacht in seinen Bann zieht. Ein solches «Chaos von oben» ist aber nichts anderes als jener Ausnahmezustand, über den zu entscheiden nach Carl Schmitt das Merkmal souveräner Herrschaft darstellt. Das bedeutet aber: Souveräne Herrschaft bringt selbst den Ausnahmezustand hervor, den sie nicht nur nicht bändigt, sondern im Gegenteil in Gang halten will. Wie ein Regime aussieht, das im Modus des Ausnahmezustandes operiert, hat Hitler vorgeführt, dessen Staat maßgeblich von der Kriegswirtschaft lebte und der Aufrechterhaltung von Gewalt diente. Eine Gesellschaft, die die Grundlagen des Zusammenlebens demokratisch aushandelt und ohne Feindbild leben kann, kann es in einer solchen Welt gar nicht geben.[26]

Man sollte meinen, dass die Geschichte Carl Schmitts Denken hinreichend delegitimiert hat, doch es hat unter konservativen Intellektuellen noch immer viele Anhänger. Im Novemberheft 2005 der Zeitschrift *Merkur* schrieb zum Beispiel Rudolf Burger: «‹Wenn es wahr ist›, sagt Leo Strauss, ‹dass das schließliche Selbstbewusstsein des Liberalismus die Kulturphilosophie ist, so dürfen wir … sagen: Der Liberalismus, geborgen und befangen in einer Welt der Kultur, vergisst das Fundament der Kultur, den Naturzustand, das heißt die menschliche Natur in ihrer Gefährlichkeit und Gefährdetheit.› Mit anderen Worten: Er vergisst die Wolfsnatur des Menschen.»[27] Das Zitat verweist noch einmal auf den Punkt, in dem sich Leo Strauss und Carl Schmitt einig waren. Beide unterschieden zwischen einer «Natur», die sie als unhintergehbar voraussetzten, um sie für ihre Zwecke einzusetzen, und einer «Kultur», die sie als feminisiert, degeneriert und naturvergessen verdammten. Emanzipation, liberale Werte und die Anzeichen einer veränderten Geschlechterordnung wurden von den Feinden der Weimarer Republik als unmittelbare Bedrohung bekämpft.

Die Historikerin Hedwig Richter schreibt über den rechtsradikalen Politikstil als Reaktion auf die demokratische Erfahrung in der Weimarer Republik: «Die rhetorisch beschworene Männlichkeit, die heroische Inszenierung, das Martialische, die Fackeln und Gewaltexzesse und die zur Schau gestellte Härte verwiesen darauf, dass es nicht zuletzt um den Willen ging, die scheinbar in Unordnung geratene Geschlechterordnung wieder ins Lot zu bringen.»[28] Zwar gab es das Wort «Geschlechterordnung» noch nicht im Lexikon von Carl Schmitt, aber, wie noch zu zeigen sein wird, stand der Ordnungsbegriff ganz oben auf seiner Liste.

Rudolf Burger, der die Wolfsnatur des Menschen nicht vergessen hat, hat dafür etwas anderes vergessen, und das sind die Lektionen des 20. Jahrhunderts. Als Leo Strauss 1932 die von ihm zitierten Sätze über Natur und Kultur schrieb, waren die mit staatlicher Autorität implementierten Verbrechen der totalitären Regime eines Stalin und Hitler noch nicht begangen bzw. bekannt gemacht und damit das «Chaos von oben» als die eigentliche Quelle der Gefährdung in seinem ganzen Ausmaß noch nicht durchschaut worden. «Sein Wesen ist Gewalt», schrieb Thomas Mann 1938 im Exil über den Faschismus.[29] Ein Jahr zuvor hatten deutsche Bomber die baskische Kleinstadt Guernica zerstört, wobei über tausend Menschen starben. Das war nur der Auftakt für Hitlers apokalyptische Entfesselung von Gewalt in Europa und Nordafrika. Bombenterror, Vernichtungskrieg und der Holocaust folgten; ebenso Stalins Gulag. Seine Hungerpolitik und seine «Säuberungen» hatten bereits stattgefunden. In diesen mörderischen Exzessen moderner Diktaturen zeigte aber nicht «die Wolfsnatur des Menschen» ihr wahres Gesicht, sondern ein sich über alle «natürlichen» menschlichen Empfindungen und Bedürfnisse brutal hinwegsetzendes Machtstreben totalitärer Politik.

Werteorientierung, Menschenbilder und Rechtssysteme waren nach dem Ersten Weltkrieg Gegenstand eines ideologischen Kampfes der Weltanschauungen, in dem sich Kommunismus, Kapitalismus und Nationalsozialismus frontal gegenüberstanden. Carl Schmitts politische Theorie ist Teil dieser globalen Auseinandersetzungen. Sein Denken baute nicht nur auf der Unterscheidung von Freund

und Feind auf, sondern auch auf anderen zeittypischen binären Oppositionen, die den Gegensatz von illiberal versus liberal variieren: «überzeitliche Natur» versus «oberflächliche Kultur» oder auch «männliche Selbstbindung durch Ehre und Treue» versus «individuelle Selbstbestimmung durch Handel und Gesetz». Karl Löwith hat detailliert gezeigt, wie Schmitt seine theoretischen Schwerpunkte und seine Begrifflichkeit zwischen 1917 und 1934 in Anpassung an den Gang der Geschichte immer wieder verlagert hat; von der Schrift über den Wert des Staates (1917) über den dezisionistischen Begriff des Politischen (1927) zu dem konkreten Ordnungsdenken (1934). Die politischen Begriffe wandeln sich von der Polemik zur positiven Staatsordnung. Nachdem die souveräne Entscheidung mit der Machtergreifung 1933 gefallen ist, fügt diese sich «ein in die neu entstehende konkrete Ordnung».[30]

Um die vorauseilende Anpassung der Schmittschen Rechtstheorie an den entstehenden NS-Staat klarer verstehen zu können, soll hier die von Löwith erwähnte Schrift aus dem Jahr 1934 herangezogen werden.[31] Dieser Text ist Schmitts Beitrag zur rechtlichen Verankerung des Staats in der deutschen Rasse und führt die scharfkantige Logik seines Denken in extremer Klarheit vor Augen.

Carl Schmitt vertrat die Überzeugung, dass es keinen universalen Begriff von Menschheit gibt, sondern dass Menschen ausschließlich als Teil von Kollektiven innerhalb klar begrenzter geographischer Räume und genetischer Herkunftsgeschichten existieren und denken. Er formulierte diese Überzeugung so: «Die verschiedenen Völker und Rassen sind verschiedenen Denktypen zugeordnet, und mit der Vorherrschaft eines bestimmten Denktypus kann sich eine geistige und damit politische Herrschaft über ein Volk verbinden.» (9) Der Jurist Schmitt unterscheidet in seinem Aufsatz drei unterschiedliche Formen des Rechtsdenkens. Der entscheidende Unterschied besteht für ihn zwischen einem jüdischen und einem deutschen Denktypus. Im ersten Fall wird das Recht als Regel, im zweiten Fall wird es als Ordnung aufgefasst. Was bedeutet das genau?

Schmitt findet seinen ausdrücklichen Widerpart in jenem Denktypus, der in demokratischen Rechtsstaaten verwirklicht ist. Er selbst hatte ja gerade das Experiment der Weimarer Republik durchlebt und das Seine dafür getan, dass es in der polarisierten politischen Kultur der Zeit chancenlos blieb. Die Grundlegung von Rechtstaat und Demokratie hielt Schmitt für eine Irrlehre, die er mit allen ihm zur Verfügung stehenden Waffen bekämpfte. Mit «Positivismus» ist in der Rechtstheorie die «Setzung» von Gesetzen (von lat. *ponere*, setzen) gemeint, die Schmitt als «kontingent», um nicht zu sagen: zufällig und willkürlich empfand. «Der Positivist ist kein selbständiger und daher auch kein ewiger Typus rechtswissenschaftlichen Denkens. Er unterwirft sich (...) der Entscheidung des jeweils im Besitz der staatlichen Macht stehenden Gesetzgebers, weil dieser allein die tatsächliche Erzwingbarkeit verschaffen kann; aber er verlangt gleichzeitig, daß diese Entscheidung fest und unverbrüchlich als Norm weitergelte, d. h., daß auch der staatliche Gesetzgeber selbst sich dem von ihm aufgestellten Gesetz und dessen Auslegung unterwerfe.» (35)

Wir können in diesem Angriff von Carl Schmitt auf den Rechtsstaat einen Vorgriff auf das Böckenförde-Diktum erkennen: Er macht nämlich auf einen Mangel in der Grundlegung der Demokratie aufmerksam. Diesen Mangel einer kontingenten menschlichen Setzung gibt es für ihn nicht im nationalsozialistischen Rechtssystem, weil es als Teil des Schicksals des deutschen Volkes und damit einer höheren Ordnung ist. Dieser verpflichtenden und überpersönlichen Ordnung deutschen Rechtsdenkens haben sich die Menschen unterzuordnen. «Gegen die liberalen ‹Ideen von 1789› und ihre Auflösung des Ordnungsdenkens hat sich der Geist des deutschen Volkes lange gewehrt» (44), denn in Deutschland habe dieses konkrete Ordnungs- und Gemeinschaftsdenken im Grunde niemals aufgehört.

Schmitt ging damit von einer Kontinuität des völkischen Charakters der deutschen Rechtsentwicklung aus, die er dem westlich-liberalen Vernunftrecht und dem bürgerlichen Rechtsstaat diametral entgegensetzte. 1934, als er seinen Aufsatz schrieb, hatten sich die Machtverhältnisse durch Hitlers «Machtergreifung» gerade verschoben. In diesem Aufwind der Geschichte sah Schmitt ein altes Deutschland wieder auferstehen: «Heute, nachdem mit einem neuen Gemeinschaftsleben auch das konkrete Ordnungsdenken wieder lebendig geworden ist, ist uns das rechtliche Axiom, daß Treue, Disziplin und Ehre von der Führung nicht abgetrennt werden dürfen, besser verständlich als die liberal-rechtsstaatliche, gewaltentrennende, normativistische Denkweise eines vergangenen Individualismus. Auch können wir heute, da die staatstragende Bewegung dem Führer unverbrüchliche Treue schwört, dem rechtlichen Wesen eines Treueides wieder unmittelbar gerecht werden. Ein normativistisches Gesetzesdenken dagegen vermag die Fahnenflucht eines Deserteurs oder den Treubruch eines Verräters nur als ‹strafbare Handlung›, nur als tatbestandsmäßige Voraussetzung eines staatlichen Strafanspruchs, nicht aber in dem wesentlichen Unrecht und in dem eigentlichen Verbrechen der Eidesverletzung und Treulosigkeit zu erfassen.» (52)

Schmitts Ordnungsbegriff unterstützte ein anti-individualistisches Rechtsdenken, das die Mitglieder der Volksgemeinschaft aufs Engste zu einem Kollektiv zusammenschweißt. In diesem Staat wird nicht der Einzelne vor dem Gesetz straffällig. Hier geht es auch nicht mehr um unterschiedliche Delikte im Katalog der Straftaten, sondern um Vergehen an der Gemeinschaft selbst. Jeder Rechtsbruch in diesem System ist damit bereits Hochverrat, ein archaischer Akt der Treulosigkeit gegenüber der Volksgemeinschaft. Das bedeutet zugleich eine erhebliche Erhöhung des Strafmaßes, denn jeder Gesetzesbruch wird auf diese Weise zum Kapitalverbrechen gegen den Staat.

Der Staat der Gegenwart, so Schmitt weiter, «ist nicht mehr zweigliedrig nach Staat und Gesellschaft aufgeteilt, sondern in drei Ordnungsreihen nach Staat, Bewegung und Volk aufgebaut» (67). Damit ist eine tiefgreifende Veränderung der Ordnung verbunden, die allein «den werdenden Gemeinschaften, Ordnungen und Gestaltungen eines neuen Jahrhunderts gerecht zu werden vermag». Rechtsstaat und Demokratie erweisen sich für Schmitt als ausgehöhlte und überlebte Institutionen; die Zukunft gehört der Neuordnung der deutschen Gesellschaft in der Diktatur der Volksgemeinschaft.

Zu dieser von Schmitt begrüßten Umstrukturierung des Rechtssystems gehörte der Erlass der Nürnberger Rassengesetze. Damit verloren die jüdischen Bürgerinnen und Bürger ihre individuellen

Rechte und wurden nach und nach ausgegliedert, vertrieben und ermordet. Gleichzeitig mussten die «Volksdeutschen» ihre Individualität aufgeben und sich in die «arische Volksgemeinschaft» eingliedern. Die gängigen Parolen des «Dritten Reichs» trieben diese Entwicklung voran. Sie lauteten: «Du bist nichts, dein Volk ist alles!» oder, als Spruch an der Telefonzelle: «Fasse dich kurz – die Zeit gehört der Bewegung!»

Schmitts Programm bestand 1934 darin, den Grund für ein «genuin deutsches» Rechtsdenken zu legen. Er *verglich* deshalb nicht nur unterschiedliche Rechtsformen; er *erfand* sie auch, um sie gegeneinander auszuspielen. Schmitt stand dabei unter dem unmittelbaren Eindruck der Erfahrung der Weimarer Republik in den 1920er Jahren. Nach der Niederlage im Ersten Weltkrieg 1918 kam in Deutschland die Demokratie als Regierungsform zum Zuge, die Schmitt als «jüdisches Denken» und «Rechtspositivismus» bekämpfte. Seine Gegner waren die herausragenden Vertreter dieser demokratischen Verfassung, die jüdischen Staatsrechtler Hermann Heller, Hans Kelsen und Moritz Julius Bonn. Er war bestrebt, das Rad der Geschichte sowohl zurück- als auch weiterzudrehen, damit die unheilvolle Episode der Weimarer Demokratie umgehend abgeschlossen und vergessen werden kann. Im Zentrum des «jüdischen Rechtspositivismus» stehen die Norm und das Individuum, im Zentrum des deutschen Rechtsdenkens stehen Ordnung und Volksgemeinschaft. Während das positivistische Modell in Schmitts Augen flach ist und jeglicher tieferen (metaphysischen) Einbettung entbehrt, ist nach seiner Überzeugung das deutsche Modell aus einer «Ordnung» entstanden, die nicht von Menschen geschaffen ist. Diese sei der Existenzgrund der Deutschen selbst.

Dass Schmitt selbst ein politischer Romantiker sei, der an Wunder glaube, hat ihm sein Freund, der Schriftsteller Franz Blei, bescheinigt. Schmitts politische Theorie des «Totalen Staats» sei auf zwei Wunder gegründet: das Wunder der Artgleichheit und das Wunder des Führers. Blei zitiert Schmitts Satz «Ohne Artgleichheit kann der totale Führerstaat nicht einen Tag bestehen» und fährt in sarkastischem Ton fort: «Da bin ich ganz Ihrer Meinung. Und da die Artgleichheit weder existiert noch hergestellt werden kann, besteht der totale Führerstaat eben nur in der Behauptung, dass er da sei und bestünde. (...) Aber eine biologische rassenmäßige Artgleichheit ist pure Romantik wie auch ‹der Führer› (...) So eine Art politischer Wunderglaube an den Messias, eine Art göttliche unänderbare Person, die sich nicht irren kann». Im Reich der Religion habe der Glaube ja seinen Platz, aber in der politischen Theorie werde er zum Wahn. «Da gibt's immer nur Menschen, die sich etwas einbilden, und, je dümmer es ist, desto hartnäckiger darauf bestehen.»[32]

Warum empfand Schmitt den Rechtspositivismus als jüdisch? Und warum hat er ihn so gehasst? Wenn man davon ausgeht, dass Schmitt religiös dachte, dann ist plausibel, dass er auch das Alte Testament kannte. Dort begegnete ihm das Modell des Gottesbundes. Erst durch die Einbettung in die Torah ist dieses Recht unantastbar geworden und hat seine zwingende Evidenz gewonnen. Es gibt kein festeres und solideres Prinzip, auf das man das Recht gründen kann. Und eben das war ja seine Ausgangsfrage. Gab es für das deutsche Recht eine ebenso schlüssige, unwiderrufliche und unantastbare Grundlage wie die Zehn Gebote für das jüdische Recht?

Am Anfang stand also der göttliche Stiftungsakt des Rechts in der Bibel, dann folgte in der Neuzeit die Säkularisierung. Das bedeutet: Die Menschen gaben sich von nun an ihr eigenes Recht, das sie anschließend sakralisierten und tabuisierten. Das ist bis heute am Beispiel des Grundgesetzes nachvollziehbar: «Die Würde des Menschen ist unantastbar», lautet der erste Satz. Er bedeutet nicht nur, dass die Würde des Menschen unantastbar ist, sondern auch: Dieses Gesetz ist unantastbar, es darf von niemandem mehr verändert oder abgeschafft werden. Zwischen der inhaltlichen Aussage und dem Gesetz als solchem besteht ein Kategorienwechsel: Etwas, das von Menschen geschaffen und entschieden wurde, wird der historischen Welt entzogen und auf Dauer gestellt. Es ist gegen Veränderung geschützt und damit heilig, unantastbar, wie die Zehn Gebote. Diesen sakralen Status des Rechts wollte Carl Schmitt auf die deutschen Gesetze der Nazi-Zeit übertragen. Dafür setzte er auf den germanischen Mythos der Volksgemeinschaft und das Führerprinzip.

In diesem Punkt war sich Carl Schmitt mit seinem Freund Ernst

Jünger einig. Beide unterhielten einen über fünfzig Jahre währenden Briefwechsel. Der Herausgeber Helmuth Kiesel beschrieb diesen intellektuellen Austausch unter Zeitgenossen «als Dokumente eines Versuchs, die Tragik der eigenen Geschichte durch Bezugnahme auf mythologische, literarische und historische Existenzmuster zu verstehen und aushaltbar zu machen».[33] In diesem Briefwechsel geht es um die erlebte Geschichte, aber nicht um die eigene Verantwortung an ihr. Dem Rezensenten Norbert Bolz fiel auf, dass es eigentlich nur um ein Thema geht, und das sind Bücher. Der gesamte Briefwechsel sei «eine eindrucksvolle Demonstration der Überlebenstechniken Lesen und Schreiben» sowie an Ressentiments und Selbststilisierung. «Kaum ein Brief ohne Leseempfehlungen und Lesefrüchte. Mit Zitaten orientiert man sich im Chaos der Zeit. Bücher schaffen humanen Raum, ja Immunität gegen die intellektuelle Lynchjustiz der Gutmenschen.»[34]

Entscheidend für den inhumanen Gang der Geschichte war jedoch, dass beide die politische Orientierung teilten, die Jünger 1926 in seiner Schrift *Das Sonderrecht des Nationalismus* zusammengefasst hat. Dieses «Manifest», das den Universalismus negiert und dem Tribalismus huldigt, spielt gegenwärtig in der neu-rechten Denkfabrik von Götz Kubitschek eine zentrale Rolle als praktische Grundlage antidemokratischer Umerziehung. Diese Kernsätze sollten heute aber nicht nur die Antidemokraten, sondern gerade auch die Demokraten kennen, damit sie besser verstehen können, worauf sie ihre Überzeugungen gründen und was sie gerade zu verteidigen haben:

> Wir Nationalisten glauben an keine Wahrheiten. Wir glauben an keine allgemeine Moral. Wir glauben an keine Menschheit als ein Kollektivwesen mit zentralem Gewissen und einheitlichem Recht. Wir glauben vielmehr an ein schärfstes Bedingtsein von Wahrheit, Recht und Moral durch Zeit, Raum und Blut. Wir glauben an den Wert des Besonderen.[35]

Radikaler konnte man das bürgerlich-demokratische und an universalen Menschenrechten orientierte Rechtsdenken gar nicht aushebeln. Fortan kam es nicht mehr auf den Schutz und die Entfaltung des einzelnen Menschen an, sondern nur noch auf den Schutz und die Entfaltung der arischen Volksgemeinschaft. Das tribalistische Rechtsdenken, das Carl Schmitt für die NS-Diktatur maßgeschneidert hat, wurde durch die Rassengesetze umgesetzt, die den deutschen Volkskörper von allem ihm Fremden und für ihn Schädlichen befreien sollten. Als Carl Schmitt seine Gedanken zum deutschen Ordnungsdenken zu Papier brachte, waren diese Gesetze gerade verabschiedet, und die drastischen Folgen der Umsetzung für die jüdischen Deutschen wurden allgemein sichtbar. Weniger sichtbar war, wie sich dann in den Kriegsjahren das von Schmitt propagierte «deutsche Rechtsdenken» auswirkte. Schmitts unvordenkliche «Ordnung», die er mit Begriffen wie «Ehre» und «Treue» (die Parole der SS) umschrieben hatte, erwies sich als eine uneingeschränkte Lizenz zum Massenmord und wurde nach dem Krieg von den Alliierten aufgedeckt als der undenkbare Frevel schlechthin, eine Tabuverletzung an der mitmenschlichen Genossenschaft, als ein Zivilisationsbruch.

Es dauerte lange, bis es für dieses Verbrechen, das den Maßstab jeglichen menschlichen Rechtsempfindens sprengte, überhaupt ein Wort gab. Das Verbrechen selbst, die «Endlösung der Judenfrage», war für die Nationalsozialisten ein rein strategisches Problem, das mit technischer Effizienz durchgeführt wurde. Als Realität aber musste es verborgen bleiben und verheimlicht werden. Die deutsche Volksgemeinschaft hat es ins Unbewusste verdrängt und wurde damit zu einer Schweigens- und Komplizen-Genossenschaft. Der Jurist und Anwalt des deutschen Ordnungsdenkens Carl Schmitt lebte noch vier Jahrzehnte nach Kriegsende; Ernst Jünger brachte es auf fünf Jahrzehnte. Keiner von beiden hat sich jemals auch nur mit einem Wort auf das Ereignis, über das wir uns heute mithilfe des Wortes Holocaust verständigen, bezogen. Das mussten sie auch gar nicht, denn in der westdeutschen Nachkriegszeit war das kein Thema, denn es herrschte die Schlussstrichmentalität der Adenauerpolitik.[36] Rückblicke und Reuebekundungen waren in den Jahrzehnten des «kommunikativen Beschweigens» (Hermann Lübbe) nicht angesagt, für manche sind sie heute immer noch oder schon wieder verpönt.

Die Entstehung des Individuums

Die negative Anthropologie hat ihr Pendant in einer positiven Anthropologie, die den Menschen als ein im Grunde friedliebendes und soziales Wesen auffasst und davon ausgeht, dass er von Natur aus mit Mitgefühl ausgestattet ist. Auf der Grundlage eines solchen Menschenbildes ergibt sich, dass der Mensch nicht erst mit Gewalt und Drohgebärden gezähmt werden muss, sondern dass er umgekehrt Räume braucht, um sich frei entfalten und verwirklichen zu können.

Das Konzept des Individuums ist das Markenzeichen westlicher Kultur. Man kann von Hochschätzung, von Kult, von Religion sprechen, auf jeden Fall aber muss in diesem Zusammenhang von einer Kultur des Individuums die Rede sein. Der französische Ethnologe und Indologe Louis Dumont (1911–1998), Schüler von Marcel Mauss, bezeichnete den Individualismus als «Ideologie der Moderne».[37] Er hätte ebenso gut auch «des Westens» sagen können, denn seine Analyse als Indologe basiert mehr auf dem Gegensatz von Ost und West bzw. von Indien und Europa als auf dem Gegensatz von Vormoderne und Moderne. Der westliche Sonderweg hat die Moderne hervorgebracht und die Moderne das Individuum. Max Weber sah hier einen tiefen historischen Einschnitt und eröffnete seine *Gesammelten Aufsätze zur Religionssoziologie* mit einer «Vorbemerkung», in der er einen engen Zusammenhang zwischen Westen, Moderne und Universalität herstellte: «Universalgeschichtliche Probleme wird der Sohn der modernen europäischen Kulturwelt unvermeidlicher- und berechtigterweise unter der Fragestellung behandeln: welche Verkettung von Umständen hat dazu geführt, dass gerade auf dem Boden des Okzidents, und nur hier, Kulturerscheinungen auftraten, welche doch – wie wenigstens wir uns gern vorstellen – in einer Entwicklungsrichtung von *universeller* Bedeutung und Gültigkeit lagen?»[38]

Mit der Hervorhebung des Individuums verbindet sich der Anspruch auf kulturelle Besonderheit und eine universale Geltung der Werte der westlichen Moderne. Weber führt eine ganze Reihe kultureller Erscheinungen an, die auf dem Boden des Okzidents entstanden und sich im Laufe der Zeit als Errungenschaften von universeller Bedeutung und Gültigkeit erwiesen: Neben Wissenschaft und Geschichtsschreibung, Recht und Kunst, «das eingeschulte Fachmenschentum, (…) vor allem den Fachbeamten, den Eckpfeiler des modernen Staats und der modernen Wirtschaft des Okzidents, (…) der Staat überhaupt im Sinn einer politischen Anstalt», sowie Kapitalismus, «die schicksalsvollste Macht unseres modernen Lebens».

Erstaunlicherweise fehlen Individualismus und Liberalismus, die unzweifelhaft zusammengehören, in dieser Aufzählung westlicher bzw. moderner Errungenschaften, als deren gemeinsamen Nenner Max Weber den Rationalismus identifiziert. Der Individualismus gehört aber – ebenso wie die Moderne überhaupt – offenkundig zu diesen Kulturerscheinungen, die auf dem Boden des Okzidents auftraten und in einer Entwicklungsrichtung von universeller Bedeutung lagen. Weber lässt offen, ob man sich die «universelle Bedeutung und Gültigkeit» als Diffusion infolge von Kolonialisierung und Globalisierung vorzustellen hat oder als eine Entwicklung nach westlichem Vorbild aus den jeweils eigenen Voraussetzungen der verschiedenen Kulturen heraus.

Vieles spricht dafür, dass das autonome Individuum eine europäische Erfindung darstellt.[39] Seine Wurzeln reichen weit vor die Moderne zurück. Drei seiner Wurzeln lassen sich leicht benennen: *Erstens* das Christentum, das die individuelle Seele zum Schauplatz des Kampfes zwischen Himmel und Hölle machte, *zweitens* Griechenland mit seiner agonalen Kultur und seinem Ideal, «immer der Erste zu sein und hervorzuragen vor anderen» und drittens das römische Recht mit seiner strengen Unterscheidung zwischen *publicus* und *privatus.* Diese Voraussetzungen haben aber erst den Grund gelegt zu einer Entwicklung des Individuums. Weitere entscheidende Prägungen sind durch die kulturellen Bewegungen der Renaissance und der Reformation, sowie durch moderne Veränderungen wie die ökonomische Umstellung von einer Versorgungswirtschaft auf eine Marktwirtschaft hinzugekommen.[40]

Der Literaturwissenschaftler und Mitbegründer des «New Historicism» Stephen Greenblatt prägte den Begriff des «Renaissance Self-Fashioning»[41] und hob damit einen gesellschaftlichen Trend der Selbstinszenierung hervor, der sich unter Humanisten und am frühneuzeitlichen Hofe erfolgreich durchsetzte. Der Dichter John Donne (1572–1631) beklagte in seinem langen Gedicht «An Anatomy of the World» die Selbstisolierung des Einzelnen innerhalb der Gesellschaft und kritisierte die Überheblichkeit und Eitelkeit, die mit diesem neuen Habitus und Typus in die Welt gekommen sei. Er bilanzierte bereits die Nachteile eines übersteigerten Kults der «Singularitäten». Seit jeder sich für einen Phönix halte, sei in der Gesellschaft jeder Sinn für Zusammenhang und Zusammenhalt abhandengekommen. Die Welt sei in Stücke zerbrochen, denn soziale Beziehungen und Hierarchien seien durch das Individuum gestört. Der Phönix ist Donnes Bild für das neue unverwechselbare Individuum, das sich in jeder Hinsicht für einmalig und einzigartig hält. Der Anspruch auf Singularität ist also keine neuartige Erfindung der Identitätspolitik und auch keine moderne Erscheinung, sondern bereits mit der Entstehung des Individuums in der frühen Neuzeit verbunden:

> 'Tis all in pieces, all coherence gone;
> All just supply, and all relation:
> Prince, subject, father, son, are things forgot,
> For every man alone thinks he hath got
> To be a phoenix, and that then can be
> None of that kind, of which he is, but he.
>
> Alles ist zerbrochen, ohne Zusammenhang,
> keine Spur von Rang und Ordnung,
> Prinz und Untertan, Vater und Sohn – alles vergessen,
> Denn jeder Mensch hält sich für einen Phoenix
> Und damit für eine einzigartige Spezies.[42]

Donne beobachtete die kulturgeschichtliche Wende mit Skepsis, denn er beobachtete, wie das, was er in der Natur für Vorsehung hielt, durch eine neue materialistische Philosophie und einen Hype des Individuums zerstört wurde. Der Gewinn an Autonomie, Chancen und Freiheiten für den einzelnen mussten mit einem Verlust von Ordnung und Kohärenz für die Gesellschaft bezahlt werden. Weniger dramatisch, aber mit ähnlicher Stoßrichtung, spricht der Soziologe Andreas Reckwitz mit Blick auf die heutige westliche Gesellschaft von einer «Gesellschaft der Singularitäten».[43] In einer vom Kapitalismus normierten und vom Konsum geprägten Gesellschaft zählen neue Qualifikationen und Eigenschaften. Dazu gehören Unverwechselbarkeit und Authentizität. Auch diese Werte des Individuums hat in der Renaissance Shakespeare bereits in einer knappen Formel prägnant zusammengefasst:

> This, above all: to thine own self be true
> And it will follow, as the night the day,
> Thou canst not then be false to any man.

> Eins ist ganz wichtig: bleib dir selber treu,
> und daraus folgt wie auf den Tag die Nacht:
> Du kannst nicht falsch sein gegen irgendwen.[44]

Das Individuum hat eine wichtige Aufgabe: Es darf in der Masse nicht untergehen, es muss sichtbar sein und etwas aus sich machen. Das wiederum kann nicht die Wiederholung eines noch so erfolgreichen Musters sein. «Born originals, how comes it to pass that we die copies?» – «Wie kommt es, dass wir, die wir doch als Originale geboren sind, als Kopien sterben?», fragte der Dichter Edward Young bereits in der Mitte des 18. Jahrhunderts.[45]

Kant: Gemeinsinn und kategorischer Imperativ

Kant hat in seinen Werken ein besonderes Gewicht auf das moderne Individuum gelegt, das er in der Epoche der Aufklärung aus seinen angestammten Traditionen und Bestimmungen herausholen und mit der kritischen Fähigkeit zum Selberdenken ausstatten wollte: «Sapere aude! Habe Mut, dich deines eigenen Verstandes zu bedienen!» Aber auch zum Begriff des Gemeinsinns hat Kant Wichtiges beigetragen und dabei sein Augenmerk besonders auf das Verhältnis zwischen Individuum und Universalismus gelegt. Beide Begriffe gewinnen in der Aufklärung an Bedeutung, einer Epoche, in der die

Koordinaten von Menschenbild und Weltverständnis neu bestimmt wurden. Uns interessieren hier insbesondere zwei Beiträge aus Kants Werken, seine Überlegungen zum Begriff des Gemeinsinns und sein «kategorischer Imperativ».

Zunächst zu Kants Beitrag zum Begriff des Gemeinsinns. Diesen verortet er überraschender Weise nicht im Bereich der Moral, dem seine zweite Kritik, die *Kritik der praktischen Vernunft*, gewidmet ist, sondern im Bereich der Ästhetik. In seiner *Kritik der ästhetischen Urteilskraft* geht Immanuel Kant auf den Gemeinsinn ein, den er durchgehend lateinisch als *sensus communis* bezeichnet. Trotz Kants Verlagerung dieses Begriffs von der Moral auf den Geschmack gilt seine Behandlung des Gemeinsinns in den §§ 40 und 41 in der Philosophie bis heute als Locus classicus und Ausgangspunkt jeder Beschäftigung mit dem Thema Gemeinsinn. Was Kant, den Begründer des Universalismus, am *sensus communis* interessierte, waren aber exakt dieselben beiden Punkte, die auch für seine *Kritik der praktischen Vernunft*, also der Moral, zentral waren: erstens die *Verallgemeinerungsfähigkeit* ästhetischer Urteile und zweitens ihre *soziale Einbettung*.

Anhand des Begriffs «Gemeinsinn» geht Kant zunächst auf die Bedeutung von «gemein» *(communis)* ein.[46] In diesem Präfix steckten für ihn zwei Bedeutungen; eine, die das Vulgäre, Unentwickelte, Unkritische, noch nicht Kultivierte betont, und eine, die auf Verallgemeinerung ausgerichtet ist und das Individuelle bzw. Private in Richtung auf die gesamte Menschenvernunft erweitert. In unserer Terminologie gesprochen, bringt er damit bereits Fragen des *sensus communis* 1, also der sinnlichen Wahrnehmung, mit dem *sensus communis* 3, also Fragen der menschlichen Sozialität zusammen.

Kant entwickelt dabei eine positive Anthropologie, die von einer sozialen Bestimmung des Menschen ausgeht. Er spricht von einem «Trieb zur Gesellschaft», der den Menschen überhaupt erst zum Menschen macht. Ein wichtiger Schlüssel für diese soziale Orientierung ist für Kant die Fähigkeit zum ästhetischen Urteil.

> Empirisch interessiert das Schöne nur in der *Gesellschaft*; und, wenn man den Trieb zur Gesellschaft als dem Menschen natürlich, die Taug-

> lichkeit aber und den Hang dazu, d.i. die *Geselligkeit*, zur Erfordernis des Menschen, als für die Gesellschaft bestimmten Geschöpfs, also zur *Humanität* gehörige Eigenschaft einräumt: so kann es nicht fehlen, daß man nicht auch den Geschmack als ein Beurteilungsvermögen alles dessen, wodurch man sogar sein *Gefühl* jedem anderen mitteilen kann, mithin als Beförderungsmittel dessen, was eines jeden natürliche Neigung verlangt, ansehen sollte.
>
> Für sich allein würde ein verlassener Mensch auf einer wüsten Insel weder seine Hütte, noch sich selbst ausputzen (...) sondern nur in Gesellschaft kommt es ihm ein, nicht bloß ein Mensch, sondern auch nach seiner Art ein feiner Mensch zu sein (der Anfang der Zivilisierung): denn als einen solchen beurteilt man denjenigen, welcher seine Lust andern mitzuteilen geneigt und geschickt ist, und den ein Objekt nicht befriedigt, wenn er das Wohlgefallen an demselben nicht in Gemeinschaft mit andern fühlen kann.[47]

Derselbe «Trieb zur Gesellschaft», der den einzelnen zu einer Verfeinerung seiner Sitten anregt und dadurch «zivilisiert», motiviert ihn auch, mit seinem Geschmacksurteil nicht allein zu bleiben, sondern es in der Gemeinschaft mit anderen zu kommunizieren.

Kant regt uns dazu an, die gesellschaftliche Kommunikation über das Schöne, über das man sich stets gemeinsinnig in der Nähekommunikation mit Anderen austauscht und verständigt, in Verbindung zu bringen mit dem moralisch guten Handeln, das, von individuellen Intuitionen ausgehend, sich erst im Fernhorizont der Menschheit als gemeinsamer Wert legitimiert. Was sich im einen Fall als eine bloße Gruppendynamik entwickelt, folgt im anderen Fall einer universalistischen Maxime.

Damit sind wir bei Kants «kategorischem Imperativ», denn auch mit seiner individuellen Handlungsmaxime möchte der Einzelne nicht allein bleiben, sondern sich in Gemeinschaft mit anderen einig wissen. Bevor wir näher auf Kants Schriften eingehen, soll hier zunächst der verschollene Ursprung dieser philosophischen Idee, nämlich die sogenannte «Goldene Regel», wieder freigelegt werden. Darunter versteht man den Kern eines praktischen Wissens über gutes Zusammenleben, das in allen Kulturen der alten Welt tradiert wurde. Diese Grundsätze wurden nicht philosophisch abstrakt, sondern in Form von Sprüchen von Generation zu Generation überliefert und verbanden kognitives, affektives und reflexives Wissen. Es war darauf ausgerichtet, Gewalt zu vermeiden und Schaden abzuwenden, wie er aus Überheblichkeit und sozialer Blindheit entsteht. Die Tradition dieses Wissens, das mit dem Namen «Weisheit» bezeichnet wird, hat in die Grundtexte unterschiedlicher Religionen und Kulturen Eingang gefunden. Die Regeln und Prinzipien der Weisheit zielen darauf ab, das überhebliche Ego zu zähmen, indem sie ein Bewusstsein der schädlichen Folgen dieser Haltung ausbilden und den sozialen Sinn für Gegenseitigkeit stärken. Aus langer Erfahrung ist bekannt, dass Selbstbegrenzungswissen, Demut, Verletzlichkeit und Endlichkeit das Ego verkleinern, die Hitze menschlicher Leidenschaften kühlen, Eskalation verhindern und nachhaltige Lösungen ermöglichen.

Der zentrale Grundsatz der Weisheit ist die Goldene Regel, die überall auf der Welt erfunden und tradiert wurde, was als eine Bestätigung dieser Tradition und universelle Anerkennung gewertet werden darf. Jedes Kind hat sie schon mal gehört, ohne zu wissen, auf wessen Autorität diese Aussage zurückgeht. «Was du nicht willst, dass man dir tu, das füg auch keinem anderen zu!»[48] Im apokryphen Buch Tobit gibt der alte Tobit seinem Sohn Tobias folgende väterliche Weisheit mit auf den Weg: «Was dir selbst verhasst ist, das mute auch einem anderen nicht zu» (Tobit 4,15). Im Neuen Testament erscheint die Goldene Regel in der positiven Form: «Alles, was du für dich als recht, gut und schön empfindest: gib es auch dem Andern. Dann wirst du nie fehlgehen.» (Matthäus 7,12)

Kant missfiel die goldene Regel aufgrund ihrer mündlich-folkloristischen und informellen Qualität. Um sie von mnemotechnischer Sinnlichkeit, empirischen Klugheitserwägungen und anderen «unreinen» Komponenten zu befreien, übersetzte er sie in die Sprache der reinen praktischen Vernunft, in der sie die Form eines «kategorischen Imperativs» annahm. Dieser lautet: «Handle nur nach derjenigen Maxime, durch die du zugleich wollen kannst, dass sie ein allgemeines Gesetz werde.»[49]

Die altägyptischen Beamten wussten noch nichts von Kants

kategorischem Imperativ, aber sie beherzigten die Goldene Regel, besonders in der affirmativen Variante. Sie stellten sich in ihren Grabinschriften gerne als Wohltäter dar, die den Schwachen geholfen haben, nie auf ihren eigenen Vorteil bedacht waren, und sich um Ausgleich in der Gesellschaft verdient gemacht haben. Sie betonen, dass sie das Anliegen ihrer Bittsteller angehört und deren Bedürfnisse stets erfüllt haben. Die Wahrheit dieser Aussagen kann heute niemand mehr überprüfen; wichtiger ist aber, dass die sozialen «Menschenpflichten», derer sie sich rühmen, in der ägyptischen Gesellschaft offenbar zum guten Ton gehörten. Und nicht nur dort. Sie umfassen auch das, was in der christlichen Tradition Jahrhunderte lang als «Sieben Werke der Barmherzigkeit» gepflegt wurde und heute als «humanitäre Hilfe» weiter praktiziert wird: Essen und Trinken an den dafür eingerichteten Tafeln oder ein Dach über dem Kopf für Obdachlose wie an der Straßenecke in New York. Für diese spontanen Akte humaner Hilfsbereitschaft brauchte es keinen kategorischen Imperativ.

Kants kategorischer Imperativ dagegen formuliert ein universalistisches Prinzip, das die gesamte Menschheit einschließt. Dieses von Kant autorisierte und mit seinem Namen verbundene Gebot beansprucht als europäischer Exportartikel auf der ganzen Welt Geltung. Die *universelle*, bereits überall auf der Welt anerkannte Goldene Regel wurde dabei mit dem Universalitätsanspruch des kategorischen Imperativs überschrieben und dabei zugleich entwertet, verdrängt und begraben.

Mit seinem kategorischen Imperativ verfolgte Kant ein ganz anderes Ziel als die Mahner der Goldenen Regel. Dieses hing mit seiner Betonung der Autonomie und seiner Idee von Universalismus zusammen. Er war heimgesucht von der Frage, wie man von begrenzten Aussagen zu universalistischen Urteilen und von einzelnen Individuen zur gesamten Menschheit kommen könne. Seine Antwort war der kategorische Imperativ; er schlägt die Brücke von einer vereinzelten Handlungsmaxime zu einem «allgemeinen Gesetz», das für die gesamte Menschheit gelten soll.

Ein solches Gesetz setzt eigentlich einen «allgemeinen» Gesetzgeber und entsprechenden Geltungshorizont voraus. Beides gibt es aber nicht in der Welt, wie wir sie kennen. Hier gibt es nur nationale Gesetze mit einem begrenzten Geltungsbereich. Dennoch entwarf Kant, und zwar nicht von einem übergeordneten Gesetzgeber, sondern von den Individuen selbst aus, die Utopie oder besser die regulative Idee einer universalen Rechtsordnung. Diese wird von Einzelmenschen entworfen, gelebt und praktiziert, die dazu bereit sind, ihr eigenes Handeln vor dem Horizont der gesamten Menschheit zu verantworten.

Kant verzichtet auf den allgemeinen Gesetzgeber, aber er rechnet mit einem inneren Menschen, der in der Lage ist, die geltenden Handlungsmaximen selbst kritisch zu hinterfragen. Sokrates sprach bereits von seiner inneren Stimme, die er sein «Daimonion» nannte. Diese Stimme war eine durchgängig kritische Stimme. Sie forderte ihn nie auf, dies oder das zu tun, sondern hielt ihn stets vor bestimmten Handlungen zurück.

Der innere Mensch bei Kant ist vielseitiger. Er ist in der Lage, Normen zu vergleichen und zu beurteilen. Kant gibt dem einzelnen Menschen einen inneren Kompass an die Hand. Genau das ist der kategorische Imperativ.[50] Der Nordpol dieses Kompasses ist die Verallgemeinerungsfähigkeit. Universalismus heißt bei Kant: die ganze Menschheit im Blick zu behalten, wenn es darum geht, den Wert oder Unwert einer Handlung zu beurteilen. So ist mit Kant und der Aufklärung eine neue moralische Instanz in die Welt gekommen, die bis heute auch den Geltungshorizont der Menschenrechte abstützt. Wer diesen Universalismus als «europäischen Imperialismus» ablehnt, kann sich aber jederzeit auf die Goldene Regel berufen.

Mit seinem kategorischen Imperativ strebte Kant die Befreiung des Menschen von seiner vielfachen Fremdbestimmtheit an. Diese Maxime des Handelns setzt eine Verdoppelung des Menschen voraus, indem sie dem äußeren Menschen einen «inneren Menschen» an die Seite stellt, der sich in diesem Fall gerade nicht in Übereinstimmung mit den Anderen des sozialen Umfelds, sondern unabhängig von der Gesellschaft im Fernhorizont der Menschheit, bzw. allein von der Instanz seines Gewissens leiten läßt. Autonomie bedeutet also nicht einfach Selbständigkeit und schon gar nicht Bindungslosigkeit oder Beziehungslosigkeit, sondern einen inneren

Kompass und Durchblick, der den Menschen ein Stück weit von heteronomen Vorgaben unabhängig macht, seien es religiöse Gesetze, Konventionen der Gesellschaft oder Normen der Tradition.

Kants Denken verlegt all das ins Individuum. Damit legt er den Grund zur Moderne und vollzieht den Übergang in die Welt der Aufklärung. Das Projekt der Aufklärung lässt sich mit neuen Wertbegriffen wie Emanzipation, Säkularisierung und Fortschritt umreißen. Als ein zentraler Wertbegriff kommt bei Kant noch die Neubestimmung der Idee der «Menschheit» als eines moralischen Begriffs hinzu. Kants Universalismus beruht jedoch nicht auf einer vorausgesetzten Essenz der Menschheit, sondern auf der praktischen Tätigkeit der Verallgemeinerung des jeweils eigenen Verhaltens, das im weitesten Sinne als «menschlich» (und nicht als partikularistisch) verstanden wird.

Kant hat den kategorischen Imperativ mehrfach definiert. In seiner zweiten Beschreibung hat er die praktische Dimension besonders hervorgehoben: «Der praktische Imperativ wird also folgender sein: Handle so, dass du die Menschheit, sowohl in deiner Person als in der Person eines jeden anderen, jederzeit zugleich als Zweck, niemals bloß als Mittel brauchest.»[51] Der kategorische Imperativ mag abstrakt klingen. Das ist er aber nicht, denn er richtet sich an ein konkretes Gegenüber, das – dieser Punkt ist entscheidend – als Repräsentant der Menschheit erkannt wird. Die Menschheit ist also keine vorgängige Einheit, sondern konstituiert sich erst im Prozess der Verallgemeinerung in dieser Form praktischer Anerkennung und Teilhabe an einer gemeinsamen Spezies.

«Wer Menschheit sagt, will betrügen», lautet ein Satz von Carl Schmitt, der immer wieder gern zitiert wird. Was sich wie ein kritisches Argument gegen «Naivität» und «Blauäugigkeit» gibt, ist in Wirklichkeit eine gezielte Kampfansage. Schmitt kämpfte mit diesem Argument nämlich bewußt gegen die Idee eines universalistischen Werts, der die Würde aller Menschen anerkennt. Darin sah er, der das NS-Regime auf Kosten anderer durchsetzen wollte, eine empfindliche Einschränkung seiner partikularen Machtinteressen. Die Frage, ob es «die Menschheit» gibt oder nicht, ist müßig und falsch gestellt. Sie muss vielmehr lauten: Wird die Menschheit als ein moralischer

Begriff anerkannt oder wird sie das nicht? Schmitt und Jünger haben die Menschheit nicht anerkannt, für Kant dagegen hatte das Bekenntnis zur Menschheit den Charakter eines Glaubenssatzes. Es ist für ihn sogar der einzige Glaubenssatz, der nach der Säkularisierung in diesen Rang erhobenen werden kann. Denn nur so besteht in der aufgeklärten Welt der modernen Wissensgesellschaft eine Chance, dass die Gefahr einer relativistischen oder nihilistischen Weltsicht gebannt und eine stabile Gegenposition zu den Ansprüchen illegitimer Macht und Autorität aufgebaut wird.

Gerade vor dem Hintergrund der europäischen und deutschen Geschichte von Rassismus und Antisemitismus ist erschreckend deutlich geworden, was es heißt, diesen moralischen bzw. universalistischen Begriff von Menschheit zugunsten einer partikularistischen Identität wie der deutschen Volksgemeinschaft aufzugeben und das stolze Bedingtsein von Zeit, Blut und Boden zu feiern. Es geht hier ja nicht nur um vage Weltanschauungen, sondern, wie Carl Schmitt deutlich machte, um die Letztbegründung von Gesetzen. Wie wir gesehen haben, galt seine Verachtung einem «jüdischen Rechtspositivismus», dessen Setzungen den Charakter des Beliebigen haben und von keiner übergreifenden Autorität gestützt sind. Genau eine solche Stützung aber war das Anliegen Kants, wie der israelische Philosoph Omri Boehm betont. Mit seinem moralischen Begriff der Menschheit modernisierte Kant «die Idee, einem Gesetz zu folgen, das nicht von Menschen gemacht ist. Das Schicksal des Universalismus hängt am Schicksal dieser Konzeption: nur ein Gesetz oder eine Wahrheit, die unabhängig von menschlichen Konventionen ist (...) geht über die Legitimität menschlicher Vereinbarungen hinaus, die ja durchaus ungerecht sein können.»[52]

Erst die abstrakte Instanz der Menschheit, so fasst Helmut Draxler diesen Gedanken zusammen, lässt «die Würde jedes einzelnen Individuums hervortreten, und nur eine derart verstandene Menschenwürde ist mit jeder Form von Rassismus unvereinbar». Dafür aber muss das universelle Moralgesetz stets verallgemeinert, sprich: «in eine Maxime individuellen Handelns übertragen werden».[53]

Karl Löwith: Der Mensch in der Rolle des Mitmenschen

Wie die Natur des Menschen definiert wird, hängt weitgehend von den Kulturen und den Werten ab, die die Menschen und ihre Lebensformen prägen. In westlichen Gesellschaften ist der Mensch seit der Renaissance und noch einmal verstärkt seit der Aufklärung als ein Individuum definiert worden, das als ein autonomes Wesen existiert, mit Freiheiten ausgestattet und für sein Leben weitgehend selbst verantwortlich ist. Die dominante Wirtschaftsform des Kapitalismus hat weitere Merkmale hervorgebracht, die dieses philosophische Menschenbild ergänzen. Dazu gehört die Orientierung des Individuums an Nutzen, Leistung und materiellem Erfolg. Den weiteren kulturellen Rahmen bildete der Fortschrittsglaube, der die Erwartung einer stets besseren Zukunft am Leben hielt. Zusammengefasst steht am Anfang der westlichen Philosophie das autonome Individuum, das seine Verletzlichkeit und Abhängigkeit von anderen vergisst, um sich auf Kosten anderer in Richtung Macht und Autorität, aber auch Originalität, Leistung oder Wettbewerb zu entwickeln.

Dieses Grundprinzip haben jüdische Philosophen nach dem Ersten Weltkrieg in den 1920er Jahren radikal in Frage gestellt. Ein Beispiel dafür ist die Philosophie Martin Bubers, die einen dialogischen Gegenentwurf zu den monologischen Prämissen deutscher Subjektphilosophie formuliert hat.[54] Buber stellte dem Ich das Du gleichberechtigt gegenüber und ging dabei von der Grundstruktur der Gegenseitigkeit aus. Die soziale Einbettung des Menschen und die Begegnung zwischen dem Ich und dem Anderen rückte ins Zentrum seiner Forschung. Seine These lautete: Menschen sind von Grund auf relationale Wesen; sie haben die Möglichkeit, den Anderen als ein Du anzunehmen, sie können dieses Du aber auch von sich fernhalten, indem sie sich von ihm in sogenannten Ich-Es-Beziehungen distanzieren. In solchen Akten der Distanznahme kann ein Zuwachs an Freiheit bestehen, aber darin liegt auch die große Gefahr, Menschen nicht mehr auf Augenhöhe, sondern als kategorisch unterschiedlich wahrzunehmen, was es dann auch erleichtert, sie zu beherrschen und auszubeuten. In Ich-Es-Beziehungen ist ein instrumentelles Weltverhältnis angelegt, das auch gegen Kants kategorischen Imperativ verstößt, der es verbietet, den anderen Menschen zum Mittel des Erreichens eigener Zwecke zu machen. Genau dies, nämlich Ausbeutung und Versklavung, aber geschah im großen Stil in der Geschichte des Kapitalismus und Kolonialismus und wo auch immer Menschen in großem Stil über andere Macht ausgeübt und über sie verfügt haben.

Buber war nicht der einzige Philosoph, der Anfang des 20. Jahrhunderts den neuen Ansatz einer Philosophie der Mitmenschlichkeit entwickelte.[55] Diese ist im Schatten des Ersten Weltkriegs entstanden, wurde im philosophischen Mainstream jedoch marginalisiert und ausgemustert – zu Unrecht, wie wir meinen, denn sie ist für die anstehende Revision des dominanten westlichen Menschenbildes gerade von aktueller Bedeutung. Karl Löwith, der im Ersten Weltkrieg als junger Mann gekämpft hatte und schwer verwundet worden war, studierte ab 1919 bei Martin Heidegger, dessen neue Sprache und Denkbewegungen die junge Generation faszinierten. In seinem Lebensrückblick fasste Löwith die Ausstrahlung seines Lehrers zusammen: «Die spürbare Intensität und der undurchsichtige Tiefgang von Heideggers geistigem Antrieb ließ alles andere verblassen.»[56] Mit der Zeit entwand sich der Schüler jedoch dem Zugriff des Meisters und bahnte sich einen eigenen Weg, der eine Neugründung der Sprache und des Menschenbildes erlaubte.

Die Umrisse dieser dialogischen Philosophie hat Löwith in seiner bei Heidegger eingereichten Habilitationsschrift mit dem Titel *Das Individuum in der Rolle des Mitmenschen* (1928) niedergelegt.[57] Er stellte damit zum ersten Mal das in der deutschen Philosophie allgegenwärtige dualistische Grundschema von Subjekt und Objekt zur Disposition. Dieses geht von der Subjektposition aus, um ihr dann die Welt oder die Anderen in der Position eines Objekts gegenüberzustellen. Löwith brachte die Stoßrichtung dieser abendländischen Denk-Entwicklung präzise auf den Punkt: «Die Hauptquelle des deutschen Idealismus sind Renaissance und Reformation. Beide wirken darauf hin, die Selbständigkeit des Individuums gegenüber der Natur (Umwelt) und Gesellschaft (Mitwelt) zu entwickeln.»[58]

Erst mit dieser Gegenüberstellung von Subjekt und Objekt sei die Setzung des «ich bin» und «ich denke» möglich geworden, die sich seither durch die ganze Philosophiegeschichte zieht. Löwiths Beispiele für dieses Dauerthema sind das «reine Bewußtsein» bei Husserl, die «moralische Autonomie» bei Kant, der «Geist» im Sinne von Hegel oder die «Existenz» bei Kierkegaard.

Das sich durch diese Tradition durchziehende monologische Prinzip hatte der Soziologe Georg Simmel bereits sehr klar erkannt: «Wenn man eine Grundtatsache sucht, die als die allgemeinste Voraussetzung gelten könnte, so wäre sie zu formulieren: Ich und die Welt. Das Dasein, von dem wir überhaupt sprechen können, kann sich gar nicht anders vollziehen, als dass einem Subjekt ein Reichtum von Objekten gegenübersteht, den es lieben oder hassen, den es erkennen oder bearbeiten kann, von dem es gefördert oder gehemmt wird.»[59]

Simmel hat mit diesen Sätzen auf das Problem hingewiesen, das mit der Isolierung eines autonomen Individuums beginnt. Löwith entzieht sich dieser dominanten Denkrichtung, indem er einen Strukturzusammenhang menschlicher Existenz freigelegt, der «das Verhältnis des einen zum andern» in den Mittelpunkt rückt. Seine eigene Philosophie des Menschseins als Miteinandersein erläuterte er mit einem Vers aus Goethes *Tasso*: «Der Mensch erkennt sich nur im Menschen.»[60] Dieser Satz, den er seiner Studie vorangestellt hat, kann als eine direkte Entgegnung auf Descartes Grundsatz «Ich denke, also bin ich» verstanden werden.

Löwith entwickelte eine Phänomenologie, die nicht in reiner unmittelbarer Anschauung verharrt, sondern aus der eigenen geschichtlichen menschlichen Situation heraus die Erscheinungsweisen dieser Wirklichkeit wahrnimmt. Wer über das Individuum sprechen will, davon war Löwith überzeugt, kommt am Mitmenschen nicht vorbei, den er als Teil der Grundstruktur menschlichen Lebens zu Bewusstsein brachte. Individuum und Mitmensch wirken immer schon aufeinander ein, denn sie bringen sich gegenseitig hervor. Sinn und Sein entsteht jeweils nur aus diesem Miteinander. Mit dieser Prämisse ersetzte Löwith die monologisch deutende Perspektive und Sprache von Heideggers Daseinsontologie durch eine dialogische Hermeneutik des Miteinanderseins.

Dabei machte Löwith auch Anleihen bei der Kunst und Literatur, wie sich bereits am programmatischen Titel seines Buches zeigt: *Das Individuum in der Rolle des Mitmenschen.* Es ging ihm um die Bedeutung der Rollen, die jeder Mensch im Gegenüber mit anderen Menschen einnimmt. Anders als Helmuth Plessner, der den Begriff der Maske für sich entdeckt hat, orientierte sich Löwith lange vor Erving Goffman an Rollen. Während die Maske die Möglichkeit oder Notwendigkeit der Verstellung menschlichen Verhaltens hervorhebt und damit auch auf die strategische Schutzbedürftigkeit einer jüdischen Identität in einer nichtjüdischen Gesellschaft verweist, betont die Rolle eher die Vielfalt menschlicher Handlungsformen und Wechselwirkungen im gegenseitigen Hervorbringen von Selbstbildern. «Die Mitmenschen begegnen nicht als eine Mannigfaltigkeit für sich seiender ‹Individuen›, sondern als ‹personae›, die eine ‹Rolle› haben, nämlich innerhalb und für ihre Mitwelt, aus der heraus sie sich dann selbst personhaft bestimmen.» (67)

Löwith entfernte sich philosophisch von der Heideggerschen Sprache des «Seins» und sprach vom «Schein», aber dieser Schein trügt nicht, denn es ging ihm um das Sichtbar- und Wahrnehmbarwerden in wechselseitigen Erscheinungsweisen des Alltags und des Festtags. Der Ton, so betonte Löwith, liege dabei «nicht auf dem Erscheinen als einem ‹bloßen› Schein, sondern auf der Erscheinungsweise eines Seins. (… Es kommt) darauf an zu zeigen, dass und wie einer einem andern, aber auch sich selbst, als einer erscheint.» (102) In diesem Gegenüber der Erscheinungen kommt es zu gegenseitigen Bestimmungen, Differenzierungen und Festlegungen. Solange sich diese im Gegenüber von Mensch und Mitmensch dialogisch entwickeln, können sie auch immer wieder aufgelöst und verändert werden. Verfestigte Kategorisierungen und Zuschreibungen dagegen sind der Endpunkt einer lebendigen mitmenschlichen Beziehung. Sie verhärten sich als Ich-Es-Beziehungen und sind ein festes Element im Register der Macht.

Bei Löwith führt die Vielfalt der Rollen in eine Vielfalt der Beziehungen und sozialen Interaktionen, die durch gegenseitige Wahrnehmung und Reflexion immer komplexer werden. Das folgende Zitat nimmt schon die Perspektive von Niklas Luhmann vorweg, der in seiner Beschreibung von Gesellschaft konsequent in der angelsächsischen Terminologie von Ego und Alter dachte. Er hatte dabei das soziale Grundprinzip der Gegenseitigkeit stets klar im Blick, was sich zum Beispiel in seinem Konzept der «Erwartungserwartungen» zeigt. Die folgende Beschreibung dieses Sachverhalts könnte von Luhmann sein, sie stammt jedoch von Löwith: «Das eigene Verhalten richtet sich also nicht nur auf den andern, sondern zugleich nach dem andern, es richtet sich selbst von vornherein nach dem andern ein. Die primäre Zweideutigkeit des eigenen Verhaltens zum andern ist also reflektiert, indem sich einer in seinem Verhalten (zum andern) zum Verhältnis verhält. Sich im Verhalten zum Verhältnis verhalten, das besagt: Ich verhalte mich zu einem andern von vornherein im Hinblick auf sein mögliches Verhalten zu mir.»[61]

Luhmann und Habermas haben Gesellschaft weitgehend mit Kommunikation gleichgesetzt. Diese Richtung hat Löwith vor der NS-Zeit und dem Zweiten Weltkrieg vorgegeben. Im Kern seiner Philosophie der Mitmenschlichkeit ging es um die Möglichkeit, sich mitzuteilen und verstanden zu werden. Darin sah er «ein ursprüngliches oder grundlegendes Verständnis für den Sinn des menschlichen Daseins überhaupt». An die Stelle der Unteilbarkeit des «In-dividuums» trat bei ihm das Teilen und Mitteilen in der Beziehungswelt: «Der unausdrückliche Leitfaden für dieses prinzipielle Verständnis ist die Möglichkeit und Notwendigkeit, ein-ander etwas zu sein und ein-ander zu verstehen, nämlich deshalb, weil die menschliche ‹In-dividualität› nur dadurch eine ‹menschliche› ist, dass sie an andern teilhat und sich im weitesten Sinne mit-teilen kann».[62] Diese Formulierungen deuten an, mit welcher Dringlichkeit hier Begriffe neu gefasst und umgedeutet wurden, um einen sozialen Raum zu öffnen und ihnen damit auch Raum in der Philosophie zu geben.

Der dialogische Charakter des Lebens macht es zu einer ethischen Aufgabe, das Existenzrecht anderer anzuerkennen und auf sie Rücksicht zu nehmen. Dabei geht es sowohl um die konkreten Mitmenschen als auch um die Mitwelt als unbestimmtes Miteinander-Sein, an dem das Individuum teilhat. Ohne den und die anderen kann das Individuum gar nicht zu einem Selbstbild oder zu einer

Wahrheit gelangen. Löwith zitiert hier Feuerbach: «(D)eine Gedanken (…) sind nur wahr, wenn sie die Probe der Objektivität bestehen, wenn sie der andere außer dir (…) auch anerkennt.»[63] (57) Das gilt auch für das eigene Selbstbild und die Reflexion, denn «zu sich selbst zurück kehrt der Mensch (…) zumeist nicht von ‹Objekten›, sondern von Subjekten, d. h. von Seinesgleichen». (16)

Das Individuum in der Rolle des Mitmenschen zeigt sich in nichts so deutlich wie in der Konstellation und Dynamik des Gesprächs, dessen Möglichkeiten des Gelingens und Misslingens, aber auch dessen Verschlungenheit der Perspektiven Löwith sensibel nachzeichnet: «Ein jeder hört zu, um zu erwidern, und hört in der ihm zu Gehör kommenden Erwiderung des andern den Anklang seiner eigenen Rede wieder; ein jeder bekommt sich selbst wieder zurück in der Erwiderung des andern, die er wiederum in der Tendenz auf Erwiderung anhört. Das Gehörte bestimmt sich also zumeist und zunächst im Charakter einer bloßen Resonanz, denn der Rückstoß, den die eigne Anrede im Hören der Erwiderung des andern erfährt, bestimmt sich vorweg im Sinne des wechselseitigen Fortgangs des Gesprächs.» (131 f.)

Löwith machte darauf aufmerksam, dass es gerade der Eigenname, also das Ureigene des Individuums ist, das unmittelbar auf dieses Miteinandersein verweist, denn der Name wird «nie um seiner selbst willen, sondern um der anderen willen (gewählt), als etwas, wobei man von anderen gerufen werden kann, wodurch man sich vor anderen legitimieren kann, womit man für andere unterzeichnen kann, usw.» (35)[64]

Jacek Koltan hat Löwiths Philosophie des Miteinandersein mit Heideggers Daseinsontologie verglichen: «Das Strukturzentrum liegt nach Löwith nicht mehr im individuellen Dasein und in seinem Bezug auf die Umwelt des alltäglichen Besorgens. Er expliziert das menschliche Dasein von Anfang an strikt im Kontext des bei Heidegger übergangenen Verhältnisses zu den Mitmenschen und zur Mitwelt überhaupt. Diese soziale Umgebung bildet dann die Grundlage für die Verhältnisse mit der Umwelt.»[65] Hier ist der Bruch angelegt, der zwischen Lehrer und Schüler mit dem Beginn der NS-Zeit folgte. In Heideggers Philosophie hatte der ausgegrenzte Mitmensch keinen Platz; der jüdische Schüler Karl Löwith fiel plötzlich und abrupt aus dessen Mitwelt heraus – und zwar als logische Folge des in seiner Philosophie «übergangenen Verhältnisses zu den Mitmenschen».

Mit Buber dagegen verband Löwith eine dialogische Philosophie des sozialen Miteinanderseins. Was beide faszinierte, war das wechselseitige Zur-Welt-Bringen von Ich und Du, von Mensch und Mitmensch. Die dialogische Philosophie hat den abwesenden, abstrakten oder fremd gewordenen Anderen aus der 3. Person in die 2. Person und damit in die Lebenssphäre des Ich zurückgeholt, um ihn als ein Gegenüber auf Augenhöhe aufzubauen. Das wird besonders aus der folgenden Textstelle deutlich, in der Löwith erklärt, was er genau mit «dem Anderen» meint und aus der bereits etwas von der Vergeblichkeit dieses Projekts anklingt, ja von der Verzweiflung des Ausgestoßenen zu vernehmen ist: «Ein anderer bist ‹Du› also nicht in der Bedeutung des lateinischen ‹alius›, sondern im Sinne des ‹alter› oder ‹secundus›, der mit mir als ein ‹alter ego› alternieren kann. Du bist der andere meiner selbst. Mit Dir kann ich daher auch nie ‹allgemein› zusammensein, denn Du bestimmst mich stets als Ich.» (71)

Löwith schrieb seine dialogische Philosophie des Miteinanderseins nicht nur gegen die deutsche Subjekt-Philosophie und die monologische Daseinsontologie seines Lehrers, er schrieb sie auch gegen eine immer antisemitischer werdende Gesellschaft, in der er gerade aus der 1. und 2. Person herausgedrängt und in eine 3. Person abgeschoben wurde. In der historischen Realität der Ausgrenzung und Verfolgung zeigte sich dann Schritt für Schritt der Verstoß gegen Löwiths Ethik des Dialogs. Wenn Menschen aus der Kommunikationsdyade ausgeschlossen und in die 3. Person befördert werden, dann wird nur noch *über* sie gesprochen, ohne dass sie die Chance haben, selbst zu Wort zu kommen. Wer in dieser Form sozial zum Verstummen gebracht und ausgeschlossen ist, hat keine Chance mehr, Gehör zu finden. In einer solchen Welt nimmt sich eine Gruppe das Recht, über eine andere zu sprechen und zu urteilen, sie mit Zuschreibungen und Festlegungen zu überziehen und ihr schließlich das Recht auf ein Miteinander, auf Dasein, auf Existenz überhaupt zu entziehen. An die Stelle gegenseitiger Konstitution tritt die einseitige Destruktion durch Exklusion, angefangen mit der Festlegung und Definition einer Gruppe durch eine andere.

Löwith musste 1934 aus Deutschland fliehen. Kurz nach dem Einreichen seiner Habilitationsschrift verschwand dieses Buch aus den Regalen der Unibibliotheken. Im sich radikalisierenden Klima der 1930er Jahre hatte seine Philosophie der Mitwelt und Mitmenschlichkeit keine Chance. In Deutschland herrschte ein radikalisierter «Trennungswahn» (Achille Mbembe). Der monologische Satz von Descartes: «Ich denke, also bin ich» wurde gleichzeitig von Carl Schmitt verschärft und zu einer identitätspolitischen Devise erhoben: Ich weiß erst dann, wer ich bin, wenn ich weiß, wer mein Feind ist. Wer in den 1930er Jahren noch nicht wusste, wer sein Feind war, wurde durch eine zunehmend aggressive Propaganda belehrt. Von einem Tag zum anderen gab es keine Mitmenschen mehr, sondern nur noch Deutsche oder Juden, von denen die deutsche Gesellschaft bald nichts anderes mehr wusste, als dass sie durch ihre Existenz den Fortbestand des deutschen Volkes unmittelbar bedrohten.

Sechzig Jahre später hat der französische Philosoph Emmanuel Levinas die Löwithschen Grundsätze der Mitmenschlichkeit in eine Post-Holocaust-Ethik übersetzt, die das «Gesicht» des Anderen wahrnimmt und die wehrlosen Augen des Fremden in brüderlicher Nicht-Indifferenz als Du annimmt.[66] Gleichzeitig erlebte auch die Ethik der Verantwortung gegenüber der Natur von Hans Jonas, Löwiths Studienfreund aus Marburg, in Deutschland eine Konjunktur.[67] Löwith selbst kehrte zwar nach Jahren des Exils nach Deutschland zurück, aber sein Buch hat bis heute kaum Leser erreicht. Dabei bestünde in Zeiten sozialer Polarisierung, nationalistischer Radikalisierung und eines wieder erstarkenden Antisemitismus sehr viel Anlass, diese Ansätze der jüdischen dialogischen Philosophie wieder aufzunehmen. Sie weisen den Weg zu einem anderen Menschenbild, das uns anstelle der abstrakten Vorstellung eines autonomen Subjekts ohne Bindung und Verantwortung die Bedeutung des Menschen in seiner Rolle als Mitmensch wieder nahebringt. Wie Thomas Mann, der nach dem Zweiten Weltkrieg von einem «ABC des Menschenanstands» sprach, und Siegfried Kracauer, der sich bereits nach dem

Ersten Weltkrieg Gedanken über «Humane Tugenden» machte, hat Karl Löwith eine dialogische Philosophie des Gemeinsinns entworfen. Seine Prämissen und Grundsätze des sozialen Miteinanders sind auch nach einem Jahrhundert von bleibender Aktualität und in der heutigen diversen Gesellschaft unverzichtbar.

5.

BEZIEHUNGSGRAMMATIKEN: FEINDBILDER UND FREUNDBILDER

Was führt Menschen zusammen und was verbindet sie, was trennt und entfremdet sie? Die Menschheit ist eine inklusive Kategorie, die alle umschließt, sie ist zugleich aber auch äußerst abstrakt und lässt sich nicht mit konkreten Vorstellungen und schon gar nicht mit bestimmten Gefühlen verbinden. Innerhalb der Großgruppe der Menschheit gibt es Ähnlichkeiten ebenso wie Unterschiede, die ins Auge fallen. Problematisch sind dabei jedoch nicht die Unterschiede, sondern die Beschreibungen und Festlegungen, die Menschen voneinander herstellen. Denn diese Beschreibungen sind folgenreich. Sie werden zu Ideologien, Normen und Vorschriften, die menschliche Beziehungen definieren, Gefühle mobilisieren und bestimmte Formen des Handelns vorschreiben.

«Die Sprache zerschneidet die Welt», lautet ein alter Grundsatz der Linguistik. Dieser Satz gilt in einem radikalen Sinne für die Bildung von Kategorien. Da Menschen mit Sprache begabt sind, haben sie die Fähigkeit, zwischen sich und anderen Menschen Grenzen zu ziehen und Grenzen zu überschreiten. In der Geschichte der Menschheit gibt es das Prinzip der Abgrenzung und das der Verbindung, es gibt Praktiken der Exklusion wie der Inklusion. Im einen Fall wird das Gefühl der Fremdheit gesteigert, im anderen Fall wird es abgebaut. Dabei spielen Emotionen eine zentrale Rolle. Im Kalten Krieg, zum Beispiel, bildeten gegensätzliche Ideologien und ihre Werte die zentrale Grundlage für die Politik. Sie wurden durch ein medienwirksames Management von Emotionen unterstützt, das

Kultur und Gesellschaft informierte. Auf beiden Seiten wurde dabei vor allem ein Bedrohungsbewusstsein geschürt. Aber auch heute haben wir wieder vor Augen, wie «Angst, Abscheu, Ressentiment und blinder Patriotismus» darauf zielen, Auseinandersetzungen anzuheizen und Demokratien zu zerstören. Deshalb ist es wichtig, solche Tendenzen genauer zu beobachten, um sie besser regulieren zu können und um andere Emotionen zu fördern, «die uns erlauben, einander in geeigneter Weise als Bürgerinnen und Mitmenschen anzusprechen». Denn mit Eva Illouz sind wir überzeugt, «dass eine gute Zivilgesellschaft bestimmte emotionale Dispositionen oder Habitus begünstigen sollte».[1]

Die Politik der Exklusion beruht darauf, eindeutige Unterschiede zu definieren und klare Grenzen zu ziehen. Achille Mbembe hat diese Politik als «Trennungswahn» beschrieben. Sie kategorisiert Menschen nach Ethnie, Hautfarbe, Religion oder Kultur und sieht in der Vermischung dieser Kategorien die unmittelbare Bedrohung einer als «natürlich» definierten Ordnung. Die Ideologie des Trennungswahns hat den Rassismus und Kolonialismus ebenso gestützt wie den Antisemitismus. Angesichts der verheerenden Folgen dieser Politik, die zur Erniedrigung, Versklavung, Verfolgung und Ermordung von Millionen von Menschen geführt hat, steht heute eine aktive Politik der Inklusion als ein Desiderat im Vordergrund. Sie baut auf den Ähnlichkeiten der Menschen, die in einer Gesellschaft zusammenleben, auf und stützt gemeinsame Werte und Ziele. «Mitgefühl und Brüderlichkeit geben weitaus bessere Kandidaten für die Emotionen ab, die konstitutiv für eine gute Zivilgesellschaft sind, weil beide Emotionen die radikale Fremdheit und Unterschiedlichkeit derer voraussetzen, denen sie gelten.»[2] Ganz in diesem Sinne fragen wir in diesem Kapitel nach den gesellschaftlichen Rahmenbedingungen, die Gemeinsinn verhindern oder ermöglichen.

Bedrohungsbewusstsein durch Freund-Feind-Denken

Carl Schmitt hat mit seiner Unterscheidung von Freund und Feind nicht nur den absoluten Gegenpol zu Kants kategorischem Imperativ gesetzt, sondern auch die wohl einflussreichste politische Formel für unsere Gegenwart erfunden.[3] Ihre Wirkung auf Intellektuelle und Politiker auf der ganzen Welt ist nicht zu bestreiten. Weniger bekannt ist allerdings die Geschichte dieser Formel. Schmitt gehörte zur Generation des Ersten Weltkriegs, hat aber selbst keinen militärischen Einsatz miterlebt. Dieses Versäumnis machte er dadurch wett, dass er nach Ende des Ersten Weltkriegs – und erneut nach dem Ende des Zweiten – zu einem der einflussreichsten geistigen Scharfmacher wurde und damit die Kriege in einen «mentalen Militarismus» (Eva Illouz) der Nachkriegszeiten hinein verlängerte. Obwohl er als hochrangiger Jurist des NS-Staates nach dem Zweiten Weltkrieg nicht mehr lehren durfte, konnte Carl Schmitt weiterhin seinen geistigen Einfluss behaupten und aus dem politischen Off wichtige Signale senden. Sein Rückzugsort Plettenberg im Sauerland wurde dabei zu einer geheimen Denkfabrik für einflussreiche Intellektuelle der Nachkriegszeit, die sich in Friedenszeiten bei diesem scharfsinnigen Staatsrechtler, polemischen Denker und umfassend gebildeten Menschen Rat und Anregungen holten. Der Jurist und Staatsrechtler Schmitt ist nach dem Zweiten Weltkrieg aber nicht nur in einem kleinen Kreis salonfähig geblieben, sondern auch international zu einem der einflussreichsten Intellektuellen geworden. Als Theoretiker des Ernstfalls stilisierte er sich zum Antipoden der Demokratie und der liberalen Gesellschaft, der humanistische Normen des Handelns als unwirksam verwarf und sich auf Gewalt und den Ausnahmezustand konzentrierte.

Nach dem Ende des Ersten Weltkriegs verlagerte sich in den 1920er und 1930er Jahren Schmitts Freund-Feind-Denken von äußeren auf innere Feinde und dabei immer klarer auf die Juden, die soeben noch als deutsche Patrioten gekämpft und Orden erhalten hatten. Nach seinem gescheiterten Putsch 1923 schrieb Hitler in der

Festungshaft sein antisemitisches Manifest *Mein Kampf*, das 1925 veröffentlicht wurde. In diesem Milieu entstand auch Carl Schmitts Freund-Feind-Formel, die er 1927 in seinem Buch *Der Begriff des Politischen* einführte: «Die spezifische Unterscheidung, auf welche sich die politischen Handlungen und Motive zurückführen lassen, ist die Unterscheidung von Freund und Feind. (...) Politisches Denken und politischer Instinkt bewähren sich theoretisch und praktisch an der Fähigkeit, Freund und Feind zu unterscheiden. Die Höhepunkte der großen Politik sind zugleich die Augenblicke, in denen der Feind in konkreter Deutlichkeit als Feind erkannt wird.»[4]

Nach dem Ende des Ersten Weltkriegs, als andere wie Stefan Zweig über eine «moralische Entgiftung Europas» nachdachten, verfolgte Carl Schmitt das umgekehrte Projekt: Er wollte über den Ersten Weltkrieg hinaus ein Bewusstsein für den Feind schärfen und damit möglicherweise den nächsten Krieg vorbereiten. Ohne Feinde kann man keine Kriege führen. «Eine Kriegserklärung ist immer eine Feinderklärung», hat Schmitt später ergänzt.[5]

Seine Aufgabe bestand vorerst darin, den Feind nun auch im Inneren auszumachen. Den Schmitt-Kennern ist die Strophe eines Gedichts von Theodor Däubler geläufig, in dem die Freund-Feind-Formel poetisch vorformuliert ist. 1947, zwanzig Jahre nach dem *Begriff des Politischen*, nahm Schmitt in einem autobiographischen Text auf dieses Gedicht aus dem Jahr 1916 noch einmal Bezug: «‹Der Feind ist unsere eigene Frage als Gestalt. / Und er wird uns, wir ihn zum selben Ende hetzen›. (Sang an Palermo) Was bedeuten und woher stammen diese Verse? Intelligenzprüfungsfrage an jeden Leser meiner kleinen Schrift: Begriff des Politischen. Wer die Frage nicht aus eigenem Geist und Wissen beantworten kann, sollte sich hüten, über das schwierige Thema jener kleinen Schrift mitzureden.»[6] Arroganter und einschüchternder kann man seine Gedanken nicht verkaufen, aber auch kaum wirkungsvoller.

Däublers Gedicht, das sich auf die militärische Konfrontation im Ersten Weltkrieg bezieht, betont die Härte und Hemmungslosigkeit eines Endkampfs. «Die eigene Frage als Gestalt» – das klingt existentialistisch und verweist damit auch auf eine sehr persönliche, ja intime Form der Begegnung, Auseinandersetzung und Gefahr. Diese antagonistische Identitätsformel hat etwas Bedrohliches und Mysteriöses. Wer bietet sich für diese Rolle des Feindes an? Wie wir gesehen haben, verankert Schmitt das deutsche Recht im deutschen Blut und Boden und in einer deutschen Identität. Für ihn ist dieses konkret verankerte deutsche Recht das Gegenteil von «Gesetz» im Sinne einer abstrakten, universalistischen (jüdischen) Setzung. Richtig deutsch wurde diese Rechtslehre dann durch die Gesetze, die 1935 auf dem Nürnberger «Reichsparteitag der Freiheit» verabschiedet wurden, darunter das «Gesetz zum Schutze des deutschen Blutes und der deutschen Ehre».

Raphael Gross hat kritisiert, dass die Schmitt-Rezeption des akademischen Mainstreams bis heute versucht, Schmitts «Œuvre unter Ausklammerung der offensichtlichen rassistischen und antisemitischen Gedanken fruchtbar zu machen».[7] Er hat auch gezeigt, wie stark Antisemitismus und Nationalismus das Denken dieses Rechtstheoretikers als zwei Seiten derselben Medaille prägten. Die Perversion von Schmitts Denken kennt hier keine Grenzen. Denn den damaligen Antisemitismus, der eine unvorstellbare Orgie der Gewalt und Verfolgung gegen wehrlose Juden entfesselt hat, beschreibt Schmitt als das, «was für uns Sittlichkeit und öffentliche Ordnung, Anstand und gute Sitte genannt werden» kann. Er beschwor die große Bedrohung, die von den Juden ausging, und betonte den «völkisch-defensiven Grundcharakter nicht nur dieser Gesetze, sondern der ganzen nationalsozialistischen Weltanschauung überhaupt».

Dass die Gewalt gegen Juden bereits in Carl Schmitts Fundamentalopposition von Freund und Feind angelegt war, ist dem aufmerksamen Leser Karl Löwith nicht entgangen. Als jüdischer Mitadressat dieser Formel hat er deren Sinn explizit ausbuchstabiert. Schmitts *Begriff des Politischen*, so stellte er fest, sei «nicht nur antiliberal, sondern auch antisemitisch.» Es gebe kein besseres Beispiel für einen rein polemischen Begriff: «denn was ein ‹Arier› ist, läßt sich überhaupt nur bestimmen durch die Tatsache, dass er *kein Nichtarier* ist. Die eigene ‹Art des Seins›, worauf sich die Grundunterscheidung von Freund und Feind bezieht, hat also innerpolitisch zum unausdrücklichen Fundament eine arische Substantialität, die ihr einen Schein von Inhalt gibt, und ist polemisch gemeint gegenüber der wesensfremden Art des Nichtariersein.»[8] Das Wort Polemik kommt von dem griechischen Wort für Krieg; die Rechtsordnung, die Schmitt verteidigte, war eine Kriegserklärung gegen die Juden als Mitbürger des Deutschen Reichs und der Weimarer Republik.

Schmitts Freund-Feind-Formel muss deshalb in die Geschichte des deutschen Antisemitismus eingeordnet werden. Der erste Punkt dabei ist die Feststellung, dass hier das Verhältnis zwischen dem Ich und dem Anderen bzw. den Deutschen und den Juden als ein *Bedrohungsverhältnis* verstanden wird. Das individuelle Ich bzw. kollektive Wir sieht sich von Anfang an in der Defensive. Es muss sich mit Gewalt behaupten, wenn es nicht zum Opfer eines Feindes werden will, der ihm nach dem Leben trachtet. Die Logik heißt «ich oder er», bzw. «wir oder sie»; für beide gemeinsam ist kein Platz auf der Erde und in der Weltgeschichte. Der Kampf, um den es geht, ist eine apokalyptische Schlacht um die Entscheidung, wer am Schluss den Endsieg davonträgt, die «deutschen Helden» oder die «jüdischen Händler», das Alte oder das Neue Testament.

Schmitt sah in den Juden einen universalen, rationalen und antiheroischen Geist am Werke, der im Prozess der Zivilisierung, Technisierung und Ökonomisierung in einer ultimativen Form der Weltbemächtigung gipfelt: «Früher unterwarfen die kriegerischen Völker die handeltreibenden Völker, jetzt ist es umgekehrt», schrieb er 1932.[9] Das bedeutete für Schmitt den Untergang all dessen, was ihm heilig war: das christliche Abendland, das konkrete Ordnungsdenken, der Nomos der Erde, die ethnische Nation. In Schmitts national-katholischem Weltbild wird das Verhältnis von Juden und Deutschen in beliebige Muster antisemitischer Verschwörungsphantasien gepresst, in denen, komme was wolle, die Juden stets die Täter und die Deutschen ihre Opfer sind. Heinz Dieter Kittsteiner hat diese Denkfigur der Täter-Opfer-Umkehr, die heute wieder große Konjunktur hat, bereits im Jahr 2000 auf den Punkt gebracht: «Der potentielle Aggressor stellt sich grundsätzlich als der Angegriffene dar.»[10]

An dieser skandalösen Inversion der historischen Täter-Opfer-Relation hat Carl Schmitt über zwei Weltkriege hinweg (er lebte von 1888 bis 1985) unbeirrt festgehalten. Der Tenor seiner Einstellung war: Die Bedrohung geht immer schon und immer noch von den Juden aus. Sie trugen die Schuld an der Niederlage des Ersten Weltkriegs, wie die Dolchstoßlegende behauptete; sie trugen die Schuld an der Last des Versailler Vertrags und der Weltwirtschaftskrise durch ihre «Zinsknechtschaft», und als Bolschewiken oder Kommunisten waren sie Teil einer internationalen politischen Bewegung, die die Weltherrschaft an sich reißen wollte. Aufgrund ihrer Bodenlosigkeit und mangelnden Sesshaftigkeit waren sie obendrein «Vaterlandsverräter», die die Nationen von innen her «zersetzten».

Besonders von den Juden als kosmopolitisch gesonnenen Bürgern ging für Schmitt eine unmittelbare Gefahr aus, weil sie die Humanität gegenüber der Nation stark machten. «Wer Menschheit sagt, will betrügen.» Auch mit diesem Satz meinte Carl Schmitt die Juden, die die partikularen deutschen Werte durch ihre universalistischen Werte ersetzen wollten. Die Menschheit gibt es für Schmitt auch deshalb nicht, weil sie «keinen Feind hat».[11] Tatsächlich ist für Schmitt der «maskierte», das heißt: der assimilierte und emanzipierte Jude der gefährlichste Feind, weil er aus dem 19. Jahrhundert und den demokratischen Revolutionen als Sieger der Geschichte hervorgegangen und dabei gleichzeitig unsichtbar geworden ist. Viele deutsche Nationalisten und Katholiken, die von diesem Emanzipationsprozess nicht profitierten, reagierten darauf mit starken Ressentiments – ähnlich wie heute die Globalisierungsverlierer. Denn schon damals gab es den Hass der Zukurzgekommenen auf die Eliten, wie das folgende Gedicht von Carl Schmitt zeigt:

> Sie reden zwar viel von Eliten,
> doch ahnen die meisten es kaum:
> Es gibt nur noch Isra-Eliten
> Im großplanetarischen Raum.[12]

In Schmitts Denken flossen viele Facetten des Antisemitismus zusammen. Sein Antisemitismus kann «europäisch» genannt werden, und es spielt keine Rolle, ob er rassistisch oder kulturell, katholisch oder säkular motiviert war. Die Juden werden gebraucht, um als Sündenböcke für die Verluste im Prozess der Modernisierung, des technischen Fortschritts, der Individualisierung, der Universalisierung, der Globalisierung herzuhalten. Sie werden von Schmitt gebraucht als Prototyp des Fremden und als metaphysischer Gegenspieler in einem kosmischen Kampf um die Erhaltung der Welt, in dem er sich selbst als Katechon, als Aufhalter und Entschleuniger der Katastrophe inszeniert.

Während Schmitt sich diese Geschichte und seine mythische Rolle in ihr zurechtlegte, beschleunigte sich tatsächlich etwas, worauf er wie die meisten Deutschen seiner Generation nach dem Zweiten Weltkrieg nie Bezug genommen hat. Das war die historische Katastrophe der Shoah im Schatten des Zweiten Weltkriegs, als europäische Juden millionenfach in Konzentrationslager deportiert, vergast oder in osteuropäischen Wäldern erschossen und in Massengräbern verscharrt wurden. Davon muss er gewusst haben, weil sein juristischer Kollege Hans Frank als Generalgouverneur in Polen für die Vernichtungslager Treblinka, Majdanek, Bełżec und Sobibór zuständig war. Frank, der wegen seiner Ausrottungspolitik als »Schlächter von Polen« bekannt war, wurde in Nürnberg verurteilt und 1946 hingerichtet. Mit dessen Frau Brigitte hatte Schmitt ein Verhältnis. In seinem Abschiedsbrief an seine Frau schrieb Hans Frank: «Meine ‹Schuld› ist eine rein politische Angelegenheit – aber keine juristische.»[13] Dieser Satz passt gut zu Carl Schmitts Theorie und seinem Bekenntnis zum Primat des Politischen.

Zum Irritierendsten und Abstoßendsten an Schmitts Denken gehört, dass für ihn die Bedrohung durch die Juden nach Ende des Zweiten Weltkriegs noch nicht verschwunden war. Auch nach 1945 empfand er sich als das Opfer seines «providentiellen Feindes», der nicht aufhörte zu siegen. Denn wieder waren es für ihn die Juden, die nicht nur bei den Nürnberger Prozessen auf der Siegerseite triumphierten, sondern nach dem Holocaust der ganzen Welt ihre Moral aufzwangen. Dieses Ressentiment teilte Schmitt mit anderen Intellektuellen der Nachkriegszeit. Das geht zum Beispiel aus einem Briefwechsel hervor, den er mit Ernst Jünger geführt hat. Letzterer befürchtete bereits ein paar Wochen vor Kriegsende einen Sieg des Alten Testaments über das Neue Testament und damit verbunden eine «ungeheure Ausbreitung der jüdischen Moral», da «diese Moral durch die Exterminierung der Juden, an die sie gebunden war, nun frei und virulent geworden ist». Darauf antwortete Schmitt: «Was Sie über das Verhältnis des Alten und Neuen Testaments sagen, trifft offenkundig zu und ist der Schlüssel zu dem, was uns heute widerfährt.»[14] Die Verdrehungen nehmen kein Ende: Der Holocaust ist in dieser Sicht nichts, was den Juden widerfährt, sondern was den Deutschen widerfährt!

Carl Schmitt hat in einem späteren Buch *Theorie des Partisanen* (1963) ein Update seiner *Theorie des Politischen* vorgelegt. Was er dort als gefährliche Steigerung von einer konkreten zu einer absoluten Feindschaft beschreibt und als bedrohliche Vision für die Zukunft entwirft, können seine Leser heute kaum anders denn als Beschreibung der von den Nationalsozialisten historisch bereits vollstreckten Bürokratie des industriellen Mordens verstehen: «Die Feindschaft wird so furchtbar werden, dass man vielleicht nicht einmal mehr von Feind oder Feindschaft sprechen darf und beides sogar in aller Form vorher geächtet und verdammt wird, bevor das Vernichtungswerk beginnen kann. Die Vernichtung wird dann ganz abstrakt und ganz absolut. Sie richtet sich überhaupt nicht mehr gegen einen Feind, sondern dient nur noch einer angeblich objektiven Durchsetzung höchster Werte, für die bekanntlich kein Preis zu hoch ist. Erst die Ableugnung der wirklichen Feindschaft macht die Bahn frei für das Vernichtungswerk einer absoluten Feindschaft.»[15]

Schmitt bezog diese apokalyptischen Sätze auf einen neuen Typ des Feindes, nämlich den Partisanen und Guerillakämpfer mit seiner irregulären terroristischen Kriegsführung, der am Horizont der Geschichte auftauchte und die Weltordnung bedrohte, als deren Hüter Schmitt sich sah. Der Satz zeigt, wie man das Freund-Feind-Dogma endlos reproduzieren und ad absurdum führen kann.

Der armenische Journalist, Verleger und Friedensaktivist Hrant Dink wurde 2009 von einem türkischen Nationalisten ermordet. Von ihm stammt der Satz: «Wenn Du deine Identität nur mit einem Feindbild aufrechterhalten kannst, ist deine Identität eine Krankheit.»[16] Die Freund-Feind-Formel von Carl Schmitt, die heute inflationär eingesetzt und kontextlos weitergereicht wird, hat in der deutschen Geschichte des 20. Jahrhunderts die Krankheit eines beispiellosen ideologischen Wahns genährt. Wer sich dieses Freund-Feind-Denkens bedient, muss wissen: Es schürt Ressentiments, Misstrauen und Bedrohungsbewusstsein. Im NS-Staat hat es den Tod von Millionen und Abermillionen Menschen bewirkt und dazu geführt, dass Deutschland schließlich selbst zum Feind der ganzen Welt geworden ist. Die Position des Feindes kann immer wieder neu besetzt werden. Gegenwärtig ist es der Fremde und Migrant, der in dieses Schema gepresst wird und als Figur einer apokalyptischen Bedrohung aufgebaut wird, während die eigentliche apokalyptische Bedrohung unserer Zeit, der Klimawandel, unerwähnt bleibt.

Populismus um 1900 und um 2000

Das Wort «Populismus» kommt von lateinisch *populus* für «Volk», das auch in dem Wort «populär» enthalten ist. Wir haben es hier allerdings mit sehr unterschiedlichen Bedeutungen desselben Grundworts zu tun. Während «populär» etwas bezeichnet, das den meisten gefällt, sind beim Populismus immer deutliche Grenzen mitgedacht, die unterschiedliche Gruppen voneinander trennen. Populisten sehen sich als die eigentlichen und rechtmäßigen Anwälte des Volkes. Sie erheben für sich den Anspruch des «Sprechens-für», wählen dabei aber nicht primär den Weg der demokratischen Repräsentation, sondern richten sich oft gegen die gewählten Volksvertreter und Parlamentarier, die sie pauschal als «Elite» denunzieren und delegitimieren. Diesen Politikern gegenüber stellen sich Populisten als die wahren Schützer der Interessen des Volkes dar. Da sie sich von den amtierenden Politikern nicht (mehr) vertreten fühlen, müssen die Populisten die Dinge selbst in die Hand nehmen und ihre Stimme erheben. Damit richten sie sich zugleich gegen die Institutionen der Demokratie. Populisten sind somit diejenigen, die den Anspruch erheben, die zu repräsentieren, die sich in der bestehenden Demokratie unbeachtet, ungehört, unverstanden oder anderweitig ausgeschlossen fühlen.

Die stärkste Waffe in der Hand der Populisten ist das Ressentiment. Ressentiments knüpfen an Gefühle des Abgehängtseins, des

Zukurzgekommenseins und des Zurückgesetztseins an. Solche Gefühle der Unzufriedenheit, des Verlustes und des Misserfolgs sind sehr verbreitet und lassen sich leicht stimulieren. Wenn sie nicht durch andere Impulse ausgeglichen werden, führen sie zu Verbitterung und können soziale Beziehungen vergiften. Mangelnde Anerkennung und Würdigung steigern die Sehnsucht nach Status und Stolz. Von der Politik erhofft man sich nicht nur eine soziale Aufwertung, sondern auch eine heile Welt, die alle Übel der Gegenwart überwindet. Die Norm und das Vorbild ist oft eine bessere, heile Vergangenheit, die von den Zumutungen der Gegenwart befreit und wiederhergestellt werden soll. Wo immer es Probleme gibt, fragt man nicht nach der Bearbeitung oder gar Lösung dieser Probleme, sondern nutzt sie als Verstärker negativer Emotionen wie Unzufriedenheit oder Wut. Populisten sprechen aus, was die Menschen plagt und versprechen dabei die Erlösung von allen gegenwärtigen Übeln und Problemen. Die Lösung ist denkbar einfach: Dafür müssen nur die bestehende Regierung und mit ihr die demokratischen Strukturen beseitigt werden. Es geht beim Populismus also nicht vorwiegend um die Kärrnerarbeit der Politik oder langatmige Regierungsprogramme, sondern um Gefühle und superlativische Versprechen, die eine totale Umkehrung des Bestehenden in Aussicht stellen. Politiker sind in dem Maße populistisch, wie sie an solche Wünsche in der Bevölkerung appellieren und sich dabei selbst als die einzigen Erlöser von allem Unheil anbieten.

Wie Populismus konkret im politischen Kontext funktioniert, lässt sich am besten an zwei herausragenden Vertretern dieser Gattung ablesen. Der eine wirkte um 1900, der andere um 2000. Karl Lueger war Bürgermeister von Wien und hat sich erfolgreich für die Modernisierung und den Ausbau der Stadt eingesetzt. Er erfreute sich zu seinen Lebzeiten höchster Ehren und Anerkennung. Dass er ein überaus populärer Populist war, ist heute noch an den Monumenten ablesbar, die ihm gewidmet sind, wie die Friedenskirche auf dem Wiener Zentralfriedhof sowie Denkmäler und Gedenktafeln in der Stadt. Die vielen Ehrenzeichen, die die Verehrung und der Kult des starken Mannes in der Stadt hinterlassen hat, sind allerdings nicht mehr unumstritten. Einige davon werden gerade abmontiert,

Das Denkmal für Karl Lueger wurde 1926, zehn Jahre nach dem Tod des Wiener Bürgermeisters, errichtet. Künstlerwettbewerbe 2012 und 2023 machten es sich zur Aufgabe, das «Ehrenmal» wegen der antisemitischen Propaganda des Geehrten in ein «Mahnmal» zu verwandeln.

andere werden «kontextualisiert». Der Sockel seines Denkmals am Stubentor wurde in roter Farbe mit dem Wort «Schande» überschrieben. Nach einem zweiten Künstlerwettbewerb 2023 ist eine Umgestaltung dieses Denkmals und des Platzes in Gang gesetzt worden.

Anders als der prominente Karl Lueger hat Arthur J. Finkelstein keinen Ruhm erlangt, von ihm gibt es weder Denkmäler, noch Bücher, noch Biographien. Diese mangelnde Medienprominenz hat ihren Grund darin, dass er es eher darauf angelegt hat, hinter den Kulissen im Verborgenen zu wirken. Er selbst unterschied zwischen den Helden der Geschichte einerseits und den Drahtziehern andererseits und rechnete sich dabei selbst zu den Letzteren.

Karl Lueger, der Antisemit

Um die Jahrhundertwende gab es viele Migrationsbewegungen. Als Bürgermeister unterschied Karl Lueger (1844–1910) klar zwischen Einheimischen und Zugewanderten und spielte die verschiedenen Gruppen dabei gezielt gegeneinander aus. Im Mittelpunkt seiner diffamierenden Rhetorik standen die Juden, die er je nach Kontext als «Geldjuden», «Tintenjuden» oder «Betteljuden» bezeichnete. Um die Jahrhundertwende gelangte die Stadt Wien im Zeichen des Kolonialismus und globalen Welthandels zu großem Reichtum und Ansehen. Am Aufblühen des Wirtschafts- und Kulturlebens hatten die Juden einen wichtigen Anteil, die in dieser Zeit im Handel und in den freien Berufen einen rasanten sozialen Aufstieg erlebten. Lueger, der dieser Bevölkerungsgruppe mit Neid begegnete, stellte sie unter Generalverdacht. Er entwickelte ein reiches rhetorisches Repertoire an Topoi und Stereotypen, indem er den alten kirchlichen Antijudaismus mit dem neuen ökonomischen und rassistischen Antisemitismus verband. Die Juden waren für Lueger nicht nur «Gottesmörder», er bezeichnete sie auch als «Raubtiere in Menschengestalt». In einer Rede, die er 1899 vor dem christlich-sozialen Arbeiterverein in Wien gehalten hat, hat er mit allen denkbaren antisemitischen Stereotypen für seine Politik geworben:

«Der Einfluss auf die Massen ist bei uns in den Händen der Juden, der größte Teil der Presse ist in ihren Händen, der weitaus größte Teil des Kapitals und speziell des Großkapitals ist in Judenhänden und die Juden üben hier einen Terrorismus aus, wie er ärger nicht gedacht werden kann. Es handelt sich für uns in Österreich darum vor allem um die Befreiung des christlichen Volkes aus der Vorherrschaft des Judentums. (Lebhaftes Bravo! Redner mit erhobener Stimme:) Wir wollen auf dem Boden unserer Väter freie Männer sein und das christliche Volk soll dort herrschen, wo seine Väter geblutet haben. (Tosender Beifall.) Aller Zwist, auch der bei uns in Österreich herrscht, ist darum durch die Juden entfacht, alle Anfeindungen unserer Partei rühren daher, weil wir der Herrschaft der Juden endlich einmal zu Leibe gerückt sind.»[17]

Mit einer solchen populistischen Rhetorik trug Lueger drei Jahrzehnte von dem Anschluss Österreichs an Deutschland entscheidend zur Verbreitung des Antisemitismus bei.[18] Diese Haltung präsentierte sich als umfassendes und erschöpfendes Weltdeutungsschema; sie bot einfache Parolen und Botschaften, die sofort verständlich waren: An allem waren die Juden schuld. Dieser Populismus mit seinem klaren Feindbild und Sündenbock-Motiv bediente die Ressentiments der (Klein-)Bürger und artikulierte ihre Gefühle der Zurücksetzung.

Das Gefühl, zu kurz gekommen zu sein, läßt sich leicht politisch ausbeuten durch das Anbieten einfacher Erklärungen, die die komplexere Realität verhüllen. Die Einigung und Selbsterhebung der eigenen Gruppe durch die Diffamierung und Schmähung einer anderen ist das Standardrezept sowohl des Antisemitismus als auch des Rassismus. Luegers Populismus bestand darin, dass er entdeckte, wie man mithilfe von Hass und Ausgrenzung sozialen Zusammenhalt schaffen kann – Stichwort: Solidarität-gegen. Das verfehlte seine Wirkung auf den jungen Adolf Hitler nicht, der sich Karl Lueger zum Vorbild nahm.

Arthur J. Finkelstein, der Vergifter

Eine ganz andere Stoßrichtung hat der Populismus, den Arthur Jay Finkelstein (1945–2017) erfand.[19] Er war Jude und wuchs in New York als Kind osteuropäischer Einwanderer in kleinen Verhältnissen auf. Finkelstein interessierte sich seit seiner Jugend für Politik und fühlte sich seit den 1960er Jahren bei den Republikanern zuhause. Über verschiedene Stationen seines Lebens entwickelte er sich zu einem herausragenden Politikberater und Strategen. Er erfand einen ganz neuen Politikstil, der Wahlkampagnen revolutioniert und sich nicht nur in den USA durchgesetzt hat. Dieser neue Stil bestand in der Vergiftung der politischen Atmosphäre, indem er aus Gegnern Feinde machte. Finkelstein arbeitete im Zeitalter der Digitalisierung und hat sehr schnell gelernt, die sozialen Medien für seine Zwecke einzusetzen. Er wusste zum Beispiel, wie man Informationen so kodiert, dass sie Massen erreichen und viral zirkulieren. Sein Erfolgsrezept bestand in drei Neuerungen. Er erfand einen neuen Stil der Politikberatung, er perfektionierte das Instrument der Meinungsumfragen und er entwickelte das Instrument der privaten Spendenfinanzierung für Politiker.

Finkelstein war ein Meinungsforscher, der den Puls der Zeit fühlte. Er sondierte und kannte die Gefühlslagen der Bevölkerung und war bestens mit den Strategien der Werbung vertraut. Seine Kunst bestand darin, Stimmung zu machen, indem er knappe und einprägsame Parolen aussendete, die ständig wiederholt wurden. Damit drangen seine minimalistischen Botschaften unwiderstehlich in die Menschen ein und wurden zu einem Teil der Umwelt, der Luft, die man einatmet, der Atmosphäre. «Make America Great Again» (MAGA) ist eine solche Botschaft, an der man nicht mehr vorbeikommt. Finkelstein hat sie für Reagan entworfen und Trump hat mir ihr Furore gemacht. Sie sagt nichts über den Kandidaten Donald Trump aus, aber sie hüllt ihn in eine schillernde Seifenblase, ein Versprechen, eine Losung, an der man festhalten möchte, weil sie ein Teil der eigenen Identität wird.

Als Politikberater bestand Finkelsteins Prinzip der Werbung nicht darin, die Fähigkeiten und Vorzüge seines politischen Kandidaten ins rechte Licht zu rücken. Für seine Strategie des «negative campaigning» konzentrierte er sich ausschließlich auf den Gegner und dachte sich für ihn einen KO-Schlag aus. Ein Beispiel dafür ist eine Wahlkampagne in Israel im Jahr 1996. Damals trat Benjamin Netanjahu zum ersten Mal gegen Schimon Peres an. Man erwartete einen eindeutigen Wahlsieg für Peres, denn die Ermordung von dessen Weggefährten und Parteifreund Jitzchak Rabin lag erst einige Monate zurück. Damals gelang es Finkelstein, nicht nur das politische Kräfteverhältnis in Israel umzudrehen, er veränderte auch nachhaltig das gesamte politische Klima. Der Slogan, den er für seinen Klienten Netanjahu erfand, lautete: «Peres will divide Jerusalem!» – «Peres wird Jerusalem teilen!» Damit beschwor er eine große Bedrohung und einen Alptraum für die Mehrheit der Bevölkerung. Er soll auch die Haarfarbe und das Äußere von Netanjahu neu entworfen haben, um ihm ein seriöseres Aussehen zu verpassen. Netanjahus implizite Botschaft in diesem Wahlkampf war: Wer nicht für mich ist, ist ein Feind des Volkes Israel. Der Slogan, auf den Finkelstein die Botschaft komprimierte, wirkte subkutan und lautete: «Netanjahu ist gut für die Juden!» – und damit schlecht für die 20 Prozent Palästinenser der israelischen Bevölkerung.

In den 2000er Jahren arbeitete Finkelstein für Klienten in Albanien, Bulgarien, Tschechien, Ungarn, Kosovo, Ukraine and Aserbaidschan. Viktor Orbán wurde ab 2008 sein wichtigster Kunde. Auch dessen Politikstil, der auf einem entschieden anti-europäischen Kurs beruht, geht auf seinen Berater Finkelstein zurück. Nur einmal hat sich Finkelstein erstaunlich offen über die Grundsätze seiner politischen Arbeit geäußert. In einer Rede in Prag sagte er: «In der Politik kommt es nicht auf die Wahrheit an, sondern auf das, was du jeweils als wahr annimmst. Und wenn ich dir sage, das und das ist wahr, dann wirst du glauben, dass auch das nächste, was ich sage wahr ist. Ein guter Politiker wird dir erst ein paar Dinge sagen, die wahr sind, bevor er dir dann auch ein paar Dinge sagt, die nicht wahr sind. Dann wirst du ihm alles glauben, was er gesagt hat – das was wahr ist und das was nicht wahr ist.»

Das Markenszeichen von Finkelsteins Politikstil bestand in der Schaffung eines einzigen kurzen Slogans, der durch Wiederholung unter die Haut geht. Im Mittelpunkt steht also nie das, was man verkaufen möchte, anpreist und bewundert, sondern das, was man verabscheut und schlecht machen möchte. Seine erste politische Großtat bestand zum Beispiel darin, dass er das Wort «liberal» in den 1980er und 90er Jahren in den USA in einen radikal negativen Begriff verwandelte. Aber das Wort «negativ» wollte er selbst nicht auf seine eigene Wahlstrategie angewandt wissen. Stattdessen sprach er lieber von einer «Ablehnungsstrategie» («rejectionist voting»): «Es heißt nur, dass du über die Schwächen des Gegners sprichst und nicht über die Tugenden deines Kandidaten.» Nietzsche hat einmal erklärt, er philosophiere mit einem Hammer. Finkelstein wurde attestiert, dass er mit einem Vorschlaghammer in den Wahlkampf zieht. Wer gegen seinen Kandidaten antrat, hatte schlechte Karten.

In einem Gespräch mit einem langjährigen Freund und Mitarbeiter hat Finkelstein auf seine Erfolgsgeschichte als politischer Drahtzieher zurückgeblickt. Auf die Frage: «Arthur, ist dir klar, wie tiefgreifend wir die Geschichte verändert haben?», soll er geantwortet haben: «Ich wollte die Welt verändern. Das habe ich auch erreicht.

Ich habe sie schlechter gemacht.» Inzwischen ist allgemein bekannt, wie einfach das ist. Das zentrale Thema der Politik muss sein, was alles nicht funktioniert. Aber nicht um mitzuhelfen, die Lage zu verbessern, sondern um daraus einen eigenen Vorteil zu ziehen und ihn zu kapitalisieren. Genau so ist Finkelsteins Botschaft auch in Deutschland angekommen. «Wenn es Deutschland schlecht geht, ist das gut für die AfD.»[20]

Unsere Frage nach der politischen Kultur und dem Aufbau des sechsten sozialen Sinns richtet sich nicht nur auf das, was Gemeinsinn ermöglicht, sondern auch auf das, was ihn zerstört. Populismus schafft Sozialbeziehungen, die das demokratische Ethos und mit ihm die Demokratien zerstören. Dazu gehört die Aushebelung der Wahrheit als gemeinsame Verpflichtung und Ressource ebenso wie der Respekt gegenüber dem anderen. Die populistischen Bewegungen, die wir zurzeit erleben, sind eine fortschreitende Gefahr und offenbaren die tiefe Krise der Demokratie. Wenn diese beiden Grundpfeiler des sozialen Gefüges, die Verpflichtung auf Wahrheit und der Respekt vor dem anderen, fallen, ist die Demokratie nicht mehr zu retten. Um dem vorzubeugen, müssen Handlungen, die gegenwärtig innerhalb einer aufgeweichten politischen Kultur und eines verschwommenen demokratischen Ethos geduldet werden, unbedingt mit juristischen und verfassungsrechtlichen Mitteln geahndet werden. Die Beobachtung seitens des Verfassungsschutzes ist wichtig, aber aus der Beobachtung müssen auch handfeste Rechtsfolgen für die Übertretungen der Demokratieverächter hervorgehen, die sich als Populisten ja bereits auf der Seite des Rechts des Volkes wähnen und von bestimmten Gruppen als solche akklamiert werden. In dieser Legitimationskrise der Demokratie und ihrer Grundrechte darf es keine falsche Toleranz geben, denn jeder populistische Anspruch schmälert die demokratische Basis und normalisiert das Recht des Staates als das Recht des Stärkeren. Diese Entwicklung haben wir gegenwärtig in Ungarn und anderen europäischen Staaten ebenso vor Augen wie in Israel und den USA.

Praktischer Universalismus: Grenzüberwindende Nächstenliebe

Wenn von Begriffen wie Menschheit oder Universalismus die Rede ist, nimmt der Grad der Abstraktion sprunghaft zu. Kann man sich solche umfassenden Begriffe überhaupt noch vorstellen? Kant hat sich hier große Mühe bei der Vermittlung gegeben, aber sind solche Konzepte deshalb generell zugänglich? Während der Grundsatz der Goldenen Regel bereits Kindern bekannt und auf der Straße alltagstauglich ist, bleibt der kategorische Imperativ ein Thema für eine kleine Gruppe von Auserwählten.

Wenn es um die Grundlagen einer grenzüberschreitenden Solidarität geht, beziehen sich die Theoretiker des Universalismus regelmäßig auf die Aufklärung und die Französische Revolution. Wir haben deshalb in diesem Buch den Begriff der *fraternité* hervorgehoben als Fanal einer Weltrevolution, in der rein philosophische Fragen eine politische Wendung nahmen, Hierarchien gestürzt und Mauern zwischen Menschen eingerissen wurden, sodass der andere Mensch in die Position eines Nächsten rückte.

Es gibt noch eine andere Weltrevolution, die feste Zuschreibungen und Identitäten ins Wanken brachte und der Perspektive eines «radikalen Humanismus» bzw. eines «praktischen Universalismus» zum Durchbruch verhalf. Diese Tradition ist viel älter als die Aufklärung und hat ihre biblische Grundlage im Liebesgebot. Obwohl dieses Gebot nur selten befolgt und umgesetzt wird, hat der schiere Denkanstoß eine Weltrevolution ausgelöst, die nichts von ihrem grundstürzenden Geist verloren hat. Auch das Liebesgebot hat neue Formen von Gemeinsinn hervorgebracht, an denen sich Maximen des heutigen Handelns noch orientieren.

Wer ist mein Nächster? Das jüdische und christliche Liebesgebot

Seine herausragende Bedeutung erhielt das Liebesgebot durch die Antwort Jesu auf die Frage, welches denn das höchste Gebot in der Bibel sei. Er antwortete darauf mit dem Doppelgebot der Liebe. Die

Liebe zu Gott und die Liebe zum Nächsten sind für ihn gleich wichtig. Damit fasste er auch den ganzen Inhalt der Zehn Gebote zusammen und machte das Verhältnis zum Mitmenschen zum Ernstfall und Test der Religion (Markus 12,29–31). Das christliche Gebot der Nächstenliebe ist bereits in der Hebräischen Bibel zu finden. Es sind ganz neue Grundfragen, um die es hier geht: Wer ist mit «Nächster» und was ist mit «lieben» gemeint? Der entscheidende Text steht im Buch Levitikus (dem 3. Buch Mose), Kapitel 19, Verse 17–18: «Du sollst deinen Bruder nicht hassen in deinem Herzen, sondern du sollst deinen Nächsten zurechtweisen, damit du nicht seinetwegen Schuld auf dich ladest. Du sollst dich nicht rächen, auch nicht den Söhnen deines Volkes etwas nachtragen, sondern du sollst deinen Nächsten lieben wie dich selbst. Ich bin der Herr.»

Es ist überraschend, wie viele unterschiedliche Gefühle in diesem kurzen Abschnitt angesprochen werden: von Hass, Zurechtweisung, Rache, Nachträgerei und schließlich Liebe ist die Rede. Ebenso vielfältig sind die verschiedenen Ausdrücke für den Anderen, um den es hier geht: Nicht gehasst werden darf der «Bruder», zurechtgewiesen werden soll der «Nächste» («Genosse»). Das Verbot der Rache und Nachträgerei gilt «den Söhnen deines Volkes», das Gebot der Liebe aber «deinem Freund». Wo endet dieser Horizont der Nächstenliebe?

Es ist dieses Gebot, auf das sich Jesus im Neuen Testament bezieht. Als Jesus, dessen Ruhm sich aufgrund seiner Heilungswunder weit über Israels Grenzen verbreitet hatte, sich einer riesigen Volksmenge gegenübersah, die ihn hören und von ihm geheilt werden wollte, stieg er mit seinen Jüngern auf einen Berg, aber nicht, um sich den Menschen zu entziehen, sondern um von dort zu der versammelten Menge zu sprechen. Die Worte der Bergpredigt sind also nicht nur an seine Jünger, sondern an «alle Welt» gerichtet: «Ihr habt gehört, dass gesagt ist: Du sollst deinen Nächsten lieben und deinen Feind hassen. Ich aber sage euch: Liebet eure Feinde, und betet für die, die euch verfolgen, damit ihr Söhne eures Vaters seid, der in den Himmeln ist; denn er lässt seine Sonne aufgehen über Böse und Gute und lässt regnen über Gerechte und Ungerechte. Denn wenn ihr liebt, die euch lieben, welchen Lohn habt ihr? Tun nicht auch die Zöllner dasselbe? Und wenn ihr allein eure Brüder grüßt, was tut ihr

Besonderes? Tun nicht auch die von den Nationen (= die Heiden) dasselbe? Ihr nun sollt vollkommen sein, wie euer himmlischer Vater vollkommen ist.» (Matthäus 5,43–48)

Jesus macht hier einen Unterschied, für den wir in diesem Buch die Formulierung Solidarität-gegen und Solidarität-mit vorgeschlagen haben. Die zu lieben, die euch bereits lieben, erweitert nicht den Radius der Gemeinschaft, sondern verstärkt nur die bestehenden Grenzen dieser Gemeinschaft. Der letzte Satz bezieht sich auf das «Heiligkeitsgesetz» im Buch Levitikus, wo Gott mehrfach fordert: «Ihr sollt heilig sein, denn ich bin heilig.» In diesen Kontext übernimmt Jesus das Gebot der Nächstenliebe und übersetzt es so vom Partikularen, wo es bisher hingehörte, ins Universale, womit es zu einer außerordentlichen Provokation wird. Aber so war es möglicherweise schon im Buch Levitikus gemeint, wo nicht nur kein Hass geboten, sondern im Gegenteil Hass *verboten* wird. Einige Verse weiter gebietet nämlich auch das Buch Levitikus ausdrücklich, den Fremden zu lieben wie sich selbst: «Und wenn ein Fremder bei dir – in eurem Land – als Fremder wohnt, sollt ihr ihn nicht unterdrücken. Wie ein Einheimischer unter euch soll euch der Fremde sein, der bei euch als Fremder wohnt; du sollst ihn lieben wie dich selbst. Denn Fremde seid ihr im Land Ägypten gewesen. Ich bin der HERR, euer Gott.» (Levitikus 19,33 f.)

Die wiederholte Betonung des «Fremden» in diesem Zitat zeigt sehr klar, dass nicht erst im Neuen Testament, sondern schon in der Hebräischen Bibel das Gebot der Nächstenliebe in den Horizont allgemeiner Mitmenschlichkeit gestellt wird. Beide Gebote der Mitmenschlichkeit zusammen machen in ihrer Wirkungsgeschichte eine Weltrevolution menschlicher Beziehungsgeschichte aus.

In dieser Geschichte, in der der «Fremde» eine besondere Rolle spielt, hat auch der Begriff des Gemeinsinns eine seiner Wurzeln. In Levitikus 19,34 ist «der Fremde» aber etwas anderes als der «Feind», von dem Jesus spricht. Das Hebräische unterscheidet zwischen *gēr*, dem Mitbewohner des Landes, der aber kein Mitglied des Bundesvolks ist (und darin also genau dem Status des Palästinensers im heutigen Israel entspricht), und *nokhri,* dem «Ausländer». Immer wieder wird den Israeliten eingeschärft, den «Fremden» *(gēr)* nicht zu unterdrücken, sondern ihm dieselben Rechte einzuräumen, die auch der Stammesgenosse genießt. Dieses Gebot der Achtung und Anerkennung als Mitbewohner wird oft mit der Aufforderung verbunden, daran zu denken und nicht zu vergessen, dass sie ja selbst aufs Schwerste unterdrückte, ja versklavte Fremdlinge in Ägypten waren.[21]

Nicht weniger wichtig als die Frage nach dem Fremden ist, wer mit «deinem Nächsten» gemeint ist. Der griechische Text des Matthäusevangeliums bezieht sich natürlich auf die Septuaginta, die griechische Übersetzung der Hebräischen Bibel, und da heißt es nicht: liebe «deinen Freund», sondern liebe «den, der dir nahe ist, deinen Nachbarn». Danach gebraucht auch das Neue Testament (z.B. Matthäus 5,43) das Wort Nachbar *(plēsios)* für Freund *(rē'áka)* im hebräischen Text. Wer ist also der Nächste: der Nachbar oder der Freund? Dieser Unterschied ist nicht trivial, denn er wirft eine wichtige Frage auf: Handelt es sich hier um Gruppensolidarität oder um Menschenliebe? Geht es um Solidarität-gegen oder um Solidarität-mit?

Die Frage, wen Jesus nun konkret mit dem «Nachbarn» gemeint hat, ist ihm in der Erzählung des Evangeliums selbst gestellt worden, und zwar als Fangfrage von einem Gesetzesgelehrten *(nomikós)*, der Jesus «versuchen» wollte (Lukas 10,29). Jesus antwortet ihm darauf mit dem Gleichnis vom barmherzigen Samariter. Er deutet damit den Nächsten völlig eindeutig im Sinne des Mitmenschen, der einem in der gegebenen Situation nahe und auf einen angewiesen ist. Die Samariter bzw. Samaritaner verstanden sich als die Nachkommen der nordisraelischen Stämme Ephraim und Manasse, die die wahre Lehre auch nach dem Untergang des Königreichs Israels mit seiner Hauptstadt Samaria bewahrten. Von den Bewohnern des Königreichs Juda und der späteren Provinz Judaea wurden sie jedoch nicht als Mit-Juden anerkannt. Unter ihnen herrschte eine alte Feindschaft und damit verbunden ein maximaler Abstand zwischen beiden Gruppen. Weiter hätte also der verwundet am Straßenrand liegende Jude, an dem seine beiden Stammesgenossen, ein Priester und ein Levit, achtlos vorbeigegangen waren, von dem ebenfalls vorbeikommenden Samariter gar nicht entfernt sein können. Dieser

Samariter jedoch erkannte in ihm seinen «Nächsten». In dieser Begegnung eröffnet sich die Möglichkeit einer mitmenschlichen Beziehung jenseits der Gruppensolidarität. Ob es dazu kommt, ist nicht vorhersehbar, denn es gab bisher keinerlei Regeln, Konventionen oder Kategorien, die dies explizit einforderten. Das Liebesgebot ist insofern revolutionär, als hier eine Beziehung hergestellt wird, die auf einem rein individuellen Akt der Anerkennung von Mitmenschlichkeit beruht.

Noch einmal zurück zu den Worten der Bergpredigt. Jesus belehrte seine Jünger: «Ihr habt gehört, dass gesagt ist: Du sollst deinen Nächsten lieben und deinen Feind hassen.» In der Hebräischen Bibel gibt es aber kein Gebot, den Feind zu hassen. So ist nicht ganz klar, woran Jesus hier gedacht hat. Klar ist jedoch, worum es ihm geht: um eine radikale Neuordnung menschlicher Beziehungen und Gefühle. Seinen Freund zu lieben ist ebenso üblich und selbstverständlich, wie seinen Feind zu hassen. Das ist die gängige Praxis, mit der jeder rechnen kann. Die Gruppe der ihm nachfolgenden Christen aber beansprucht etwas Besonderes zu sein, wie ja auch der Gott, an den sie glauben, etwas Besonderes ist und nicht seinesgleichen hat. Das ist der Grund, warum sie einer Ethik folgen, die sich von den Sitten und Gepflogenheiten aller Völker dieser Erde radikal unterscheidet: Sie lieben ihre Feinde.

Hier muss man allerdings beachten, dass «hassen» und «lieben» in der Bibel (und das gilt auch für die entsprechenden Wörter im Altägyptischen) nicht immer wörtlich zu verstehen sind, sondern oft paarweise im Sinne von «vorziehen» und «hintansetzen» gebraucht werden.[22] So meint es auch Jesus im Neuen Testament: «Wenn jemand zu mir kommt und hasst nicht seinen Vater und seine Mutter und seine Frau und seine Kinder und seine Brüder und Schwestern, dazu aber auch sein eigenes Leben, so kann er nicht mein Jünger sein.» (Lukas 14,26) Natürlich geht es nicht darum, seine engsten Familienmitglieder zu «hassen», um Jesu nachzufolgen, sondern für dieses eine, alles überragende Ziel alles andere hintanzusetzen. «Liebe deinen Nächsten wie dich selbst» heißt also: Dein Nächster soll dir genauso wichtig sein, wie du selbst dir wichtig bist.

Das Gebot der Nächstenliebe wird in der Hebräischen Bibel mit lauter Verboten eingeleitet: «Du sollst deinen Bruder nicht hassen in deinem Herzen; (sondern) zurechtweisen sollst du deinen Nächsten, dass du nicht seinethalben Sünde auf dich ladest. Du sollst dich nicht rächen, auch nicht deinen Volksgenossen etwas nachtragen, sondern du sollst deinen Nächsten lieben wie dich selbst.» (Levitikus 19,17) Hier ist ausdrücklich gefordert, erlittenes Unrecht (den Grund des Hassens und Nachtragens) nicht mit Gleichem, sondern mit der Liebe zu beantworten, die man sich selbst von Anderen wünscht und braucht.

Was kann das anderes heißen, als dass man für seinen Mitmenschen verantwortlich ist? Hier kommt nach dem Freund und dem Nächsten noch eine weitere Bezugsperson ins Spiel: der «Bruder» oder «Volksgenosse». Hier setzt die Verantwortlichkeit für den anderen die Zugehörigkeit zu einer gemeinsamen Gruppe voraus. Das kann aber auch umgekehrt verstanden werden: Die Praxis gegenseitiger Verantwortlichkeit kann auch die Bildung einer neuen Gruppe und damit neue Formen der Zugehörigkeit fördern. Durch gelebte Solidarität können neue Gruppenbindungen entstehen, wie zum Beispiel in der Gruppe Ta'ayush, von der noch berichtet wird. Wer jedoch angesichts eines Vergehens, das offenbar der Grund für den «Hass» ist, schweigt und den Widerspruch als Hass im eigenen Herzen speichert, anstatt den Konflikt kommunikativ zu behandeln und den Anderen zurechtzuweisen, macht sich an dessen Verfehlung mitschuldig. Im Rahmen einer neuen Gemeinschaft, wie sie sich die frühen Christen vorgestellt haben, ist jeder seines Bruders Hüter.

Von Martin Luther King stammt der Satz: «Ich muss einen weißen Rassisten lieben, weil auch er ein Kind Gottes ist.» Damit setzte er das Gebot in der Bergpredigt um: «Liebet eure Feinde und bittet für die, die euch verfolgen, auf dass ihr Kinder seid eures Vaters im Himmel.» (Matthäus 5,44–45) Wie das Beispiel zeigt, gibt es tatsächlich eine kleine Zahl von «Heiligen», die dieses Prinzip in ihrem Leben umgesetzt haben. Es gibt aber auch eine lange Tradition kritischer Stimmen, die das Liebesgebot für eine ungeheure moralische Überforderung halten. Ein Beispiel ist der slowenische Philosoph und Psychoanalytiker Slavoj Žižek, der in seinem Buch *Liebe deinen Nächsten? Nein danke!* diese Zumutung klar von sich gewiesen hat.[23]

Eine bleibende Aktualität des Gebots der Nächstenliebe könnte jedoch darin bestehen, dass hier nicht pauschal von einer neuen Ethik und damit einem allgemein verbindlichen Verhaltenscode gesprochen wird, sondern von Nähebeziehungen und einer ganz neuartigen Haltung und Bereitschaft zu paradoxen Interventionen, die die bisherigen Regeln des zwischenmenschlichen Umgangs auf den Kopf stellen und damit überraschend neue Perspektiven, Bindungen und Strukturen ermöglichen. Was heute in der geschützten Therapie möglich ist, könnte auch im praktischen Alltag wirkungsvoll sein, um Beziehungen zwischen Individuen und Gruppen neu auszurichten.

So, wie wie das Liebesgebot überhaupt erst in Gesellschaften mit ausgeprägter Polarisierung und Rassentrennung sein volles Gewicht gewonnen hat, so gewinnt auch der erste Grundsatz der deutschen Demokratie sein Gewicht erst vor dem Hintergrund der deutschen Geschichte: «Die Würde des Menschen ist unantastbar». Erst aus der massenhaften Übertretung des Gebots hat sich das Gebot herausgebildet: 1948 in René Cassins Allgemeiner Erklärung der Menschenrechte vor den Vereinten Nationen und im Verfassungskonvent des Grundgesetzes auf Herrenchiemsee im selben Jahr.

Die Frage bleibt allerdings, ob die Idee der Menschenliebe so tragfähig ist, dass sie über den Nächsten hinaus den Horizont der entfernten und abstrakten Menschheit erreicht und diese tatsächlich auch als eine Gruppe vorstellbar macht. Sind wir schon als Menschen, und nicht erst als Juden, Deutsche, Frauen, Christen usw. füreinander verantwortlich? Mit Sicherheit braucht die Ausweitung der Mitmenschlichkeit einen universalen Rahmen, in dem sich Menschen gemeinsam ihrer Mitverantwortlichkeit vergewissern. Nichts führt gegenwärtig der Menschheit ihre gemeinsame Zugehörigkeit unabweisbarer vor Augen als die gemeinsame Betroffenheit durch die Klimakatastrophe. Dafür müssen die Menschen lernen, den Gemeinsinn über nationale, kulturelle und religiöse Grenzen hinweg auszudehnen und sich als verantwortliches Handlungssubjekt im Umgang mit den Mitmenschen und der Umwelt zu verstehen. «Wer Menschheit sagt, will betrügen», schrieb Carl Schmitt und dachte dabei an das Prinzip der «Solidarisierung-gegen».[24] Heute bedeutet die Erhaltung von Feindbildern die Zerstörung von Zukunft auf dem Planeten, denn die gibt es nur für alle oder für keinen.

Unser Schwert ist Liebe: Die feministische Revolte im Iran

Nicht erst die Französische Revolution, sondern bereits das Liebesgebot machte Mitmenschen zu «Brüdern». Doch wo bleiben hier die Schwestern? Ihre politische Gleichberechtigung hat zum Teil lange auf sich warten lassen. Besonders drastische Beispiele für die Ungleichbehandlung der Geschlechter finden wir heute in den von religiösen Führern geleiteten Regimen wie im Iran. Hier hat sich der zivile Widerstand einer demokratischen Befreiungsbewegung formiert, in dem man ein Echo auf die Französische Revolution und das biblische Liebesgebot erkennen kann. Das führte dort zu einer erstaunlichen Verschmelzung des Liebesgebots und des Solidaritätsgebots. Nach dem gewaltsamen Tod der jungen iranischen Kurdin Zhina Mahsa Amini nach ihrer Verhaftung durch die Sittenpolizei im September 2022 wurde der Slogan «Frau, Leben, Freiheit» zum Motto der Proteste gegen das iranische Regime weltweit verbreitet. Er klingt wie eine Aktualisierung von «Freiheit, Gleichheit, Brüderlichkeit». Der Rapper Toomaj Salehi hat mit seiner Liedzeile «Unser Schwert ist Liebe» der Bewegung noch eine weitere Devise mit auf den Weg gegeben. Dafür wurde er eingesperrt und gefoltert, aber das hat die überwältigende Verbundenheit der Opposition nur gestärkt. Die Exil-Iranerin Gilda Sahebi beschreibt die Haltung des Regimes: «Gefühle wie Mitgefühl, Empathie, Zuneigung und Liebe existieren in dieser Logik schlicht nicht. Dass die Machthaber die Kraft dieser positiven Emotionen nicht verstehen – das könnte ihnen noch zum Verhängnis werden.»[25]

Sahebi beschreibt auch im Detail, wie sich unter dem Druck von Hass und Gewalt im Iran paradoxerweise das Gegenteil ausbreitet. «Was in diesen Tagen besonders auffällt: Der große Zusammenhalt der Menschen. Sie sind eins, gegen das Regime. Ein Mann (…) beschreibt es so: ‹Die ganze Stimmung auf den Straßen hat sich geändert. Wir sind alle viel netter zueinander. Wir lächeln uns zu. Als ob wir alle zusammengehören.›»(30) Und die Autorin ergänzt: «Eine solche Einheit zwischen den verschiedenen Schichten, den verschiedenen Ethnien, hat es noch nie gegeben. Es ist etwas Neues in der Geschichte der Islamischen Republik.» (34) Um die Führung an der Macht zu halten, bedient sich das Regime purer, grausamer, gnadenloser, sinnloser Gewalt. Die Menschen im Iran dagegen kämpfen für «Frau, Leben, Freiheit. Und für die Liebe zueinander.» (48)

Was im Iran seit 2022 passiert, ist feministische Weltgeschichte, schreibt die Autorin und betont dabei, wie lange der Kampf der Unterdrückten weiterhin andauert, seit sich in der Französischen Revolution die «Brüder» selbst befreit haben. Die Frauen (und Männer) im Iran zeigen auf den Straßen auch, «dass der innere Drang von Frauen nach Freiheit, nach sexueller Selbstbestimmung und ihr Anspruch auf fundamentale Frauenrechte nichts ist, was vom ‹Westen› kommt.» (130) Sie hoffen auf einen Umbruch in der Geschichte und setzen sich dafür ein, «dass die Menschen sich der Fesseln entledigen, die ihnen Kolonialismus und ein diktatorischer Machthaber nach dem anderen angelegt haben. Wie lange ein solcher Umbruch dauert, Monate, Jahre, Jahrzehnte, das kann niemand voraussagen. Eines ist sicher: Sie haben die Kraft. Die Kraft, zu dem zurückzukehren, was alle Menschen sich wünschen, egal welcher Herkunft, egal welchen Geschlechts, egal welchen Orts: Freiheit, Gleichheit. Und Schwesterlichkeit.» (133)

Ta'ayush: Ein aktuelles Beispiel aus dem Westjordanland

Als ein aktuelles Beispiel grenzüberwindender Nächstenliebe soll hier die Bewegung «Ta'ayush» vorgestellt werden. Das Wort gibt es im Arabischen ebenso wie im Hebräischen und bedeutet «Koexistenz», «Zusammenleben». Diese von Israelis und Palästinensern gemeinsam gegründete Gruppe beschreibt sich selbst als «eine Basisbewegung von Arabern und Juden, die sich dafür einsetzt, die Mauern des Rassismus und der Segregation niederzureißen, indem sie eine echte arabisch-jüdische Partnerschaft aufbaut. Gemeinsam streben wir nach einer Zukunft der Gleichheit, der Gerechtigkeit und des Friedens durch konkrete, tägliche, gewaltfreie Solidaritätsaktionen zur Beendigung der israelischen Besetzung der palästinen-

David Shulman (em. Professor an der Hebräischen Universität Jerusalem) und Margaret Olin (Fotografin und Religionswissenschaftlerin, Yale University), bei einem ihrer regelmäßigen Einsätze im Westjordanland. Dieses langjährige Engagement dokumentiert der Text- und Foto-Band «The Bitter Landscapes of Palestine» (Chicago 2024).

sischen Gebiete und zur Erreichung der vollen bürgerlichen Gleichberechtigung für alle.»[26]

Für Menschenrechte und Menschlichkeit gilt es nicht nur, sich im nationalen Maßstab einzusetzen, sondern, wie es die Gruppe Ta'ayush tut, auch auf regionaler Ebene. Ein prominentes Gründungsmitglied dieser Bewegung, die seit Jahrzehnten tätige Nächstenliebe praktiziert, ist der Indologe und Träger der höchsten Auszeichnung seines Landes, des Israel-Preises, David Shulman. Als Friedensaktivist schickt er seinem weltweiten Freundeskreis regelmäßig Berichte, die die Gewalttaten der israelischen Armee und der Siedlerfamilien gegen die arabische Bevölkerung protokollieren. Eine seiner Nachrichten konnte ausnahmsweise aber auch einmal von einer erfreulichen Erfahrung berichten. Die arabische Familie von Sa'id hatte die israelischen Aktivisten der Ta'ayush-Gruppe zu einer Hochzeit eingeladen. Was folgt, ist die Übersetzung eines Berichts von David Shulman:

> Es ist Nacht. In der Ferne ist ein Feuerwerk zu sehen, von einer anderen Hochzeit auf der anderen Seite des Tals. Die guten Gerüche des Abends

in den Hügeln von Süd-Hebron. Menschen strömen aus dem ganzen südlichen Westjordanland und dem Negev herbei. Eileen und Zoraya gehen in die Frauensektion, wo der ganze Spaß stattfindet – Musik und Tanz, stundenlang. Guy, Pepe, Asaf und ich sind bei den Männern (dort gibt es keine Musik). Der *saqā*, der Kaffeediener, füllt winzige Pappbecher aus der riesigen türkischen Messingkanne, und irrwitzig süßer Knafeh und unbenannte Sorten türkischer Köstlichkeiten machen die Runde. Jeder, der die Halle betritt, schüttelt uns die Hand. Aber was für mich am wichtigsten ist, sind die drei heftigen Umarmungen, die ich von Sa'id bekomme. Er trägt ein schwarzes, goldumrandetes Gewand mit einer Aufschrift auf dem Rücken: «Vater des Bräutigams».

Sa'id beeindruckt mich durch seinen unvorstellbaren Mut und seine sture Beharrlichkeit. Die Siedler haben versucht, ihn zu töten; er hat unzählige Angriffe überlebt; der Staat Israel hat mit seiner Armee, seinen Gerichten und seiner Polizei alles getan, um ihn von seinem Land zu vertreiben, um ihn zu terrorisieren und zu verletzen. Und doch ist er immer noch auf den Beinen und kämpft für die Felder, die sein Vater und der Vater seines Vaters und so weiter über Generationen hinweg gepflügt, gepflanzt und geerntet haben. Integrität und Anstand liegen ihm im Blut. Heutzutage schäme ich mich, Israeli zu sein, aber ich bin stolz darauf, in der Generation von Sa'id ʿAwad zu leben.

Amin, vielleicht zwölf Jahre alt, will mit mir sprechen. «Bist du ein Ausländer?», fragt er. «Nicht direkt», sage ich, «ich bin Israeli.» – «Ein Muslim?» – «Nein, ich bin ein Jude.» Das ergibt für ihn keinen Sinn. Es passt einfach nicht zusammen. Was mache ich hier, mit meinen Kameraden, inmitten von Hunderten von palästinensischen Männern? «Wie alt bist du?» Ich sage es ihm: «74.» Seine Augen weiten sich. Er denkt nach. Dann fragt er mich: «Kannst du die Schahada, das Glaubensbekenntnis, aufsagen?» Ja, kein Problem. Ich spreche die arabischen Worte. Irgendwie beruhigt ihn das. Die Welt ist verrückt, das ist klar, aber das Glück von heute Abend überwiegt alle Zweifel.

Ich denke gerne daran – ich glaube sogar daran –, dass der Tag kommen wird, an dem israelische Juden und Palästinenser zu den Hochzeiten und Geburtstagsfeiern des jeweils anderen gehen werden, als wäre es die natürlichste Sache der Welt. Als Freunde, als Liebende. Wenn die Besatzung zu Ende ist und die Verbrecher sich in ihre Verstecke zurückziehen. In der Zwischenzeit teilen wir heute Abend eine

> Freude wie keine andere, die man empfindet, wenn man viele Jahre gemeinsam gegen das Böse gekämpft hat.

Diese Botschaft erreichte uns am 10. August 2023, 58 Tage vor dem 7. Oktober, dem Tag des traumatischen Pogroms der Hamas und dem Beginn eines Krieges, von dem noch lange nicht klar ist, wie er beendet werden kann.

Izzeldin Abuelaish: Ich werde nicht hassen

Wie wir sehen konnten, geht das christliche Liebesgebot auf Verse in der Hebräischen Bibel zurück. Inzwischen hat es eine aktuelle Fassung bekommen, die weder von einem Juden noch von einem Christen stammt, sondern von einem Muslim. Es handelt sich dabei um Izzeldin Abuelaish, einen Arzt, der 1955 im Flüchtlingslager Dschabaliya zur Welt gekommen ist.[27] Seine Eltern wurden 1948 vertrieben und unterstützten den Sohn trotz widriger Umstände in seinem Wunsch nach einer guten Ausbildung. Izzeldin arbeitete hart und bekam ein Stipendium an der Universität Kairo, wo er Medizin studierte. Weitere Studienaufenthalte führten ihn nach London und Harvard, wo er zum Gynäkologen ausgebildet wurde und sich auf das neue Gebiet der Fruchtbarkeitsmedizin spezialisierte. Seine Berufung war klar: Er wollte Menschen helfen und dem Leben dienen. Mit seinen guten Abschlüssen fand er als erster Palästinenser eine Anstellung an einem israelischen Krankenhaus, wo er viele Kinder zur Welt brachte.

In Israel kennen viele diesen Arzt mit seiner tragischen Geschichte. Während der dreiwöchigen israelischen Militäroperation «Gegossenes Blei» im Gazastreifen 2008/09 wurden dort 960 Zivilisten getötet. Im damaligen Israel war diese Operation nicht unkontrovers. Die israelische Organisation «Rabbiner für Menschenrechte» nannte die Vorfälle einen «moralischen Tsunami».[28] (Im heutigen politischen Klima wäre eine solche differenzierte Betrachtung nicht mehr denkbar.) Izzeldin Abuelaish, der bekannte Arzt aus Gaza, berichtete damals auf Kanal 10 des israelischen Fernsehens täglich über die Lage. «Weil das israelische Militär Journalisten den Zugang nach Gaza verboten hatte, gab ich einem israelischen Fernsehreporter jeden Tag ein Telefoninterview. Minuten nach dem Angriff rief ich ihn beim Sender an; er übertrug unser Telefonat in die Sendung. Die Nachricht ging blitzschnell um die Welt.»[29] So erfuhren die israelischen Zuschauer fast in Echtzeit vom Raketenbeschuss seines Hauses und dem Tod seiner Töchter Bessan, Aya, Mayar und der Nichte Noor.

Abuelaish hatte damals die Empathie der Israelis auf seiner Seite, aber nicht ihr Recht: Seine Klage, die er beim Obersten Gerichtshof gegen den Beschuss seines Hauses einreichte, wurde abgewiesen mit der Begründung, dies sei ein «Kollateralschaden des Krieges». Der Krieg kam am 7. Oktober 2023 mit dem barbarischen Terrorakt der Hamas zurück, den Abuelaish scharf verurteilte. Inzwischen sind weitere 25 Verwandte von ihm im Gaza-Krieg getötet worden, als israelische Bomben auf das Lager Dschabaliya fielen, in dem er selbst aufgewachsen ist. In einem Videointerview Anfang März sagte er: «Ich weiß nicht, wie viele nach unserem Gespräch noch leben.»

Izzeldin Abuelaish verlor 2008 seine Frau durch eine Krebskrankheit. Ein Jahr später wurden drei seiner Kinder getötet. Doch dieser palästinensische Arzt ist bis heute nicht müde geworden, sich für Frieden und Versöhnung einzusetzen. Er tat etwas Folgenreiches und schrieb seine Autobiographie mit einem Titel, der bis heute eine globale Signalwirkung entfaltet hat: *Ich werde nicht hassen*.[30] Das Buch ist 2022 auch auf Deutsch erschienen mit der Folge, dass seine Geschichte in den letzten Jahren in mehreren deutschen Städten als Theaterstück auf die Bühne gebracht wurde.

Im Ausland ist Dr. Abuelaish noch besser bekannt; sechzehn Universitäten haben ihm inzwischen die Ehrendoktorwürde verliehen, er war mehrfach für den Friedensnobelpreis nominiert und gilt als der «Martin Luther King des Nahen Osten». Wie dieser hat auch Abuelaish vergeblich für sein Recht gekämpft. Trotz solcher Rückschläge hörte er aber nicht auf, sich für den Frieden einzusetzen. Er gründete die Stiftung *Daughters for Life*, die jungen Frauen im Nahen Osten Erziehung und Weiterbildung ermöglicht. Auf diese Weise soll ihnen der Eintritt in Führungspositionen erleichtert werden, damit sie sich aktiv an der Veränderung der Gesellschaft beteiligen und ihren Beitrag für eine friedliche Zukunft für nachfolgende Generationen leisten können.

Abuelaish wollte Arzt werden, um Menschen zu helfen und Leben zu retten. «Als Gynäkologe habe er so oft den ersten Schrei des Lebens gehört, jetzt höre er nur noch die Schreie des Todes.» Dennoch gibt er nicht auf. Im Gegenteil, die Erfahrung des Todes seiner engsten Angehörigen wurde für ihn zum Ansporn für seinen Kampf für Frieden und Gerechtigkeit. Hass hält der Arzt für eine chronische, hoch ansteckende und destruktive Krankheit. Der grassierenden Politisierung stellt er deshalb seine Vision der Humanisierung menschlicher Beziehungen entgegen. «Es wird Zeit, dass wir uns verstehen und als gleiche Nationen in diesem Land Seite an Seite leben.»[31] Israelis und Palästinenser seien doch siamesische Zwillinge, da gäbe es so viele Gemeinsamkeiten.

Neue Perspektiven der Empathieforschung

Mit Beginn des neuen Millenniums entstanden neue bildgebende Verfahren in den Neurowissenschaften, die einen Paradigmenwechsel des naturwissenschaftlichen Menschenbildes einleiteten. Die Vorstellung eines von Natur aus egoistischen, auf Selbstbehauptung und -durchsetzung angelegten Wesens, das rational kalkuliert und dabei stets auf den eigenen Vorteil bedacht ist, wurde durch neue Erkenntnisse erweitert. Von zoologischer (Edmund de Waal), anthropologischer (Michael Tomasello), ökonomischer (Jeremy Rifkin) und kulturwissenschaftlicher Seite wurden Befunde erhoben, die die überragende Relevanz menschlicher Eigenschaften wie Empathie, Kommunikation und Kooperation in den Vordergrund stellten.

Der Begriff der Empathie geht bis an den Anfang des 20. Jahrhunderts zurück, aber erst im 21. Jahrhundert begann er seine erstaunliche Karriere in den Naturwissenschaften. Nach der neuen Definition besteht Empathie in der besonderen Fähigkeit von Menschen, sich in die Köpfe von Artgenossen hineinzudenken, ihre Reaktionen zu antizipieren und sich auf ihre Absichten und Aktivitäten einzustellen. Ohne Empathie, so der wissenschaftliche Konsens, könnten Menschen ihr Gehirnvolumen nicht vergrößern, keine gemeinsamen Projekte starten und ihr kulturelles Erbe nicht nutzen. Diese neuen Einsichten haben neue Forschungsfelder angestoßen, die auch wichtige soziale und kulturelle Perspektiven für die Zukunft eröffnen. Die Soziobiologen interessieren sich für die Bedeutung und Funktion pro-sozialer Emotionen. Diese Forscher betonen, dass es diese Fähigkeit zur Kooperation war, die über Tausende von Generationen hinweg menschliches Überleben gesichert hat.[32] Auch die Neurowissenschaftler haben die pro-sozialen Emotionen entdeckt und inzwischen als den wichtigsten Motor für kognitive und soziale Evolution identifiziert. Sie sind davon überzeugt, dass die exklusive Fähigkeit der Menschen, ihre gegenseitigen Absichten und Ziele so gut zu verstehen, es ihnen erlaubte, komplexe Tätigkeiten zu koordinieren und damit einen Sprung in der Evolution zu machen, der anderen Arten versagt ist.[33]

Im globalen Dorf sind die Menschen zwar nicht automatisch zu Weltbürgern geworden, aber doch in neue Formen der Nachbarschaft zueinander geraten. In dieser Welt brauchen wir nicht nur passive Konsumenten, sondern, wie Amartya Sen betont, auch «empathische Akteure». Während sich Evolutionstheoretiker für Empathie als Grundlage kognitiver Entwicklung interessieren, haben Psychologen die Bedeutung von Empathie als Voraussetzung des Aufbaus eines eigenen Selbstbildes entdeckt. Wenn Menschen einander nicht verstehen können, können sie sich auch selbst nicht verstehen.[34] Die Literatur kann in diesem Zusammenhang als eine lange Schule und ein hervorragendes Labor für die Konstruktion von Selbst- und Fremdbildern verstanden werden, die unseren Umgang mit dem Anderen unter geschützten Bedingungen erprobt, fördert und empathisch erweitert. Die wichtigste Ressource ist dabei die Imagination, auf der sowohl Literatur wie Empathie aufbauen. Die Literatur ist ein ausgedehntes Archiv für die Verbindung von Wissen und Emotion, indem sie immer neue Kontexte für die Gewährung oder Verweigerung von Empathie schafft. Komplexe Erzählungen ermöglichen Identifikation und Empathie und stoßen damit das Interesse an den Lebensgeschichten anderer an.[35]

Die folgenden drei Kapitel behandeln das Thema Empathie aus unterschiedlichen Perspektiven: einer politischen, einer neurowissenschaftlichen und einer soziologischen. Ein Schweizer Jurist und Politiker, ein deutscher Neurowissenschaftler und Psychosomatiker sowie eine amerikanische Soziologin und Kulturwissenschaftlerin diskutieren Grundlagen der Empathie und ihre Wirkungen aus der Perspektive ihrer jeweiligen Fachrichtungen und Arbeitsgebiete. Allen geht es um eine Analyse der Möglichkeiten und Grenzen des Gemeinsinns, und alle gehen dabei von der Grundfrage dieses Buches aus: Kann man das gesellschaftliche Klima zum Positiven verändern, und wenn ja, wie?

René Rhinow: Mitfühlender Liberalismus

Was Freiheit in einem inklusiven Sinn von «brüderlich» bedeuten kann, der Frauen und Menschen anderer Ethnien miteinschließt, hat der Schweizer Staatsrechtler und Alt-Ständerat René Rhinow in seinem Plädoyer für einen «mitfühlenden Liberalismus» deutlich gemacht.[36] In seinem Buch *Freiheit in der Demokratie. Plädoyer für einen menschenwürdigen Liberalismus,* knüpft er dafür an Theoretiker des Mitgefühls wie John Stuart Mill und Adam Smith an.[37] Unter «mitfühlendem Liberalismus» versteht er die «Fähigkeit, sich in den anderen hineinzuversetzen, mit Empathie und Sozialkompetenz auf sein Gegenüber zu reagieren, sich selber nicht als individuelles Atom, sondern als soziales Wesen zu begreifen».[38] Mitgefühl wird in diesem Zusammenhang verstanden als «das Vermögen, komplexe soziale Situationen von Menschen unterschiedlicher Herkunft sowie verschiedener Kulturen und Werthaltungen wahrzunehmen, auch um mit ihnen konstruktiv kommunizieren zu können».[39]

Das Wort «mitfühlend», so schreibt Rhinow, «knüpft an die Losung der Französischen Revolution an, an die Fraternité, die zur menschenwürdigen Freiheit gehört». Damit nimmt Rhinow nicht nur das Losungswort der Brüderlichkeit aus der Französischen Revolution wieder auf, sondern weist dabei auch auf das dazugehörige

Menschenbild hin. Seine Stimme gehört zu denen, die die soziale Empathie als eine menschliche Anlage großschreiben und ihre philosophische Tradition wieder in Erinnerung rufen: «Verschiedene Autorinnen und Autoren, darunter Hannah Arendt, Jürgen Habermas und Seyla Benhabib, haben sich in jüngerer Zeit mit der sozialen Empathie befasst und auf ihre große Bedeutung für ein menschenwürdiges Miteinander hingewiesen.»

Im Grunde unterscheidet sich Löwiths Philosophie des Miteinanders kaum von Rhinows Konzept des Mitgefühls. Rhinow nimmt auch Löwiths hermeneutisches Interesse am Einander-verstehen-Können wieder auf. Eine ganz neue Herausforderung besteht für ihn jedoch darin, Situationen mit Menschen unterschiedlicher Herkunft, Kulturen und Werthaltungen zu verstehen, um mit ihnen konstruktiv kommunizieren zu können. Rhinow bezieht sich in diesem Zusammenhang auf Judith N. Shklar und ihren Begriff eines «Liberalismus der Furcht» (vor sozialer Härte, insbesondere Grausamkeit) und Elif Shafak mit ihrem Plädoyer für die Notwendigkeit des Zuhörens.[40] Er führt diese Positionen zusammen, denn es geht ihm beim Mitgefühl gerade auch um «das, was Geist und Herz miteinander verbindet, die emotionale Intelligenz in Gang setzt, Empathie und Verständnis vergrößert, es uns ermöglicht, über die einsamen Grenzen unseres Denkens hinauszublicken und uns auf andere Menschen einzulassen, ihnen zuzuhören und von ihnen zu lernen».[41]

Wie wir unseren Begriff des Gemeinsinns, so hat Rhinow seinen Begriff des mitfühlenden Liberalismus auf die Französische Revolution zurückgeführt und mit dem Begriff *fraternité* verknüpft. Mit diesem Begriff hat die verfassungsgebende Nationalversammlung den mit den Devisen *liberté* und *égalité* proklamierten Liberalismus genau in dem Sinne erweitert, den auch Rhinow vertritt: Zur rechtlichen Regelung von Freiheit und Gleichheit muss eine politische Kultur der Sozialität hinzukommen, damit Ausbeutung effektiv eingeschränkt und das Gemeinwohl gestärkt wird. Rhinow erinnert uns mit seinem Konzept des mitfühlenden Liberalismus daran, dass die beiden Konzepte des Liberalismus und des Kommunitarismus, die sich in philosophischen Debatten oft unversöhnlich gegenüberstehen, seit der Französischen Revolution bereits untrennbar miteinander verbunden sind. Und an diese Verbindung können auch wir mit unserem Gemeinsinn-Projekt anknüpfen.[42]

Joachim Bauer: Von der Psychosomatik zur Soziosomatik

Seit zwanzig Jahren widmet sich der Internist, Psychosomatiker, Neurowissenschaftler, Psychiater und Autor Joachim Bauer der Frage: Brauchen wir ein neues Menschenbild?[43] Er fühlte sich herausgefordert durch den Evolutionsbiologen Richard Dawkins, der die These vom «egoistischen Gen» in die Welt gesetzt hat.[44] Das geschah nicht zufällig in den 1970er Jahren, als Margaret Thatcher und Ronald Reagan den ökonomischen Neoliberalismus entwickelten und als Erfolgsrezept für die Politik propagierten. Mit ihrem Satz: «Es gibt keine Gesellschaft, nur Individuen» läutete Thatcher das Ende des sozialen Wohlfartsstaats ein.

Joachim Bauer erforscht Empathie aus der Perspektive der Genforschung, der Psychosomatik und der Psychoanalyse. In seinem Buch *Das empathische Gen* untersucht er die neuronalen Systeme, die zwischen Genen und Geist vermitteln. Seine vielfältigen Forschungen zu diesem Thema zeigen: «Humanität und Empathie liegen dem Menschen im Blut.»[45] Und nicht nur das; Bauer konnte obendrein eine gesundheitsfördernde Wirkung von Empathie nachweisen. Denn Empathie ist nicht nur eine Wohltat für die, die sie empfangen, sondern kommt auch den Spendern selbst zugute. Dafür müssen allerdings, wie Bauer präzisiert, zwei Voraussetzungen erfüllt sein. In sogenannten Gemeinschaftskulturen, die das Wohl der Allgemeinheit als verpflichtende Norm über das der Individuen stellen, gilt dieser Grundsatz nicht. Er gilt auch nicht in einer Situation, in der die Bereitschaft, anderen Gutes zu tun, einem moralischen Druck, einem bestimmten Zweck oder der Vorstellung entspringt, dadurch ein besserer Mensch werden zu können. Die Idee der «Eudaimonia», des gelingenden guten Lebens, wie Bauer es im Sinne des Aristoteles interpretiert, ist für ihn Ausdruck einer frei gewählten fürsorglichen Haltung. Allein aus dieser Freiwilligkeit und Autonomie des Individuums heraus entsteht eine sinngeleitete Lebenseinstellung, die dann auch eine bestimmte Gen-Aktivität in Gang setzen kann. Unter solchen Voraussetzungen kann das Gefühl, ein sinnerfülltes Leben zu führen, tatsächlich eine gesundheitsfördernde Wirkung haben.

In dieser Perspektive gewinnt der zweite Teil des Wortes «Gemeinsinn» noch einmal an Gewicht, denn «Sinn» ist hier nicht nur im Sinne von Wahrnehmung *(aisthesis)*, sondern gerade auch im Sinne von griechisch *nóēma*, lateinisch *significatio*, englisch *meaning*, also Relevanz oder Wichtigkeit von Bedeutung. Tatsächlich ist Sinn für Menschen lebensnotwendig und so unabdingbar wie die Luft zum Atmen. Sinn ist Leben und Zusammenhang. Aaron Antonovsky, der Vater der Salutogenese, sprach von der basalen Sinnangewiesenheit des Menschen und beschrieb diese Grundstimmung als «Kohärenzgefühl», abgekürzt «soc»: *sense of coherence.*[46] Der Wiener Neurologe und Psychotherapeut Viktor Frankl, der nach dem «Anschluss» Österreichs an das «Dritte Reich» wegen seiner jüdischen Abstammung mehrere Jahre in deutschen Konzentrationslagern verbrachte, hat nach seiner Rückkehr nach Wien dort seine «Logotherapie» (*logos* = Sinn) entwickelt.[47]

Dieses Beispiel verweist umgekehrt auf die krankmachende Erfahrung von Sinnlosigkeit und die in den nationalsozialistischen Konzentrations- und Vernichtungslagern systematisch eingesetzte Folter des Sinnentzugs. «Hier gibt es kein ‹Warum›», wurde Primo Levi auf seine Frage geantwortet, nachdem ihm ein Aufseher einen Eiszapfen aus der Hand schlug, den der vor Durst Verschmachtende aus dem Fenster einer Baracke ergriffen hatte.[48] Als der Historiker Fritz Stern diese Passage aus Levis Buch in seiner Dankesrede für den Friedenspreis zitierte, schloss er folgenden Kommentar an: «Das ‹Warum› ist die existenzielle Frage, die jeder Mensch an seinen Gott oder an sein Schicksal richtet. Verbietet man die Frage, verweigert man die Antwort – dann bescheinigt man dem Menschen sein Nicht-Sein, seine absolute Rechtlosigkeit. (...) Das ‹Warum› ist (...) die Grundlage jeglichen Rechtssystems; es erzeugt den Anfang des Denkens, den Anstoß zur Wissenschaft, zum fruchtbaren Argument.» «Warum?» ist die Sinnfrage schlechthin.[49]

Was macht krank, was hält gesund? Empfehlungen für ein gutes Leben hat es schon immer gegeben, aber bisher gab es dafür keine neurowissenschaftlichen Grundlagen. Vor diesem Hintergrund ist Joachim Bauers Identifizierung einer Gruppe von 53 Genen höchst relevant, die schleichende chronische Entzündungen hervorrufen. Diese bleiben dem diagnostischen Blick verborgen, bis sie plötzlich eine akut lebensbedrohliche Krankheit hervorrufen. Das können typischerweise Kreislauferkrankungen wie Herzinfarkt und Schlaganfall sein, aber auch Krebs oder Demenz. Lebensform und Umweltfaktoren haben einen starken Einfluss auf die Inaktivität oder Aktivität dieser pathogenen Gene. Für Bauer ergibt sich daraus, dass bestimmte «pro-soziale» Haltungen und Handlungen nicht mehr nur als moralisch wertvoll, sondern auch als physisch gesund einzustufen sind. Während viele Neurowissenschaftler in bahnbrechenden Studien zeigen konnten, dass der Mensch von Natur aus auf Empathie und Kooperation angelegt ist, hat Bauer obendrein nachgewiesen, dass auch seine Gesundheit davon profitiert. Es lohnt sich demnach, mitmenschliche Anlagen auszubilden und umzusetzen, denn gemeinsinnige Einstellungen vermindern das Krankheitsrisiko (28 f.).

Joachim Bauer zeigt auch, dass das Bedürfnis nach sozialer Verbundenheit im Menschen tiefer sitzt als das hedonistische Bedürfnis nach angenehmen Gefühlen. «Hier besteht ein erhöhtes Risiko, das eigene Motivationssystem ersatzweise zu stimulieren. Substanzen und Ersatzhandlungen sollen dann das besorgen, was aufgrund einer Störung im Bereich der zwischenmenschlichen Beziehungen nicht gelingen konnte.»[50]

Die Bedeutung dieses sechsten, sozialen Sinns, wie wir den Gemeinsinn nennen, wird erst in dem Maße plastisch, wie wir sein Gegenteil als Ergänzung mit ins Bild nehmen. Das Gegenteil eines positiven Beziehungsaufbaus ist die Missachtung, Stigmatisierung oder Kränkung. Solche antisozialen Beziehungen haben eine destruktive Wirkung auf das Selbstbild und hemmen die Entwicklung. So wie eine gemeinsinnige oder eudaimonistische Grundhaltung Lebenszufriedenheit steigern und Gesundheit fördern können, bewirkt der Entzug von Aufmerksamkeit, Anerkennung und Zuwendung das genaue Gegenteil. «Gegenseitige Nichtbeachtung, soziale Ausgrenzung und gesellschaftliche Diskriminierung sind destruktive Programme, mit denen wir uns und anderen Schaden zufügen.»[51] Politische Systeme, in denen die Ausgrenzung benachteiligter Gruppen und das Recht des Stärkeren praktiziert werden, sind auf Repression und die Ausübung von Gewalt ausgerichtet. Sie erzeugen Angst und Aggression.

Eine weitere für die Frage nach dem Menschenbild interessante Entdeckung Joachim Bauers ist das sogenannte «Selbstnetzwerk», das die Hirnforschung im ventral-medialen präfrontalen Cortex, also in der unteren Mitte der Stirn lokalisiert.[52] Die Stelle, an der sich indische Frauen den «Bindi»-Punkt setzen, ist das Zentrum innerhalb des Selbstnetzwerks, in dem unsere tiefsten Überzeugungen und Beziehungen gespeichert sind. Die weitgehend vorbewussten Inhalte dieses Selbstgefühls sind der Reflexion zugänglich; Menschen können sie «mentalisieren», das heißt: durch Konzentration, Reflexion und Meditation bewusst machen und bearbeiten. Das Selbstnetzwerk beginnt sich ab dem 18. bis 24. Lebensmonat zu entwickeln. Es repräsentiert nicht nur unsere tiefsten sozialen Beziehungen, sondern auch Abhängigkeiten von einer Sphäre äußerer Gegenstände wie etwa Autos oder Smartphones, in die wir eingebettet sind und die man deshalb auch als «extended self» bezeichnet.

Die Forschungen Joachim Bauers haben die Psychosomatik um eine Soziosomatik erweitert und damit den Zusammenhang zwischen unserer Frage nach dem Gemeinsinn und den aktuellen Daten der medizinischen Anthropologie offengelegt. Was für unsere Fragestellung von besonderer Bedeutung ist: Im Selbstnetzwerk sind auch die Vorstellungen gespeichert, die wir uns von nahestehenden anderen Menschen machen. Karl Löwiths Beschreibung von Individuen als sozial verknüpften Mitmenschen hat drei Generationen später Joachim Bauer in eine neurowissenschaftliche Sprache übersetzt: «Die eigene Person und bedeutsame oder uns nahestehende Andere sind im menschlichen Gehirn nicht nur psychisch, sondern auch neuronal gekoppelt. Diese Koppelung hat ihren Ursprung in der Entstehungsgeschichte des ‹Selbst›. (...) Die am Beginn des Lebens installierte neuronale Koppelung zwischen

‹Ich› und signifikantem ‹Du› bleibt – sozusagen untergründig – lebenslang erhalten.»[53] Empathie ist in allen Menschen angelegt, aber sie wirkt nicht in ihnen, sondern sie bedarf eines Anderen, um sich zu entwickeln. Sie bildet sich zwischen Menschen, denn sie ist der Stoff, aus dem Beziehungen gemacht sind. Durch Spiegelung, Koppelung, Resonanz, Reflexion und Reziprozität tut sich ein Beziehungsraum auf, in dem sich menschliche Interaktionen entwickeln.

Michèle Lamont: Würdigung und Stigmatisierung

In seinem Bestseller über *Die empathische Zivilisation* (2010) empfahl der Ökonom Jeremy Rifkin den Amerikanern, dass sie die egoistische Vision des Amerikanischen Traums gegen ein sozialeres Selbstbild austauschen, um zu einer «empathischen Gesellschaft» zu werden.[54] Er erklärte darin das Ende der Ära eines ungezügelten kompetitiven Individualismus und präsentierte Empathie als universale neurobiologische Ressource in einer Welt, die sich auf die Herausforderungen eines gefährdeten Ökosystems einstellen muss und auf der Suche nach dezentralisierten und demokratischeren Formen der Globalisierung ist.

Ein neuer Anstoß in dieser Richtung kommt inzwischen aus der Soziologie. Seit annähernd vierzig Jahren erforscht Michèle Lamont den Wertewandel in der Gesellschaft. Sie hat bei Pierre Bourdieu studiert und sich als Pionierin eines neuen Zweigs einer «kulturvergleichenden Ungleichheitsforschung» einen Namen gemacht. Die Harvard-Professorin geht davon aus, dass dieser Wertewandel sehr viel mit dem Selbstwertgefühl der Menschen in der Gesellschaft und durch die Gesellschaft zu tun hat. Ihr zentrales Forschungsinstrument sind deshalb Interviews, die sie über lange Strecken mit Menschen aus allen Schichten und Segmenten der Gesellschaft geführt hat. In ihrem neuen Buch *Seeing Others* zieht sie eine Summe aus dieser langen Forschung, die sie in Kanada begonnen hat. Mit ihrem französisch-kanadischen Hintergrund und ihrer Kenntnis auch der europäische Perspektive ist sie in der Lage, nationale Narrative und kollektive Selbstbilder in einer vergleichenden Perspektive als historisch gewachsen und motoviert zu verstehen und dabei in ihren Vorzügen und Nachteilen für unterschiedliche Gruppen der Gesellschaft zu bewerten.

Dabei fiel der Soziologin auf, dass die normativen Voraussetzungen des Amerikanischen Traums, der lange Zeit das Selbstbild und nationale Narrativ der Amerikaner zusammengefasst und befördert hat, keineswegs mehr für alle Mitglieder der Gesellschaft gelten und im Gegenteil wichtige Ressourcen für die Möglichkeit eines solidarischen und inklusiven Wir untergraben. Diese Einsicht ist keineswegs neu, wie der Verweis auf den Bestseller von Jeremy Rifkin zeigt. Das Thema ist in den USA jedoch viel älter. Viele weiße Autoren wie Arthur Miller und William Faulkner, aber auch schwarze Autoren der Bürgerrechtsbewegung wie Ralph Ellison und James Baldwin wurden nicht müde, auf diejenigen hinzuweisen, die vom Amerikanischen Traum *nicht* profitierten. Martin Luther King hat sich in seiner berühmten Rede vor dem Kapitol in Washington 1963 deshalb auch nicht nur auf diesen Amerikanischen Traum berufen, der eine bessere Zukunft für alle Mitglieder der Gesellschaft verspricht, sondern noch seinen eigenen Traum hinzugefügt. King sprach seine persönliche Hoffnung aus, die Entscheidung über die Zukunft seiner vier Kinder möge von ihrem Charakter abhängen und nicht mehr von ihrer Hautfarbe.

Michèle Lamont interessiert sich ganz grundsätzlich und allgemein für die sozialen und kulturellen Voraussetzungen, die solchen Narrativen wie dem Amerikanischen Traum zugrunde liegen. In diesem Zusammenhang untersucht sie die Normen und Werte, die die Bürger und Bürgerinnen verinnerlicht haben und für sich selbst zugrunde legen. Dabei konnte sie feststellen, dass die Kategorie «Erfolg», die bisher bei der Lebensplanung im Zentrum stand, erheblich an Glanz verloren hat. Erfolg ging bisher mit den amerikanischen Werten der Leistung *(accomplishment)*, der Unabhängigkeit *(self-reliance)* und des Wohlstand *(wealth)* einher. Inzwischen ist jedoch immer deutlicher geworden, dass Jahrzehnte des Neoliberalismus dieses Verständnis von Erfolg stark beeinträchtigt haben. Es hat sich gezeigt, dass durch Leistung allein die Welt nicht friedlicher und gerechter wird, sondern die Ungleichheit in der Welt weiter zunimmt. Lamont hält den Zeitpunkt für gekommen, dass wir uns selbst und unsere Mitmenschen mit anderen Begriffen beschreiben. Sie beansprucht dabei, eine echte Alternative zum dominanten ökonomischen und psychologischen Denken anzubieten, das sich bisher auf Tugenden wie Robustheit *(grit)* und unermüdliche Anstrengung stützte.[55] Denn Gleichheit, so ergänzt Lamonts Kollege Thomas Piketty, «hat nicht nur etwas mit Einkommen, Vermögen und der Fähigkeit zu autonomen Lebensentscheidungen zu tun. Sie ist auch und vor allem eine Sache der Anerkennung und Würde, des gegenseitigen Respekts und der Empathie, des Reflexionsvermögens und der Teilhabe». In seinem Klappentext empfiehlt Piketty Lamonts Buch als Schlüsselwerk für eine post-neoliberale Agenda.

Lamonts Untersuchungen zeigen, dass der Amerikanische Traum seine Anziehungs- und Überzeugungskraft nicht nur für die schwarze Community verloren hat, die ja nie wirklich von ihm profitierte, sondern auch zunehmend für jüngere AmerikanerInnen, die sich gerade nach einem alternativen Menschenbild umsehen. Ein Arbeitstitel von Lamonts neuem Buch lautete «Gaining the Future: Producing Hope in an Uncertain World». Deshalb machte sie sich auf die Suche nach neuen Zeichen der Solidarität in der amerikanischen Gesellschaft und fand sie in besonders hohem Maße in der «Gen Z», die sie über ihre Lebenserfahrungen und Zukunftserwartungen befragte. Die Mitglieder dieser Generation sind zwischen 1995 and 2005 geboren und zeichnen sich durch ihr zunehmendes Interesse an ökologischen Themen sowie Fragen der sozialen Ungleichheit und kulturellen Diskriminierung aus. Das Generationenprojekt dieser jungen Leute besteht nach Lamont in der Suche nach neuen Formen der Solidarität. Dabei haben sie den Gemeinsinn bzw. Common Sense als eine wichtige Ressource wiederentdeckt. Sie distanzieren sich vom kompetitiven neoliberalen Skript des Selbst und optieren für alternative Werte wie Anerkennung und Entstigmatisierung im Rahmen einer diverseren kulturellen Mitgliedschaft, die Hoffnung und soziale Resilienz in unsicheren Zeiten verspricht.

Eine wichtige Rolle in diesem Transformationsprozess spielen für Lamont KünsterInnen und AktivistInnen, die sie ebenfalls interviewt hat, von Nikole Hannah Jones und Cornel West bis zu Michael Schur und Roxane Gay. Diese öffentlichen Personen sind zu Vorbildern geworden. Sie selbst verstehen sich in der populären Kultur als «Akteure des Wandels» *(agents of change)*, die die Grundlagen für einen neuen Gesellschaftsvertrag legen, der auf Empathie, Anerkennung und Gemeinsinn gründet. Diese Ideen und Begriffe, so Lamont, «kommen nicht aus dem Nichts. Es gibt viele Kulturschaffende, die sich dafür engagieren, diese Ideen zugänglich zu machen und sie in eine soziale Bewegung zu überführen. Ich glaube, wir erleben hier gerade einen wichtigen Wendepunkt.»

Das Gegenbild zu diesem neuen amerikanischen Traum ist der alte Amerikanische Traum, der in der Person und Biographie von Donald Trump idealtypisch verkörpert ist. Diese Werte sind in der amerikanischen Gesellschaft inzwischen in eine tiefe Krise geraten. Die neoliberale Version des Amerikanischen Traums hat das Versprechen auf eine inklusive Gesellschaft immer mehr unterhöhlt und zu neuen Formen der Polarisierung und Diskriminierung geführt. Vor diesem Hintergrund hat die Soziologin Lamont das Thema der nationalen Narrative und Werte erneut aufgenommen und mit empirischen Methoden die grundsätzliche Frage nach dem kollektiven Selbstverständnis der amerikanischen Gesellschaft gestellt. Dabei fokussiert sie besonders auf diejenigen, die in diesem System benachteiligt sind. Benachteiligung, Diskriminierung und Stigma sind zentrale Begriffe ihrer Untersuchung, denn sie sind die Kehrseite von Anerkennung und Respekt. Erst zusammen genommen ergeben beide Seiten ein Bild vom moralischen Zustand einer Gesellschaft.

Die Einsichten, die Lamont in den Jahren ihrer empirischen Forschung gewonnen hat, hat sie mit folgenden Worten zusammengefasst: «Das Selbstwertgefühl der Amerikaner ist jahrzehntelang negativ durch die Gebote des Neoliberalismus beeinflusst worden. Was ein Mensch wert ist, war ausschließlich an der aktuellen Position auf der Einkommensleiter ablesbar. Auf diese Weise ist der Amerikanische Traum aus der Reichweite der meisten Menschen entschwunden. Wenn wir materiellen und beruflichen Erfolg zum einzigen

Wertkriterium machen, dann beurteilen wir uns ausschließlich am Maßstab von Selbständigkeit, Wettbewerb und Studienabschlüssen. Je stärker wir diese Mittelklassewerte ins Zentrum unserer Gesellschaft stellen, desto radikaler marginalisieren wir gleichzeitig Arbeiter, people of color, LGBTQIA+-Personen und Minderheiten.» Gegen das starke soziale Gefälle, das die Gesellschaft immer mehr spaltet, schlägt Lamont eine Sowohl-als-auch-Lösung vor, die eigentlich ganz einfach ist: «den Fokus auf das zu verlegen, was wir gemeinsam haben und uns gleichzeitig aktiv auf die unterschiedlichen Wege einzustellen, wie das Leben gelebt werden kann.»

Michèle Lamonts Buch ist hoffnungsvoll, weil es eine Vision enthält und ein konkretes und umsetzbares Programm für die Einzelnen und die ganze Gesellschaft entwickelt. Der Titel ihres Buches ist Programm: *Seeing Others! Andere Sehen!* Denn das bedeutet nichts anderes als: Dehnt die Möglichkeiten von Anerkennung, Respekt und Empathie auf die ganze Gesellschaft aus und vermeidet Stigmatisierungen!

Der Osten schreibt zurück: Zu einer innenpolitischen Schieflage

Die Überschrift dieses Kapitels spielt auf ein einflussreiches Buch an, das die Ära der Postkolonialen Studien eröffnete. Es erschien im Jahr, als die Mauer gestürzt wurde, und sein Titel lautete: *The Empire Writes Back.*[56] Dirk Oschmanns Buch *Der Osten: eine westdeutsche Erfindung,* dessen Thesen in diesem Kapitel vorgestellt werden, könnte im viel kleineren Maßstab für die Deutschen eine ähnliche Stoßkraft entfalten. Denn hier schreibt tatsächlich «der Osten» zurück und eröffnet damit innerhalb des wiedervereinigten Deutschlands die Chance eines dekolonisierenden Dialogs. Wir verstehen dieses Buch deshalb nicht vorrangig als eine Invektive (die es natürlich auch ist), sondern als Augenöffner und Angebot einer Therapie, die zu einer deutsch-deutschen Perspektivenerweiterung führen könnte.

Der Autor des Buches ist Literaturwissenschaftler. Seine Autorität und Kompetenz gewinnt er in diesem Fall aber nicht durch seine

Fachdisziplin, sondern durch seine DDR-Biographie und die damit verbundene teilnehmende Beobachtung. Mit dieser Biographie ist ein Alleinstellungsmerkmal verbunden, das für die Genese des Buches nicht unwichtig ist. Oschmann ist nämlich einer der wenigen gebürtigen Ostdeutschen, die es auf einen Lehrstuhl in den neuen Bundesländern geschafft haben.

Die Keimzelle für sein Buch war ein Artikel in der *Frankfurter Allgemeinen Zeitung*.[57] Viral ging seine These aber mit der Langfassung. Für dieses Buch hat der Literaturwissenschaftler Oschmann eine besondere Stilebene gewählt, die nicht seiner akademischen Schreibweise entspricht. Er hat sich für einen polemischen Stil entschieden und warnt seine LeserInnen von vornherein, dass es ihm nicht um Ausgewogenheit und Differenzierungen gehe. Er will provozieren, die LeserInnen treffen und wachrütteln. Damit verbindet er ein weiteres Anliegen: sich seinen angestauten Groll von der Seele zu schreiben. Das Maß der Demütigungen ist voll und jetzt muss endlich einmal alles raus.

Thema und Ton des Buches haben ihre Wirkung nicht verfehlt. Es ist umgehend zum Spiegel-Bestseller geworden und gehört zu den meistverkauften Sachbüchern des Jahres 2023. Oschmanns Manifest hat in Zeitungen und Talkshows für großen Wirbel gesorgt und war in aller Munde. Ob es damit aber auch inhaltlich bei den LeserInnen angekommen ist, ist eine andere Frage. Denn statt die Thesen des Buches grundsätzlicher zu diskutierten, werden am Fließband Argumente produziert, die es als übertrieben abtun und wegen seiner Einseitigkeit verwerfen. Dabei wird übersehen, dass das Buch komplexer ist, als es auf den ersten Blick erscheint. Denn nicht nur Wut und Kränkung haben hier die Feder geführt, es ist auch von einer feinen Ironie durchzogen. Hier ein Beispiel:

> Eine Zeit lang dachte ich, es sei alles auf gutem Wege, das von Willy Brandt erhoffte Zusammenwachsen dessen, «was zusammengehört», schreite voran. Die wichtigsten Positionen des Landes waren mit Ostdeutschen besetzt: Angela Merkel als Bundeskanzlerin, Joachim Gauck als Bundespräsident, Matthias Sammer als Sportdirektor beim FC Bayern München und ich als Professor für Neuere deutsche Literatur an

> der Universität Leipzig. Doch inzwischen haben Gauck und Sammer und nun auch Angela Merkel ihre Posten aufgegeben. Ich beabsichtige zwar, noch eine Weile zu bleiben, das ändert aber nichts am eigentlichen Hauptproblem zwischen Ost und West.[58]

Was genau ist dieses Hauptproblem zwischen Ost und West? Ganz einfach: Der Osten steht im Schatten des Westens und leidet unter ihm, denn es besteht zwischen beiden Teilen Deutschlands ein erhebliches Gefälle der Achtung und Wertschätzung. Hier muss zunächst gesagt werden, worum es Oschmann nicht geht. Es geht ihm nicht um die Leugnung positiver Entwicklungen in der ehemaligen DDR, und es geht ihm auch nicht um all die Einzelfälle, die als Gegenbeispiele für seine These aufgeführt werden können. Ihm geht es vielmehr um Strukturen, die sich verselbständigt haben und unterhalb der Bewusstseinsschwelle umso erfolgreicher reproduzieren. In seiner Streitschrift macht Oschmann auf ökonomische und rechtliche Ungleichheiten zwischen den alten und den neuen Bundesländern aufmerksam. Im Osten verdienen die Menschen über 20 Prozent weniger und haben ein sechsmal höheres Armutsrisiko. Was für Oschmann aber noch schwerer wiegt, ist die pauschale Stigmatisierung «des Ostens». Damit bezieht er sich auf eine kontinuierliche diskursive Praxis der Demütigung des Ostens in westlichen Medien.

Im Fokus dieser Anklageschrift steht die Attitüde westlich-kolonialer Überheblichkeit, die seit über drei Jahrzehnten stabil in den überregionalen West-Medien artikuliert wird und die östlichen Bundesländer zu einem von Problemen geschüttelten Entwicklungsland degradiert. Der Kern des Problems liegt für Oschmann in der mangelnden Würdigung und Anerkennung der östlichen Länder als Einheiten mit einer eigenen Geschichte und Kultur und folglich auch mit einem eigenen Potenzial. Die systemische Diskriminierung hat sich im Selbstbild der Nation tief eingegraben und ein Wertgefälle zwischen West und Ost verfestigt, das sich, je länger je mehr, als ein hochgefährliches spaltendes Erbe erweist.

Ein Beispiel, das Oschmann für diese Überheblichkeit anführt, ist die Selbstverständlichkeit, mit der der «Westen» den «Osten» Deutschlands auf «Diktatur» festlegt und sich berufen fühlt, die Demokratie zu erklären. Erstens, so Oschmann «muss man Leuten, die, teils mit hohem persönlichen Risiko, eine Diktatur in die Knie gezwungen haben, nicht erklären, was Demokratie ist. Ja, man kann sogar sagen, dass der Osten die Demokratie besser versteht, weil er sie sich erkämpfen musste, statt sie von den Amerikanern geschenkt bekommen zu haben.» Zweitens, so fährt Oschmann fort, «macht der Osten seit 1990 die Erfahrung, von der wirklichen Gestaltung und Mitgestaltung dieser Demokratie im Grunde ausgeschlossen zu sein, weil es zwar formale, reell aber nur wenige Chancen auf Teilhabe, Repräsentativität, Einstieg oder gar Aufstieg in gesellschaftliche Teilsysteme gibt, von Macht, Geld und Einfluss ganz zu schweigen.»[59]

Der Osten ist in diesem Buch also weit mehr als eine Himmelsrichtung. Er ist ein Diskursprodukt und ein kollektives Schicksal, das so lange fortbesteht, wie sich an dieser Redeweise nichts ändert. Durch stetig wiederholte Zuschreibungen reproduziert diese Redeweise eine Kollektividentität, in der «die Interessen großer Teile der Bevölkerung nicht mehr angemessen vertreten werden» (17). Das Bild der in diesem Teil Deutschlands Ansässigen wird in eine negative Schablone gepresst. Deshalb geht der Autor zum Gegenangriff über. Sein Buch soll helfen, diesen Zustand zu überwinden. Diese Arbeit nennt er mit dem französischen Philosophen Jacques Rancière «Des-Identifizierung».

Nachdem die DDR 1990 der Bundesrepublik Deutschland beigetreten ist, galt es im Westen als evident, dass der Osten einiges aufzuholen habe. Durch Anpassung und Normalisierung hatte er die Aufgabe, sich zu ent-östlichen und zu ver-westlichen. Mit dieser Forderung wurde eine historische Chance vertan: die Geschichte Deutschlands aus zwei Perspektiven zu erzählen und diese zusammenzulegen. Dieser Anspruch auf eine gemeinsame Geschichte des Wiedervereinigungsprozesses, in der der Osten eine eigene und selbstbestimmte Rolle spielt, ist jedoch schon deshalb nicht in Sicht, weil «es derzeit auf den universitären Lehrstühlen für Zeitgeschichte fast gar keine Professoren mit ostdeutscher Herkunft gibt» (17). Wie sollte da eine andere Perspektive, Forschung und Deutung entstehen? Der Ernst in der folgenden Warnung ist nicht zu überhören: «Wenn man aber nicht an den Punkt kommt, die geteilte Geschichte nach 1945 und mehr noch nach 1990 als gemeinsame Geschichte zu begreifen, wird man auf Dauer auch in Zukunft ein geteiltes Land bleiben. So setzt sich die Spaltung aus Vergangenheit und Gegenwart in die Zukunft fort.» (18)

Soweit Oschmanns Analyse. Und wie sieht die gängige Praxis aus? 2022 war Bundestagspräsidentin Bärbel Bas im Erfurter Dom die Festrednerin am Tag der Deutschen Einheit. An diesem Festtag ist ausnahmsweise von Problemen wenig zu hören, dafür gibt es viel Lob für den Osten. So auch in Erfurt. An den Mut der Menschen wurde erinnert, die ihre Sicherheit und sogar ihr Leben aufs Spiel setzten, um die Wende einzuleiten. Hinzu kam die Anerkennung für die Zumutungen und Entbehrungen: «Millionen Menschen mussten ihr Leben nach der Wiedervereinigung völlig neu aufbauen. Ohne Anleitung, ohne Blaupause. Immer wieder staune ich, wie die Menschen in Ostdeutschland das alles geschafft haben.» Von einem Zukunftszentrum für Deutsche Einheit und Europäische Transformation ist die Rede, und dass die *Financial Times* Ostdeutschland «für eine der angesagtesten Regionen des Kontinents für Industrieinvestitionen» hält. Am Schluss der Rede stand ein Appell: «Unser Land ist in vielen Bereichen längst zusammengewachsen. Wir sind stark und solidarisch. Auch und vor allem wegen unserer geteilten Geschichte. Unsere Gesellschaft hat alles, um diese Zeit zu meistern. Mit Respekt, Zusammenhalt und Zuversicht.»

An positiven Impulsen mangelt es also nicht. Bärbel Bas zitierte auch den Ostbeauftragten der Bundesregierung, Carsten Schneider, der «einen neuen Blick auf Ostdeutschland» fordert. Dieser neue Blick kam aber nicht vom Ostbeauftragten, sondern von Oschmann. Mit seinem Buch hat er uns Westdeutschen die Augen geöffnet, zumindest denen, die dazu bereit sind, sich auf seine Perspektive einzulassen.

Was hat all das mit Gemeinsinn zu tun? Willy Brandt erhoffte sich ein Zusammenwachsen dessen, «was zusammengehört». Nach Lektüre von Oschmanns Buch kann man sagen: Dieses Zusammenwachsen steht noch aus, denn was an seine Stelle trat, war das Wachsen der einen Seite auf Kosten der anderen. Die Grundlage von Oschmanns Buch sind nicht nur Erfahrungen, sondern vor allem auch Emotionen. Mit dem gekränkten Stolz, der seine Beweisaufnahme gegen den Westen und die Serie der Argumente vorantreibt, schreibt Oschmann aber nicht nur gegen den Westen an, sondern auch für ihn: sein Buch ist eine ausgestreckte Hand, ein Angebot, das die Symptomatik einer verfahrenen emotionalen und politischen Schieflage an konkreten Beispielen offenlegt. Die Gedemütigten wissen hier genau, wovon sie sprechen, den Demütigenden steht es frei, dies einzusehen und anzuerkennen. Es ist zu hoffen, dass das Buch als Chance erkannt wird und nicht im Wirbel allgemeiner Erregung verpufft. Denn wie ernst die Lage ist, hat der Autor bereits ganz am Anfang seines Buches deutlich gemacht: «Wenn in Deutschland über den ‹Westen› und ‹Osten› nicht grundlegend anders geredet wird, vor allem aber wenn die seit über 30 Jahren bestehenden systematischen Ächtungen und radikalen politischen, wirtschaftlichen und sozialen Benachteiligungen des Ostens nicht aufhören, hat dieses Land keine Aussicht auf längerfristige gesellschaftliche Stabilität.» (12)

Es bietet sich an, dieses innerdeutsche Kommunikationsproblem in den von Michèle Lamont bereitgestellten Kategorien zu fassen. Denn auch hier geht es um Seeing Others und die daran anschließende Frage, was dabei zu tun und was zu vermeiden ist. Die anderen zu sehen bedeutet, sie als andere zu sehen und dabei Differenzen und unterschiedliche Rahmenbedingungen und Entwicklungen anzuerkennen. Das wiederum bedeutet, sie nicht zu stigmatisieren und zu diskriminieren, sondern zu respektieren. Diskriminierung ist eine besonders schädliche Beziehungsform, vor allem wenn sie langfristig wirkt und sowohl institutionell als auch habituell verankert ist. Dann hinterlässt sie negative Spuren auf beiden Seiten, sowohl bei der Gruppe, die durch negative Zuschreibungen dauerhaft abgewertet wird, als auch bei der abwertenden Gruppe, die sich dadurch aufzuwerten und von eigenen Defiziten zu entlasten glaubt.

6.

GRUNDSÄTZE DEMOKRATISCHER POLITISCHER KULTUR

Schnelles und langsames Denken

Ob wir nach Israel blicken, in die USA, ob wir uns in Europa umsehen oder im eigenen Land – die Demokratie ist überall herausgefordert und muss sich inzwischen auf ganz neue Weise rechtfertigen und durchsetzen. Vor diesem Hintergrund überrascht es nicht, dass auch die Zahl der Publikationen zu den Themen «Zusammenhalt der Gesellschaft» und «Krise der Demokratie» sprunghaft angestiegen ist. Ein Beispiel ist das Buch von Steffen Mau, Thomas Lux und Linus Westheuser, *Triggerpunkte. Konsens und Konflikt in der Gegenwartsgesellschaft* (2023).[1] Die Autoren, die sich als Soziologen bereits intensiv mit Strukturen der Ungleichheit auseinandergesetzt haben, verfolgen hier einen innovativen Ansatz, indem sie die mediale Selbstrepräsentation der Gesellschaft mit in den Blick nehmen.

In der Klimaforschung hat sich der Begriff der «Kipppunkte» etabliert, den Hans Joachim Schellnhuber und andere verwenden, um auf die kumulative, irreversible und daher hochgefährliche nichtlineare Entwicklung der Klimabedrohung aufmerksam zu machen. Der Begriff der «Triggerpunkte» dagegen, den die Autoren dieses Buches einführen, stammt aus der Medizin und bezieht sich auf die dauerhafte Verkürzung eines Muskelstrangs, die als Verhärtung ertastbar ist. Kipppunkte ebenso wie Triggerpunkte sind Symptome einer Überbelastung. Die Begriffe lassen sich metaphorisch auch auf das gesellschaftliche Klima anwenden. Die Verkürzung der Muskeln entspricht in diesem Fall einer Verkürzung der Diskurse, die festgefahren und emotional aufgeladen sind und bei bestimmten Themen und Argumenten reflexartig aufgerufen und wiederholt werden.

Steffen Mau und seine Kollegen machen damit auf den starken Stimmungsfaktor aufmerksam, der von den Medien ausgeht und das gesellschaftliche Selbstbild maßgeblich modelliert. Die Mitte der Gesellschaft, so Mau in einem Interview, sei von der Polarisierung gar nicht betroffen. «Die haben gar nicht mehr so starke politische Leidenschaften, sondern eher die gesellschaftlichen Ränder, die lauter werden. Und wenn wir dann uns das so als akustischen Raum vorstellen, ist die Mitte sozusagen geräuschmäßig ein Stück weit zurückgefahren und abgedimmt. Und die Ränder werden immer lauter. Und dann entsteht eben dieser Eindruck einer sehr stark gespaltenen Öffentlichkeit oder Gesellschaft, weil eben bestimmte Sprecher-Positionen im gesellschaftlichen Raum letzten Endes überrepräsentiert sind.»[2] Mau spricht auch von «Reizthemen», die von «Polarisierungsunternehmern» gesetzt werden, um aus stark emotionalisierenden Triggerpunkten politisches Kapital zu schlagen.

Angesichts dieser Polarisierungen liegt es nahe, den Fokus wieder stärker auf die «abgedimmte Mitte» der Gesellschaft zu legen und nach ihren demokratischen Reserven and Ressourcen zu fragen. Denn um artikulierter und lautstärker zu werden, müssen sie zuerst selbstbewusster werden. Genau dieser Effekt, der Stimmungswandel von Kränkung, Abwehr und Wut hin zum Bekenntnis zu demokratischen Werten und selbstbewusstem Auftreten hat sich inzwischen mit der Serie von Demonstrationen vollzogen, die im Januar und Februar 2024 in fast allen deutschen Städten in West und Ost organisiert wurden. Über zwei Millionen Menschen gingen plötzlich bei fünfhundert Veranstaltungen auf die Straße. Das war in diesem Land eine historisch absolut neue Erscheinung. Durch ein breites zivilgesellschaftliches Bündnis von Vereinen, Institutionen und Initiativen ist die stille Mitte der Gesellschaft auf einmal laut und sichtbar geworden und spricht sich klar gegen alle Formen von Diskriminierung, Ausgrenzung und Menschenfeindlichkeit aus. Der Anlass für diesen rapide gewachsenen Konsens war ein am 10. Januar 2024 vom Recherche Medium Correctiv aufgedecktes konspiratives Treffen von rechts-extremen PolitikerInnen, Neonazis und Unternehmer-

Innen, die sich konkrete Gedanken über eine massenhafte Zwangsvertreibung von Menschen mit Migrationsgeschichte aus Deutschland machten.

Zurück zur Metaphorik der Triggerpunkte. Wenn die Breitenwirkung bestimmter Themen entsprechend der Verkürzung von Muskelfasern etwas mit der Verkürzung von Argumenten zu tun hat, dann könnte die Reizqualität solcher Themen durch Verlängerung und Verlangsamung der Denkprozesse auch wieder abgebaut werden. Dazu hat der Kognitionspsychologe Daniel Kahneman geforscht, der 2002 zusammen mit dem Ökonom Amos Tversky den Wirtschaftsnobelpreis erhielt. Beide wurden dafür ausgezeichnet, dass sie das Menschenbild des durch und durch rationalen Homo oeconomicus als eines reinen Kosten-Nutzen-Maximierers in Frage stellten und durch wichtige empirische Beobachtungen korrigierten. Ihr Untersuchungsgebiet waren «kognitive Verzerrungen», deren Logik durch den «gesunden Menschenverstand», also den Common Sense, mit dem wir es in diesem Buch zu tun haben, korrigiert werden konnte.

Eine wichtige Form der kognitiven Verzerrung erkannten Kahneman und Tversky in sogenannten «Heuristiken». So nennt man eingeübte Gedankengänge, die alle Menschen benutzen, um ohne langes Nachdenken zu einer schnellen Entscheidung zu gelangen. Kahneman und Tversky waren die Ersten, die auf die Probleme von Heuristiken aufmerksam machten: «Heuristiken kennen kein Grübeln. Sie laufen fast vollständig automatisch ab. Doch es hat Folgen, wenn wir Entscheidungen aufgrund verzerrter Wahrnehmungen treffen. Da eine Heuristik nicht alle verfügbaren Informationen, sondern nur Teile davon verwendet, führt sie unvermeidlich zu Fehlern.»[3]

Ein einfaches Beispiel für eine Heuristik ist die Gegensatzbildung. Man stellt nur zwei Dinge auf eine Weise als positiv und negativ einander gegenüber, die sicherstellt, dass sich beide Seiten gegenseitig ausschließen, sodass die absolute Geltung der einen Seite durch die radikale Abwertung der anderen Seite sichergestellt ist. Die Matrix aller Gegensatzbildungen ist Carl Schmitts Freund-Feind-Formel. Diese Heuristik schließt schließt Komplexität, Kontingenz und Ambivalenz von vornherein aus, denn sie macht nicht nur eine *Unter*scheidung, sondern forciert auch eine *Ent*scheidung, die keine Zeit braucht, eindeutig ist und die Welt auf eine eindeutige Weise spaltet. Diese Heuristik ist die Grundlage des «Dezisionismus»; sie schafft Entscheidungssicherheit, forciert dabei aber Gewalt und Eskalation. Es geht bei solchen Heuristiken um Alles oder Nichts. Gert Scobel beschreibt diesen Typ der Heuristik als ein «instrumentelles, verblendetes und ideologisches Agieren, das langfristig zum Scheitern verurteilt ist – so erfolgreich es auch auf kurze Strecke sein mag. Im Laufe der Geschichte hat sich kein einziges autoritäres und damit linear-hierarchisches System auf Dauer halten können, so blutig, brutal und zahlreich die Opfer auch waren, die sein Aufbau gekostet hat.»[4]

Wer Gegensatzpaare so anlegt, dass in die eine Waagschale alles gelegt wird, was für gut befunden wird, und in die andere Waagschale alles, was für schlecht befunden wird, der hat eine binäre Heuristik geschaffen, die einem das Denken abnimmt und die eigenen Vorurteile bestätigt. Denn die Welt ist nicht binär strukturiert. Oft gilt nicht «entweder oder», sondern «sowohl als auch». Genauer gesagt: Es hat unmittelbare Folgen für die Welt, ob verantwortliche Politiker auf die Logik von «entweder oder» setzen oder auf die Logik von «sowohl als auch». Wieviel Komplexität und Koexistenz ist jeweils möglich, und wieviel Eindeutigkeit und Sicherheit ist nötig? Wann ist es geboten, auf Unterschieden zu bestehen und wann ist es wichtig, Gemeinsamkeiten zu entdecken? Auf diese Frage werden wir im Kapitel über Identitätspolitiken noch einmal zurückkommen.

Kahneman hat an seine Beobachtung zum Umgang mit Heuristiken eine wichtige Folgerung angeschlossen. Menschen sollten in der Lage sein, so empfahl er, in zwei Systemen zu denken: In System 1, den Heuristiken (auch Vorurteil oder *bias* genannt), geht es schnell, direkt und vor allem mühelos zu. In System 2 vollzieht sich das Nachdenken langsamer und anstrengender. Da muss man neue Informationen aufnehmen und verarbeiten, was Kraft kostet. Vor allem führt dieses Denken nicht unbedingt zur Bestätigung der eigenen Meinung oder der der Gruppe, der man sich zugehörig fühlt. Ob Menschen das langsame Nachdenken überhaupt praktizieren wollen oder nicht, ist daher eine vorgeordnete Entscheidung, die sie im konkreten Fall selbst treffen müssen.

Wenn Verzerrungen nicht nur durch Fehler und Desinformation zustande kommen, sondern auch durch heuristische Verkürzungen, dann ist es wichtig, sich mehr Zeit zum Nachdenken zu nehmen und mehr Informationen anzubieten und zu verarbeiten. Darin könnte eine wirksame Therapie jener Triggerpunkte bestehen, die die Gesellschaft gegenwärtig so stark emotionalisieren und polarisieren. Kahneman jedenfalls warnte vor der trügerischen Sicherheit scheinbar endgültiger Wahrheiten. Sein eigener Wahlspruch lautete: «I do prefer to be approximately right than precisely wrong.» – «Lieber liege ich ungefähr richtig als genau falsch.»

Kahneman und Tversky haben erreicht, dass man in der Ökonomie inzwischen mit einem komplexeren Menschenbild arbeitet. Dass Menschen generell nicht einfach gut oder schlecht, sondern komplexer sind, hat er selbst in einem dramatischen Moment in seiner Kindheit erlebt. «Als deutsche Truppen Frankreich besetzten, wurde es lebensgefährlich für die Familie Kahneman. Eines Abends, 1941 oder 1942, vergaß der kleine Danny auf dem Heimweg die Ausgangssperre für Juden. Die Mutter hatte ihn beschworen, sich vor deutschen Soldaten zu hüten, vor allem vor denen mit den schwarzen Uniformen. Und genau solch einen sah der kleine Junge auf sich zukommen. Schnell zog er noch seinen Pullover auf links und ließ so den gelben Davidstern verschwinden. Und was machte der SS-Mann? Er hob ihn empor, umarmte ihn, zeigte ihm ein Foto wohl des eigenen Sohns, schenkte Danny etwas Geld und ließ ihn ziehen.»[5]

Vier Formen von Respekt

Das Wort «Respekt» hat seit der Jahrtausendwende Konjunktur und ist immer unentbehrlicher geworden. Respekt gilt als zentraler Wert in der Demokratie und wird regelmäßig aufgerufen und einfordert. Diese hohe Priorität hat auch Eva Illouz bestätigt, als sie den engen Zusammenhang zwischen Demokratie und Respekt betonte: «Ich möchte geltend machen, dass die Zivilgesellschaft einen minimalen

Respekt einschließen muss und dass ein solcher Respekt nicht möglich ist ohne bestimmte Emotionen, die es uns erlauben, einander in geeigneter Weise als Bürgerinnen und Mitmenschen anzusprechen.»[6] Respekt ist demnach eine Haltung, die durch zivile Emotionen gestützt werden muss. Welche könnten das sein? Richard Sennet ist hier eine Lücke aufgefallen: «Modernen Gesellschaften fehlen positive Ausdrucksformen für Respekt und die Anerkennung von anderen über soziale Grenzen hinweg.»[7] Um festzustellen, wie diese positiven Ausdrucksformen aussehen könnten, empfiehlt es sich, auf die Geschichte des Begriffs einzugehen und zwischen unterschiedlichen Formen von Respekt zu unterscheiden.

Respekt geht auf das Wort *respicere* zurück, das wörtlich «zurückschauen» heißt. Respekt ist offensichtlich mit Rücksicht und Nachsicht, den Kardinaltugenden der Höflichkeit, eng verwandt. Wir müssen andere, ganz im Sinne von Michèle Lamonts «Seeing Others», überhaupt erst einmal sehen, wahrnehmen und sie beachten, bevor wir auf sie Rücksicht nehmen können. Der Begriff «Respekt» deckt aber auch ein weites Spektrum von Haltungen ab. Er changiert in seinen Konnotationen zwischen Furcht und Ehrfurcht, Distanz und Zurückhaltung einerseits und affirmativer «Bewunderung» und «Verehrung» andererseits.

Der Begriff des Respekts hat einen Vorgänger, den er heute immer häufiger ersetzt: «Toleranz». Toleranz galt lange Zeit als eine der wichtigsten Errungenschaften der Aufklärung. Dieser einst so strahlende Begriff ist inzwischen jedoch deutlich im Kurs gefallen. Es sind vor allem zwei Defizite, die die heutige Abwertung des Toleranzbegriffs erklären: *Erstens* strukturiert er vertikale Beziehungen und affirmiert damit Hierarchien; wie der Begriff «Mitleid» ist er von oben nach unten gerichtet. *Zweitens* unterstreicht er den passiven Charakter der Duldung, des Ertragens, des Hinnehmens und Aushalten-Könnens von Zumutungen und bestätigt dabei Desinteresse und Indifferenz. Dem Begriff der Toleranz fehlt somit der aktive Anteil der positiven Anerkennung, der Würdigung des Anderen, die etwas mit der Affirmation von Würde zu tun hat.

Wir können aber auf Toleranz im Sinne von «dulden» und «ertragen» auf keinen Fall verzichten, denn es gibt weiterhin vieles, womit wir leben müssen, ohne es positiv anerkennen zu können. Der Rechtsstaat duldet zum Bespiel Pornographie, aber er duldet keine Kinderpornographie. Neonazis etwa werden in einer Demokratie nicht respektiert, aber toleriert, solange sie nicht aktiv gegen die freiheitlich-demokratische Grundordnung verstoßen. In der Gesellschaft sind diese Grenzziehungen nicht in Stein gemeißelt. In den letzten Jahren haben sich die Toleranzschwellen stark verschoben. Vieles, was frühere Gesellschaften selbstverständlich duldeten wie Sklaverei, Kinderarbeit oder den Ausschluss der Frauen von Bildung und Wahlrecht, wird heute nicht mehr hingenommen. Dasselbe gilt für Antisemitismus und andere Formen von Rassismus. Umgekehrt dulden wir heute vieles, was frühere Gesellschaften moralisch ächteten und rechtlich verfolgten, wie zum Beispiel Homosexualität und Abtreibung. Einerseits ist damit das Duldungspotenzial geschrumpft: Wir sind – was die Zurücksetzung, Ausbeutung und Bevormundung von Individuen angeht – viel empfindlicher geworden. Andererseits ist das Duldungspotenzial gewachsen: Wir sind – was das Durchsetzen und Ausleben von Individualität und sexuellen Orientierungen angeht – viel liberaler geworden.

Respekt ist nur möglich, weil Menschen sich voneinander unterscheiden. Sie unterscheiden sich durch ethnische Herkunft und geographische Verteilung, kulturell durch Sprachen, Traditionen und religiösen Sinnwelten, sozial durch Geschlecht, Klassen oder Schichten und individuell durch physische Konstitution, Charakter und Temperament sowie durch Fähigkeiten und geistige Gaben. Respekt setzt immer schon Grenzen, Unterschiede und Ungleichheit voraus. Er beseitigt sie nicht, er hebt sie nicht auf, er hebt sie zum Teil sogar hervor, tut das aber auf eine Weise, die eine Anerkennung von Gleichheit oder eine Haltung der Solidarität durch alle diese Unterschiede durchscheinen lässt. Respekt verbindet damit Aspekte der Ungleichheit mit denen der Gleichheit. Respekt kann sehr unterschiedliche Formen annehmen. Im Folgenden sollen vier Formen von Respekt kurz vorgestellt werden.

Statusrespekt

Statusrespekt ist die vormoderne Variante des Respekts. Sie setzt eine hierarchisch strukturierte Gesellschaft voraus, in der Ungleichheit durch Zeichen der Anerkennung und Achtung bestätigt, gestärkt und gestützt wird. Für eine solche Welt hatte Shakespeare große Sympathien. Er dachte in den Kategorien einer natürlich gestuften (Rang-)Ordnung, die den Kosmos ebenso durchwaltet wie die Gesellschaft:

> Take but degree away–untune that string,
> And hark what discord follows (3,1)

> Nimm alle Rangunterschiede weg,
> löse die Spannung der gestimmten Saite
> und horch, welch Missklang folgt.[8]

Statusrespekt ist einseitig von unten nach oben gerichtet, er wird den Oberen von den Unteren entgegengebracht. In patriarchalischen Gesellschaften haben Kinder den Vätern solchen Respekt entgegenzubringen. Er äußerte sich zum Beispiel darin, dass sie bei Tisch schweigen und warten mussten, bis sie angesprochen wurden. Institutionen und Bürokratien bringen jenseits der Familie «Respektspersonen» hervor, die man Kraft ihres Amtes zu respektieren hat. Durch Orden und Talare setzen sich Amtspersonen von anderen Menschen ab, womit sie ihre Respektwürdigkeit steigern. Die 68er haben diesen Respekt demonstrativ verweigert und durch Respektlosigkeit ersetzt, indem sie beim feierlichen Einzug von akademischen Honoratioren ein Schild vorantrugen mit der Aufschrift: «Unter den Talaren – Muff von 1000 Jahren». Hierarchien und Status-Respekt sind seitdem jedoch nicht grundsätzlich verschwunden; in Bezug auf Altersgruppen haben sie sich sich zum Teil erhalten. In der Straßenbahn gilt mehr oder weniger noch die Regel, dass Kinder und Jugendliche für ältere Fahrgäste ihren Sitzplatz räumen.

Leistungsrespekt

Moderne Demokratien haben Schwierigkeiten mit dem Statusrespekt, weil er Ungleichheit zwischen Menschen hervorhebt, affirmiert und stabilisiert. Deshalb haben sie eine andere Form des Respekts hervorgebracht, die Individuen nach ihren Fähigkeiten und ihren Handlungen unterscheidet. Der Leistungsrespekt affirmiert Unterschiede, die auf individuellen Leistungen beruhen, ohne damit soziale Ungleichheit zu forcieren. Leistungsrespekt ist ein wichtiges soziales Bindemittel, weil nie vorhersehbar ist, wer hier zum Empfänger und wer zum Spender von Respekt werden kann. Die Bereiche Musik und Sport sind paradigmatische Betätigungsfelder für Leistungsrespekt. Dieser Respekt ist allerdings reserviert für die ersten Plätze. Diese Plätze können sich immer wieder ändern. In einer beliebten Fernsehshow zum Beispiel treten Kinder gegen arrivierte Künstler und Athleten an und überraschen das Publikum mit ihren verblüffenden Fähigkeiten. Menschen zollen anderen Menschen Respekt für das, was sie selbst nicht können und an anderen bewundern. Respektsbeziehungen gegenseitiger Anerkennung, Bewunderung, Freundschaft können ein Kollegium von Lehrern, eine Familie, ein Arbeitsteam, einen Freundeskreis zusammenbinden.

Der Leistungsrespekt hat jedoch auch eine politische Dimension, denn moderne demokratische Gesellschaften beruhen auf dem Versprechen sozialer Mobilität und allgemeiner Aufstiegschancen durch Bildung und Leistung. Diese moderne Sozialutopie ist darauf gerichtet, stabile Hierarchien und starres Statusdenken grundsätzlich zu überwinden. In der Realität wird dieses Versprechen jedoch nicht eingehalten. Soziale Ungleichheit stellt sich immer wieder ein, nur wird sie durch das Mobilitäts- und Leistungsversprechen unsichtbar gemacht. Arthur Millers Drama *Der Tod eines Handlungsreisenden* zum Beispiel zeigt, wie der Verfall des Leistungsrespekts schließlich die totale Demontage der Person zur Folge haben kann.

Sozialer Respekt

Beim Leistungsrespekt geht es um ein Mehr, um einen Überschuss an Sein, Können oder Haben, der anerkannt und bewundert wird. Beim sozialen Respekt ist es genau umgekehrt; es geht um ein Weniger, das ausgeglichen wird. Denn mit dem universalen Aufstiegsversprechen aufgrund von individuellen Bildungs- und Leistungskriterien ist soziale Ungleichheit keineswegs aus der Welt geschafft. Diese Ungleichheit kompensiert der soziale Respekt. Er hat seine Voraussetzung in real existierender sozialer Ungleichheit, die er ausgleichen und kompensieren möchte. Er verläuft in umgekehrter Richtung zum Statusrespekt in der Hierarchie von oben nach unten. Sozialer Respekt ist bemüht, Hierarchien abzubauen. Er geht von der modernen Prämisse der Menschenwürde und ihrer universalen Gleichheit aus. Diese Prämisse schafft die Ungleichheit von Menschen, die de facto in der Gesellschaft existiert, keineswegs ab, aber sie gleicht sie durch eine zwischenmenschliche Form der Würdigung und Anerkennung aus. Was nicht abgeschafft werden kann, soll damit erträglicher und menschlicher gemacht werden.

Dieser Form des sozialen Respekts, den die Privilegiert(er)en den Nicht-Privilegierten entgegenbringen, hat Richard Sennett ein Buch gewidmet mit dem Titel: *Respekt in einer Welt der Ungleichheit*. Darin macht er deutlich, dass der soziale Respekt eine Haltung ist, die auf die Menschenwürde der (nicht-privilegierten) Anderen gerichtet ist und nichts mit der christlichen Tugend der Nächstenliebe oder sozialer Wohltätigkeit zu tun hat. Sennetts Buch ist ein empirischer Beitrag zur Stadtsoziologie. Er geht von der Situation seiner Mutter aus, einer alleinstehenden weißen Sozialarbeiterin, und beschreibt ihren Umgang mit schwarzen Bevölkerungsgruppen in einem Armenviertel Chicagos, in dem er selbst aufgewachsen ist. Sennet zitiert einen Satz aus dem bereits genannten Drama von Arthur Miller, und zwar die Worte der Mrs. Loman, mit denen sie sich einer herrschenden Tendenz der Missachtung entgegenstellt: «Attention must be paid!» – «Wir schulden einander Aufmerksamkeit!»[9]

Begriffe wie «Aufmerksamkeit», «Achtung» und «Anerkennung» sind inzwischen als wichtige Voraussetzung für sozialen Respekt erkannt worden und spielen in der Dynamik zwischenmenschlicher Beziehungen eine zentrale Rolle.[10] Von oben nach unten gerichtete Aufmerksamkeit löst bestehende Hierarchien und Ungleichheiten nicht auf, macht sie aber auf den universalistischen Wert der Menschenwürde hin durchsichtig. Der soziale Respekt ignoriert Differenz, um Erniedrigung und Beschämung entgegenzuwirken. Trennende Merkmale (wie Rasse, körperliche Behinderung und Gebrechen, Bildungsdefizite etc.), an denen Formen der Herabstufung oder Ausgrenzung festgemacht werden, werden sozusagen eingeklammert, indem von ihnen abgesehen wird. Sozialer Respekt ist damit das Gegenstück zur Diskriminierung und eine wichtige Voraussetzung für den Abbau von politischer Ungleichheit.

Bei den Bürgerrechtsbewegungen in den USA in den 1950er und 60er Jahren zum Beispiel ging es um sozialen Respekt und Teilhabe, um Chancengleichheit und gesellschaftliche Integration. Das erforderte die Beseitigung von verfestigten Rangunterschieden und die Beendigung des Status als erniedrigte und unterdrückte Minderheit. Künstler und Intellektuelle wie Ralph Ellison, James Baldwin oder Martin Luther King suchten ihre kulturellen Wurzeln noch nicht in Afrika; sie forcierten kein kollektives Bewusstsein der Differenz, sondern verstanden sich als patriotische Amerikaner, die ihren weißen Mitbürgern die Veruntreuung ihrer eigenen demokratischen Prinzipien vorhielten. Als notorisch ausgegrenzte und verkannte Bürger des Landes forderten sie Anerkennung und wollten als vollwertige Mitbürger wahrgenommen werden. Die «unsichtbar» gewordenen Schwarzen sollten wieder sichtbar gemacht werden, ohne dabei in die fatale stereotype Sichtbarkeit zurückzufallen und das Klischee des fremden Anderen zu verstärken.[11] Die Bürgerrechtsbewegung war ein Kampf um *sozialen* Respekt und noch nicht, wie die Black-Power-Bewegung, die gleichzeitig entstand, ein Kampf um «Identitätspolitik». Dieser Begriff hat inzwischen den Diskurs markant verschoben. Um ihn zu vermeiden, sprechen wir im Folgenden nicht von Identitätspolitik, sondern von *kulturellem* Respekt.

Kultureller Respekt

Eine ganz neue Form von Respekt ist in den letzten Jahrzehnten des 20. Jahrhunderts hinzugekommen: der kulturelle Respekt. Seine Grundlagen liegen im Prozess der Dekolonialisierung, der in der zweiten Hälfte des 20. Jahrhunderts alle Gegenden der Welt erreicht hat. Darunter versteht man eine politische und geistige Bewegung, die die Frage der Unterdrückung und Ungleichheit von der Ebene des Sozialen auf die Ebene von Staaten und Kulturen verlegt hat. Der Prozess der Dekolonialisierung setzte den sozialen Kampf um Anerkennung und die emanzipatorische Forderung nach selbstbewusster (Wieder-)Sichtbarkeit des Anderen auf politischer Ebene fort. Während es beim sozialen Respekt um ein Ignorieren oder Beseitigen von Differenz ging – alle trennenden Merkmale waren im Sinne der Nicht-Diskriminierung aufzuheben oder abzuschaffen –, geht es beim kulturellen Respekt um das genaue Gegenteil: um die Bejahung und Anerkennung von Differenz und Fremdheit. Unterschiede werden dabei nicht mehr eingeebnet, sondern mit neuem Selbstbewusstsein hervorgekehrt.

Dekolonialisierung ist ein politisches Programm, dessen Forderung darin besteht, aus dem Machtgefälle herauszutreten, das von rassistischen Regimen wie Kolonialismus oder Sklaverei hervorgebracht wurde. Das wichtigste Mittel des Erhalts dieses Machtgefälles war die von Edward Said in seinem Buch *Orientalismus* beschriebene Praxis der Konstruktion kultureller Überlegenheit bzw. Unterlegenheit *(cultural othering)*.[12] Das bedeutet, dass auf der Basis eines Euro- oder Ethno-Zentrismus die jeweils andere Kultur exotisiert, dämonisiert, primitiviert oder auf andere Weise abgewertet und herabgestuft wurde. Diese Beziehungsgrammatik zwischen dem Eigenen und dem Anderen ist nicht nur eine in Mentalitäten und Habitus fest verankerte Weltanschauung, sie entspricht auch einer kalkulierten Strategie, die zur symbolischen Legitimation und Grundlage für eine Politik der Unterdrückung, Ausbeutung und Vernichtung eingesetzt wird. So wie der dauerhafte Entzug von sozialem Respekt Ressentiments erzeugt, erzeugt der dauerhafte Entzug von kulturellem Respekt Gefühle der Ohnmacht, Erniedrigung und Hass.

Kultureller Respekt ist eine neuartige geistige Haltung und moralische Einstellung, die als Konsequenz und Einsicht aus dem Trauma der Kolonialisierung hervorgegangen ist – so, wie der kulturelle Wert der Menschenwürde aus dem Trauma des Holocaust hervorgegangen ist. Kultureller Respekt ist der Versuch, die ehemaligen kolonialen Verhältnisse in solche der Achtung und Anerkennung umzukehren. Es geht darum, unterdrückten Völkern ihre Kultur und Geschichte zurückzugeben bzw. sie zu ermächtigen, diese Kultur und Geschichte aus den Spuren der Zerstörung selbst wieder aufzubauen.

Der Begriff des kulturellen Respekts kann noch auf einer anderen Ebene zum Tragen kommen. Grundsätzlich steht dieser Begriff für den Artenschutz kultureller Minderheiten. Zu diesem Thema hat Charles Taylor ein wichtiges Buch geschrieben: *Multiculturalism and The Politics of Recognition*. Der Begriff des Multikulturalismus ist ein Kampfbegriff gegen Ethno- und Eurozentrismus geworden. In dieser Position hat er aber auch Gegner auf den Plan gerufen, die das eigene kulturelle Erbe der Mehrheitsgesellschaft vehement gegen äußere Einflüsse verteidigen. Sie setzen Multikulturalismus mit der Aufgabe eigener Werte gleich und sehen darin eine bedrohliche Relativierung und Untergrabung der Prämissen westlicher Kultur. Der Vorwurf der Relativierung ist hochproblematisch, weil er die Gegenreaktion des Fundamentalismus auf den Plan ruft. Unter diesen Umständen führt die Dynamik – wie in vielen Kontexten destruktiv geschehen – vom Kolonialismus über den Multikulturalismus zum Fundamentalismus.

Möglichkeiten und Grenzen des Respekts

Der Multikulturalismus hat den Euro- und Ethnozentrismus überwunden, aber er hat zugleich auch zu einer Relativierung von Werten geführt. Endet die Politik der Anerkennung in der Sackgasse des Relativismus? Bedeutet Anerkennung des Anderen und Fremden die Aufgabe eigener Grundsätze, Werte, Traditionen? Die Wahrnehmung einer Gefährdung oder gar Auflösung der eigenen Traditionen und Werte kann dazu führen, dass sie fundamentalistisch gegen vermeintliche Bedrohungen verteidigt werden. Drohender Werteverlust kehrt sich dann um in ultimative Wertsteigerung. Aus «kulturellen» Werten werden dann «religiöse» Werte, aus Kulturen werden Religionen. Unter diesen Voraussetzungen droht ein Kampf der Kulturen bzw. Religionen.

Ein wachsender Anteil von Staaten wie Erdoğans Türkei, die orthodoxe Regierung in Israel oder Modis Indien definiert sich inzwischen als religiös und wird von Männern beherrscht, die in der Rolle von Mullahs und Sittenwächtern auftreten und sich anmaßen, das Leben der Frauen zu regulieren. Ihr Feindbild sind Staaten, die einen Säkularisierungsprozess durchlaufen haben und sich hemmungslos dem Konsum und dem moralischen Verfall ausliefern. Selbst Putin hat nach dem militant säkularen Sozialismus einen Gottesstaat errichtet und deklariert seinen politischen Machtkampf als einen Kulturkampf gegen die hedonistische EU und den dekadenten Westen im Namen des russisch-orthodoxen Christentums. Aber auch das Selbstbild des Westens, der sich lange Zeit in der Rolle des Vorreiters einer wirtschaftlich-wissenschaftlich-technischen Moderne gegenüber dem Rest der Welt gefiel, hat an Bindungskraft verloren. Dieser Westen, der sich nicht mehr auf seine Führungsrolle und Überlegenheit verlassen kann, muss sich grundsätzlich neu auf seine Werte besinnen. Die Religion des Westens ist nicht mehr das Christentum und auch nicht mehr die Modernisierung, sondern das Bekenntnis zu universalistischen Werten.

Aus der Sackgasse des Kampfes der Werte und Kulturen könnte eine begriffliche Unterscheidung herausführen, die eigentlich überholt zu sein scheint: die Unterscheidung zwischen Kultur und Zivilisation. Wir befreien diese Begriffe hier bewusst von ihrem Gepäck, mit dem sie in der deutschen Geschichte belastet wurden, als «eine tiefgründige deutsche Kultur» einer «oberflächlichen französischen Zivilisation» gegenübergestellt wurde.[13] *Kultur* soll hier für das stehen, was Menschen voneinander unterscheidet. Diese Differenzen haben einen Anspruch darauf, affirmiert, anerkannt und geachtet zu werden, denn sie sind eine unersetzliche Grundlage für kulturelle Identitäten. Wie Tiere in Biotopen, so leben Menschen in kulturellen

Symbolsystemen; sie zu ignorieren, zu negieren oder gar zu zerstören hieße, sozialen Zusammenhang, Orientierung und Sinn zu zerstören. Wie die Sprachen sind kulturelle Symbolsysteme kollektive menschliche Schöpfungen. Jedes kulturelle Gedächtnis ist in langfristig gewachsenen Strukturen angereichert worden mit kumulierten Erfahrungen und individuellem Erfindungsgeist. Durch die Verkörperung in immer neuen Generationen und in Auseinandersetzung mit immer neuen historischen Kontexten verändern und erneuern sich kulturelle Traditionen. Kultureller Respekt bezieht sich auf die Anerkennung von Kulturen als grundsätzlich gleichberechtigte Formationen, die nicht durch die Überheblichkeit politischer oder ökonomischer Unterdrückungssysteme wie Kolonialismus oder Globalisierung in Frage gestellt werden dürfen.

Der Begriff *Zivilisation* soll demgegenüber für jene Werte und Praktiken stehen, auf die sich Menschen über ihre kulturellen Bindungen hinaus einigen können. Es handelt sich dabei um universalisierbare Grundwerte wie körperliche Integrität oder Entwicklungsmöglichkeiten der Person unabhängig von Status und Geschlecht, die in der Prämisse der Würde des Menschen verankert sind. Die Entdeckung dieser Prämisse der Würde darf kein westliches Monopol sein. Sie kann sowohl christlich wie aufklärerisch, aber auch auf der Basis anderer kultureller Semantiken begründet werden. Sie ist deshalb von ihren historischen Ursprüngen zu lösen und als ein Anspruch zu formulieren, den unterschiedliche Kulturen und Gesellschaften entwickeln oder sich zu eigen machen können. Der Wert der Menschenwürde ist nicht eo ipso universal; er gewinnt seine universale Bedeutung erst durch Aushandlung und erfolgreiche Durchsetzung. Solche universalisierbaren Werte sind aber gerade kein Eigentum westlicher Kultur, sondern ein gemeinsames, erst noch zu entwickelndes und anzunehmendes Menschheitserbe.

Ein Beispiel für die Art und Weise, wie dieses Menschheitserbe angenommen werden könnte, hat der kamerunische Politikwissenschaftler Achille Mbembe gegeben. Er sieht eine Möglichkeit dafür in der Praxis des Übersetzens. Unter «übersetzen» versteht er den Prozess, «als die Eigentümer, die wir alle sind, mit der größtmöglichen Verantwortung eine Vielzahl von Positionen (zu) durchschreiten, aber in einem Verhältnis absoluter Freiheit und, wenn nötig, der Distanz. In diesem vom Übersetzen getragenen Prozess, in dem es auch zu Konflikten und Missverständnissen kommen kann, werden sich bestimmte Fragen von selbst lösen. Die Bedingungen, wenn schon nicht einer neuen Universalität, so zumindest einer Vorstellung einer Erde, die wir als eine allen gemeinsame Grundlage teilen, werden sich relativ deutlich herauskristallisieren.»[14] Die Vorstellung «einer Erde, die wir als eine allen gemeinsame Grundlage teilen», bildet die Rahmenbedingung für die Koexistenz von Kulturen überhaupt. Sie ist das, was Kulturen verortet und zugleich transzendiert und damit das, was das Zusammenleben in *einer* Welt ermöglicht.

In dieser Perspektive zeigen sich nun auch deutlicher die Grenzen des kulturellen Respekts. Nicht alle kulturellen Differenzen verdienen Anerkennung; Versklavung oder weibliche Genitalverstümmelung gehören jedenfalls nicht dazu. Unterschiede zwischen den Kulturen können nur in dem Maße affirmiert werden, wie sie mit den universalisierbaren Werten vereinbar sind, die wir unter dem Stichwort «Zivilisation» zusammenfassen. In der hier vorgeschlagenen Terminologie heißt das: Diese Werte machen aus, was Kulturen zivilisiert. Eine zivilisierende Wirkung kann von der Verbreitung und transkulturellen Verankerung der Menschenrechte ausgehen, die sich allerdings keineswegs so einfach ausbreiten wie der Strom der Gewalt-Bilder und Hass-Botschaften durch die Kanäle des Internets. Gebraucht wird deshalb beides: die Anerkennung unterschiedlicher kultureller Ausprägungen und Ausdrucksformen einerseits und der alle Kulturen zivilisierende Prozess der Herausbildung transkultureller Werte als gemeinsamer Maßstab für Menschenwürde, friedliche Koexistenz und die gemeinsame Zukunft menschlichen Lebens auf dem einen Planeten.

Identitätspolitiken zwischen Universalismus und Partikularismus

Im Grunde geht es beim Thema «Identität» um ein altes Versprechen westlichen Fortschritts: um die Emanzipation des Individuums und ein Menschenrecht auf Selbstbestimmung. Der Identitätsbegriff wird aber nicht nur auf Individuen, sondern auch auf Kollektive wie Nationen (ein aktuelles Beispiel ist die Ukraine) und selbsternannte Gruppen angewandt. In den letzten Jahrzehnten hat er sich verschärft durch seinen Gebrauch für die Selbstbeschreibung von Personen und Gruppen, denen im globalen Maßstab jegliches Emanzipationsversprechen aberkannt worden war. Mit wachsendem Bewusstsein der politischen, ökonomischen und kulturellen Ungleichheit im globalen Maßstab hat auch das Bewusstsein vom Wert dessen, was dabei abgesprochen und zerstört wurde, stetig zugenommen. Das Identitätsproblem ist nicht zuletzt entstanden, weil die europäische und westliche Geschichte lange von der Eroberung und Unterwerfung ganzer Weltregionen und in der Folge von Formen der Versklavung geprägt war.

Die Regelung des menschlichen Miteinanders hängt heute wesentlich von der Ausformung von Identitäten und dem Kampf um ihre Anerkennung ab. Der Rahmen, in dem sich diese Auseinandersetzung entfaltet, sind sogenannte «partikularistische» Werte, denen die Philosophen «universalistische» Werte gegenüberstellen. Das Wort «partikularistisch» steht für die Forderung nach Anerkennung der Besonderheiten von selbstgewählten Gruppen und ihren Differenzen, die durch Geschichte oder Kultur, durch politische oder sexuelle Orientierungen und Geschlechts-Identitäten markiert werden. «Universalistisch» bedeutet demgegenüber die Betonung des Allgemeinen und der Gemeinsamkeiten aller Menschen, die auf diesem Planeten friedlich miteinander auskommen müssen.

Nach zwei Jahrzehnten der Erfahrung mit zunehmender Migration, forcierter Identitätspolitik und wachsendem Einfluss von Protestparteien ist die ursprüngliche Kohäsionskraft eines selbstverständlichen sozialen oder politischen Zusammenhalts weitgehend aufgebraucht bzw. abgebaut worden. Die innere Einheit ist nicht nur in der EU, sondern auch in den Nationen unter Druck geraten. Die Entwicklung hat sich in Richtung Desintegration durch Selbstausgrenzung (Identitätspolitik) und Fremdausgrenzung (Fremdenfeindlichkeit) bewegt. In den 1990er Jahren hieß die Zauberformel noch «Einheit in der Vielfalt», heute heißt sie «Zusammenhalt in der Diversität». Es haben sich viele Gruppen formiert, die nicht mehr bereit sind, sich noch als Teil einer übergeordneten Gruppe zu verstehen, sei dies die Nachbarschaft, die Stadt, die Nation oder die Menschheit.

Das Problem der Identitätspolitik beginnt damit, dass ihre radikalen Ausprägungen einer Logik des Entweder-oder folgen. Für diese Gruppen schließt das Bekenntnis zu partikularistischen Werten das Bekenntnis zu universalistischen Werten automatisch aus. Sie blockieren eine Vereinnahmung in größere Gruppen wie Nationen oder gar die Menschheit, weil sie diese als ideologisch, westlich, kolonial oder imperial ablehnen, was zu einer tiefen Krise der Kommunikation über ein einvernehmliches soziales und politisches Zusammenleben im nationalen und transnationalen Maßstab geführt hat.

Diese Entwicklung der Identitätspolitik hat inzwischen eine philosophische Gegenposition auf den Plan gerufen, die sich «radikaler Universalismus» nennt. Sie ist als Reaktion verständlich, aber genauer besehen bedient sie sich derselben Logik des Entweder-oder, nur diesmal mit umgekehrter Stoßrichtung. Die Vertreter des radikalen Universalismus argumentieren mit Kant für universale Werte und sprechen deshalb partikularen Werten jegliche Rechtfertigung ab. So wie die auf Partikularität setzenden Fürsprecher der Identität universale Werte strikt ablehnen, so lehnen die Fürsprecher der Universalität jegliche Form der Identität radikal ab. Für sie ist dieser Begriff inzwischen zu einem Unwort geworden, das für die gegenwärtigen Krisen verantwortlich gemacht wird und unbedingt aus dem Verkehr gezogen werden muss. Das Buch, das den Leipziger Buchpreis zur europäischen Verständigung 2024 gewonnen hat, stammt von dem Philosophen Omri Boehm. Der Titel spricht für sich: *Radikaler Universalismus. Jenseits von Identität.*[15] Auch Susan Neiman stützt sich in ihrem Buch *Links ist nicht woke* auf diesen binären Gegensatz. Sie spricht von «Universalismus» und «Tribalismus».[16] Wer sich für Identität entscheidet, zeigt, dass er in einem archaischen Stammesdenken steckengeblieben ist.

Reinhard Koselleck hat solche Gegensatzpaare als «Zwangsalternativen» bezeichnet. Ein weiteres Beispiel für diese Form der Zuspitzung ist der binäre Gegensatz zwischen «offener Gesellschaft» (= gut) versus «Gesinnungsgemeinschaft» (= schlecht).[17] Hier stehen sich, wie in vielen Anti-Identitäts-Texten, Illiberalität und Liberalität ebenso pauschal wie polemisch gegenüber. Dabei sind diese beiden Seiten einander gar nicht so unähnlich: Die Illiberalen lassen nicht mit sich reden, weil sie wollen, dass sich in unserer Gesellschaft etwas ändert, die Liberalen lassen nicht mit sich reden, weil sie wollen, dass sich in ihr nichts ändert. Zwangsalternativen verkürzen den Denkprozess, deshalb können wir mit Daniel Kahneman von einer Heuristik im System 1, dem schnellen Denken, sprechen. Die Frage ist, ob diese Polarisierung in ein striktes «Wir» gegen «Ihr» jeweils sachlich berechtigt und argumentativ sinnvoll ist. Wer mit Zwangsalternativen hantiert, spitzt seine Sprache strategisch zu und schließt dem eigenen Denken den Weg zu Alternativen ab.

Die Gegner der Identität sind sich mit den Bekennern von Identität in einem Punkt einig: dass sich die Perspektiven von Partikularisten und Universalisten notwendig ausschließen müssen. Ist das aber wirklich der Fall? Es könnte ja sein, dass ein klarer Unterschied zwischen Universalismus und Identität besteht, aber kein intrinsischer Widerspruch. Durch die forcierte Exklusion der jeweils anderen Seite kommt es zu einer Radikalisierung und Eskalation des Problems. Warum sollte Identität die Perspektive der Universalität so kategorisch ausschließen? Vielleicht gibt es ja unterschiedliche Formen, Identität zu verkörpern, eine, die Universalität ausschließt, und eine, die auf Universalität hin offen ist?

Identitäten an sich sind kein Problem, solange gewährleistet bleibt, dass man sich nicht für nur eine entscheiden muss oder auf nur eine festgelegt wird. Tatsächlich ist diese Polarisierung, die Universalität und Identität in ein Ausschlussverhältnis versetzt, eine gefährliche Sackgasse. Denn in einer liberalen und diversen Demokratie herrscht das Prinzip der «mehrfachen Zugehörigkeit». Es ersetzt das Prinzip des Entweder-oder durch das Sowohl-als-auch: Wenn partikularistische Interessen universalistische Prämissen nicht aushebeln, können sie sich beide ergänzen. Das erlaubt produktive Beziehungen über Identitätsgrenzen hinweg. Jede wie auch immer definierte Gruppe kann in der Interaktion mit anderen im Sinne Kants die Quellen ihrer gemeinsamen Menschlichkeit entdecken. Kulturelle Pluralisierung ist ja kein Schaden für die Gesellschaft, sondern eröffnet neue Möglichkeiten der Kooperation, Beziehung und Solidarität. Wer aber von einer strikten Polarität von Universalität und Identität ausgeht, fällt damit in einen Typ von Multikulturalismus zurück, der auf strikten Trennungen und unüberschreitbaren Grenzen beruht. Es kann hier nicht darum gehen, Identitäten abzuschaffen, sondern nur darum, ihre Grenzen durchlässig zu machen. Gemeinsame Herausforderungen und Projekte können Solidarität fördern (Sprechen-für) und Perspektiven eröffnen, die verfestigte Identitätsgrenzen (Sprechen-als) überschreitbar machen, ohne sie aufzulösen.

Wenn wir das Reich der Abstraktion verlassen, ist die Verbindung von partikularen und universalistischen Werten eigentlich eine alltägliche Erfahrung. Innerhalb einer Nation zum Beispiel herrscht auf der Ebene der Städte und Regionen eine kulturelle Vielfalt der Unterschiede und Besonderheiten, die fraglos mit der höheren Stufe nationaler Einheit vereinbar ist. Das bedeutet: Menschen sind in der Lage, von der Ebene der einen Identität auf die der anderen zu wechseln. Für die BürgerInnen der EU gibt es eine weitere Stufe. Menschen können zusammenleben, weil sie Mitglieder nicht nur einer einzigen Vereinigung sind, sondern mit unterschiedlichen Identitäten leben: einer regionalen, nationalen und europäischen Identität. Auch doppelte Staatsbürgerschaften werden selbstverständlich und sind im Kommen.

In aller Regel stützen sich universale und partikulare Werte gegenseitig, ohne einander auszuschließen und aufzuheben. Dafür müsste man nur von einer Logik des Entweder-oder, die auf Konfrontation ausgerichtet ist und Alternativen beseitigt, zu einer Logik des Sowohl-als-auch übergehen. Dieser Schritt ist inzwischen nicht nur dringend geboten, sondern auch zu einer zentralen Herausforderung und Aufgabe geworden. Von alleine wird das nicht gehen, vielmehr kommt es darauf an, die mehrfache Teilhabe an unterschiedlichen Identitäten auch zu einem zentralen Thema demokratischer Bildung zu machen und als eine produktive Lebensform zu leben, zu diskutieren, anzuerkennen, einzuüben und zu verinnerlichen. Diese Übung ist für Jugendliche ebenso wichtig wie für Erwachsene, und für Menschen mit Migrationsgeschichte so aktuell wie für alteingesessene Deutsche. Alle könnten davon profitieren: Das eigene Selbst kann dabei pluraler und relationaler werden. Das geht aber nur, wenn man versteht, fühlt und erlebt, was man mit anderen Menschen teilt. Identitäten, die vordringlich gegen andere gewendet sind, werden gefährlich und selbstzerstörerisch. Sobald man gelernt hat, die Perspektive von einer Identität zur anderen zu verschieben, werden sie elastisch und verhandelbar.

Religio duplex: Universalismus und Kosmopolitismus

Im säkularen Geist der Aufklärung suchten Denker wie Herder und Mendelsohn, aber auch Lessing und Kant vermehrt nach dem, was Menschen über ihre Grenzen hinweg miteinander verbindet. Und sie wurden auch fündig, denn in der Vielfalt der unterschiedlichen Religionen entdeckten sie die Einheit einer übergreifenden Menschheitsmoral, die sie ins Zentrum ihrer Aufmerksamkeit rückten. Diese Entdeckung führte zu der Idee einer doppelten Religion, einer «religio duplex», die eine Distanz von der Offenbarung ermöglichte und damit die Perspektive eines Denkens auf zwei Ebenen eröffnete.[18] Diese Unterscheidungsleistung und geistige Denkübung vom Ende des 18. Jahrhunderts hat im Globalisierungszeitalter, in dem wir uns 250 Jahre später befinden, eine ganz neue Aktualität gewonnen. Damals hat sie eine Tradition des Freigeistes und der Toleranz begründet, heute begründet sie eine Tradition friedlicher Koexistenz und der Anerkennung von Differenz. Ihre beiden Grundsätze lauten kurzgefasst: Partikulare Religion und universalistische Moral dürfen sich nicht ausschließen, und: Die Menschheit kann sich nur selbst konstituieren, und dafür braucht sie Grundsätze einer universalistischen Moral.

Eine moderne Fassung der *religio duplex* hat der Londoner Rabbiner und Philosoph Jonathan Sacks in seinem Buch *The Dignity of Difference* von 2002 in bewundernswerter Klarheit auf den Punkt gebracht. Wie schon Moses Mendelssohn unterscheidet Sacks zwischen universalen Wahrheiten und Glaubenswahrheiten. «Das Judentum», schreibt er, «ist ein partikularistischer Monotheismus. Es glaubt an Einen Gott, aber nicht an *eine* Religion, *eine* Kultur, *eine* Wahrheit. Der Gott Abrahams ist der Gott aller Menschen, aber der Glaube Abrahams ist nicht der Glaube aller Menschen.»[19] «Gott ist universal, Religionen sind partikulär. Religion ist die Übersetzung Gottes in eine partikuläre Sprache und damit in das Leben einer Gruppe, einer Nation, einer Glaubensgemeinschaft.»[20] Gott gibt es nur im Singular, Religionen nur im Plural. Religionen begründen Identität, und Identität bedeutet Differenz.[21] «Gott ist der Gott der gesamten Menschheit, aber zwischen Babel und dem Ende der Tage ist kein Glaube der Glaube der gesamten Menschheit.»[22] Jonathan Sacks vertritt einen Standpunkt, den der Soziologe Ulrich Beck als «Kosmopolitismus» definiert:

> Universalismus heißt: Die religiösen Unterschiede werden eingeebnet, so dass die Gemeinsamkeit zwischen ihnen im kleinsten gemeinsamen moralischen Nenner besteht. Der Kosmopolitismus dagegen betont die Würde und Bürde der Differenz, das unauflösbare In- und Gegeneinander von Universalismus und Partikularismus.[23]

Diese Form von Kosmopolitismus ist allerdings ohne Universalismus, die Konstruktion einer übergeordneten Ebene allgemeiner Ideen, Grundsätze, Werte und Normen, gar nicht möglich. Universalismus, so wie wir ihn verstehen, ist nicht der Gegensatz, sondern die Bedingung der Möglichkeit von «Kosmopolitismus». Die Einebnung der religiösen Unterschiede wäre demgegenüber als ein Globalisierungseffekt zu interpretieren.

Glaubenswahrheiten sind nach Jonathan Sacks niemals universal, aber andererseits sind sie darum keineswegs relativ.[24] Innerhalb ihres Geltungsbereichs im Horizont einer gegebenen Religion sind sie *absolut*. Sacks bedient sich in diesem Zusammenhang der von Michael Walzer eingeführten Unterscheidung zwischen «dichten» *(thick)* und «dünnen» *(thin)* Bindungen. Die Bindung, die eine Religion zwischen Gott und seinen Verehrern stiftet – Sacks führt das Wort *religio* auf *religare* («rückbinden») zurück und nicht auf *religere* («sorgfältig, aufmerksam, andächtig beachten»)[25] –, ist eine «dichte» Beziehung, sie hat mit Liebe zu tun. Die Suche nach universalen Wahrheiten eignet der Wissenschaft, die Religion zielt wie die Liebe auf das Besondere, einzelne. «Das ist es auch, was den Gott der Bibel von dem Gott der Philosophen unterscheidet.»[26] Sacks lässt zwar keinen Zweifel daran, dass er mit dem Gott der Philosophen ebenso wenig anfangen kann wie Pascal,[27] aber wenn Gott, wie er schreibt, universal ist im Gegensatz zu den partikularen Religionen, dann ist dieser universale Gott nicht der Gott der Bibel, und dann kann der Gott der Bibel nur ein partikularer Gott sein. Der Gott der Philosophen ist ein verborgener Gott, er transzendiert alle Vorstellungen, die sich Menschen von ihm machen können, es ist der Gott von Schönbergs Moses, dem Aron mit Recht entgegenhält: «Kann man lieben, was man sich nicht vorstellen darf?»[28] Das ist auch der Gott, an den Jonathan Sacks denkt, wenn er ihn «universal» nennt, es ist der Gott, den er *denkt*, aber nicht der Gott, den er *liebt*, der Gott der Bibel. Sacks ist Rabbiner und Philosoph, er lebt eine doppelte Religion, er freut sich seines Gottes im Rahmen seiner Religion und der von ihr gestifteten dichten Beziehungen und Überzeugungen, aber im vollen Wissen darum, dass es andere Religionen mit ebenso dichten im Sinne von absoluten Beziehungen und Überzeugungen gibt.

Das Besondere an Sacks' Version der *religio duplex* und des Prinzips der doppelten Mitgliedschaft ist, dass er sie in der Bibel selbst verankert. Für ihn besteht der Gegensatz nicht zwischen dem außerbiblischen und als solchen universalen Gott der Philosophen und dem biblischen Gott, sondern zwischen dem Gott Noahs und dem Gott Abrahams, oder genauer: zwischen dem Bund, den Gott mit Noah und der Menschheit schließt, und dem Bund, den er mit Abraham und seinem «Samen», dem zukünftig aus seiner Nachkommenschaft hervorgehenden Volk, schließt. «Einerseits», schreibt er, «sind wir Mitglieder der universalen Menschheitsfamilie und folglich des (noachitischen) Bundes mit der gesamten Menschheit. (…) Andererseits sind wir auch Mitglieder einer partikulären Familie mit ihrer ganz eigenen Geschichte und Erinnerung.»[29] Für Sacks ist die eine Mitgliedschaft eine Sache «dünner», abstrakter, philosophischer Begrifflichkeit und die andere eine Sache «dichter» Gefühle und Verpflichtungen, einer «‹dichten›, d. h. kontext-gebunden Moral».[30] Er verweist in diesem Zusammenhang auf Michael Walzer, der den Gegensatz zwischen universaler Menschheit und partikularen Gesellschaften am Begriff des Gedächtnisses festmacht:

> Gesellschaften sind zwangsläufig partikular, weil sie aus Mitgliedern und Erinnerungen bestehen, aus Mitgliedern *mit* Erinnerungen an ihr eigenes, und an ihr gemeinschaftliches Leben. Demgegenüber hat die Menschheit zwar Mitglieder, aber keine Erinnerung, und folglich auch keine Geschichte, keine Kultur, keine überlieferten Bräuche, keine vertrauten Lebensweisen, keine Feste, kein gemeinsames Verständnis sozialer Güter. Derartiges zu haben ist menschlich, aber es gibt nicht nur eine einzige menschliche Weise, solche Güter zu haben. Gleichzeitig können die Mitglieder all der verschiedenen Gesellschaften, eben weil sie Menschen sind, die verschiedenen Sitten der jeweils anderen anerkennen, wechselseitig auf Hilferufe der anderen reagieren, voneinander lernen und (manchmal) in den Kundgebungen der anderen mitmarschieren.[31]

Was Walzer hier voneinander unterscheidet, sind genau die beiden Ebenen der *religio duplex* in moderner, säkularer Fassung. Es ist aber in keiner Weise einzusehen, warum sich die «andere» Ebene, die Ebene der Menschheit, gar so blass oder «dünn» darstellen muss. Hier scheint sich in den zwanzig Jahren seit Erscheinen von Walzers Buch Entscheidendes geändert zu haben und weiter zu ändern. Es stimmt weder, dass es auf dieser Ebene kein Gedächtnis und keine Geschichte gibt, noch dass im Zeitalter des Anthropozäns keine Auffassungen über gemeinsame Herausforderungen, Bedrohungen, Güter, Ziele und Werte existieren. Es gibt auch ein wachsendes Unrechtsbewusstsein für das, was den Verlierern der Globalisierung angetan wird, eine wachsende Solidarität mit Unterdrückten und Notleidenden auf der ganzen Welt und nicht zu vergessen: Es gibt eine wachsende Zahl an nichtstaatlichen Organisationen und an Möglichkeiten, durch Spenden, Unterschriften und Protestbekundungen als Weltbürger aktiv zu werden. Vor allem das Internet hat unsere Begriffe von Ferne und Nähe, *thickness* und *thinness*, tiefgreifend verändert. Es gibt neben *fake news* und Hassbotschaften auch immer mehr Medien und Foren weltumspannender Kommunikation und Interaktion wie Facebook, Myspace, X usw., und Bemühungen, auf transnationaler und globaler Ebene für bestimmte geschichtliche Erfahrungen so etwas wie ein Menschheitsgedächtnis zu stiften.

Auch die verstärkten Bemühungen um eine Globalisierung der Menschenrechte und anderer universaler Werte zielen auf die Bildung einer übergreifenden Zivilisation, deren Werten und Normen sich auch die partikularen Religionen unterzuordnen haben. Religiös begründete Verweigerung von Menschenrechten werden weltweit geächtet. Je mehr die Menschheit im Zeitalter der Globalisierung zusammenwächst, desto «dichter» muss sich auch die Mitgliedschaft auf dieser Ebene im Sinne von Solidarität, Rücksicht und gegenseitiger Anerkennung im Laufe der nächsten Jahrzehnte ausgestalten. Gesellschaften «haben» kein Gedächtnis, aber sie machen sich eines. Warum sollte sich nicht die Menschheit als Ganze eines machen? Sie ist auf dem besten Wege dazu.

Im Zeitalter der Globalisierung leben und denken wir längst auf zwei Ebenen. So wie wir gelernt haben, dass die Erinnerung des Einen nicht das Vergessen oder auch die Beschuldigung des Anderen bedeuten darf, müssen wir auch lernen, die Religion des Anderen nicht als Heidentum oder Unglaube einzustufen. Das bedeutet gerade nicht, dass alle bestimmten, historischen Religionen in einer blassen und allgemeinen Menschheitsreligion aufgehen sollen, sondern dass sie sich in ihren Besonderheiten einander verständlich machen, aufeinander Rücksicht nehmen und sich im Hinblick auf übergeordnete, in der menschlichen Natur oder in der Natur der Sache eines gemeinsamen Überlebens gelegene Kategorien zivilen Zusammenlebens zurücknehmen müssen, ohne dabei ihre Farbe und ihre Verbindlichkeit zu verlieren. Die Religionen müssen lernen, sich mit den Augen der anderen zu sehen. Das nennt Ulrich Beck den «kosmopolitischen Geist»:

> «Kosmopolitisch» meint: den religiösen Blickwechsel, die verinnerlichte «Als-ob-Konversion», das praktizierte Sowohl-als-auch, die Fähigkeit, die eigene Religion und Kultur mit den Augen der Religion und Kultur der Anderen zu sehen. Wie und inwieweit hat dieser «kosmopolitische Geist» der Weltgesellschaft tatsächlich eine *realistische* Chance auf Verwirklichung?[32]

«Sowohl – als auch»: Das ist die Formel der *religio duplex,* und Kosmopolitismus war die Forderung Lessings, Mendelssohns und der freimaurerischen Aufklärung. Das 19. und 20. Jahrhundert haben verschüttet, was im späten 18. Jahrhundert vorgedacht wurde. Aber auch Gandhi kam auf ähnliche Gedanken: Eine Selbstzurücknahme der bestimmten «religions» sollte die Grundlage einer allgemeinen «Religion» *(of truth)* bilden für eine Koexistenz von Muslimen und Hindus im selben «Haus». Gandhi bestand auf der Trennung von Religion und Staat, weil er einen unabhängigen Staat anstrebte, in dem alle Religionen, insbesondere Hinduismus und Islam, friedlich koexistieren können. Vereinbar mit dem Staat ist allein die Religion mit großem R, «the universal and all-pervading spirit of Truth». Dieser moralischen Verantwortung kann sich die Politik auf Dauer nicht entziehen. Leider hat sich diese Unterscheidung geschichtlich bislang noch als utopisch erwiesen, aber als anzustrebendes Ideal ist sie keineswegs erledigt.

Moral und Menschheit

Nietzsches Absage an die christliche Moral

In der Regel fragen Historiker, wann etwas Neues in die Welt kommt und den Gang der Dinge nachhaltig veränderte, aber nicht unbedingt, wann diese Entwicklung an ihr Ende kam. Das jüdische und christliche Liebesgebot hat eine neue Form der Moral in die Welt gebracht, es wurde jedoch auch ein großangelegter Versuch unternommen, dieser Moral den Kampf anzusagen und sie in aller Form zu beenden. Die zentrale Figur dieser Geschichte ist Friedrich Nietzsche, der selbst aus einem sächsischen Pfarrhaus stammte. Er, der 1900 starb, sah sich an einer Epochenwende Europas und fühlte sich dazu berufen, diese einzuleiten und durchzusetzen. Nietzsche philosophierte deshalb «mit dem Hammer», wie er es nannte, um das Alte zu zerschlagen und dem Neuen den Weg zu bahnen. Sein Buch mit den erfundenen Lehren Zarathustras sollte die Ära des Christentums durch ein neues Evangelium beenden. Er schrieb es «für alle und keinen». Von der ersten Auflage 1883 wurden 60 Exemplare verkauft, 1906 waren es bereits 60 000, im Dritten Reich hatte es Massenauflagen.[33]

Nietzsche sah Europa im Untergang und Übergang, als Ende und Anfang, als Vergangenheit und Zukunft «auf der obersten und untersten Sprosse auf der Leiter des Lebens». Der alte christliche Glaube war untergegangen in einer sinnlos gewordenen Welt, Europa musste neue Anstrengungen unternehmen, um die Weltherrschaft weiterhin zu sichern. Als Europäer rechnete sich Nietzsche zu den Eroberern und dachte «über die Notwendigkeit neuer Ordnungen nach, auch einer neuen Sklaverei – denn zu jeder Verstärkung und Erhöhung des Typus ‹Mensch› gehört auch eine neue Art Versklavung hinzu».[34]

Das Zeitalter, das Nietzsche unbedingt hinter sich lassen wollte, sang das Sirenenlied der gleichen Rechte und freien Gesellschaft; es nahm für sich in Anspruch, «das menschlichste, mildeste, rechtlichste Zeitalter zu heißen, das die Sonne bisher gesehen hat».[35] Im Lichte seiner Leitopposition «stark versus schwach» sah Nietzsche in allen zivilisatorischen Errungenschaften nichts anderes als «den Ausdruck der tiefen Schwächung, der Ermüdung, des Alters, der absinkenden Kraft».[36] Im Namen eines neuen Menschen sollten Religion, Moral und Gewissen aus der europäischen Erbschaft getilgt werden, weil sie sich als Werkzeuge des Zwangs, der Zähmung und Disziplinierung erwiesen hatten. Der neue Mensch musste von den Fesseln der Gebote, der Moral und des Mitleids befreit werden, um den Anforderungen des neuen Zeitalters gewachsen zu sein. Das zivilisierte alte Europa galt als krankhaft verweichlicht, das Programm für die Zukunft hieß Vermännlichung Europas: «Eine herrschaftliche Rasse kann nur aus furchtbaren und gewaltsamen Anfängen hervorwachsen. Problem: wo sind die Barbaren des 20. Jahrhunderts? Offenbar werden sie erst nach ungeheuren sozialen Krisen sichtbar werden und sich konsolidieren – es werden die Elemente sein, die der größten Härte gegen sich selber fähig sind und den längsten Willen garantieren können.»[37]

Als Jude hat Karl Löwith, ein profunder Kenner Nietzsches, dessen Werk sicher anders gelesen als seine nicht-jüdischen Leser. Er konnte nicht umhin, festzustellen, dass der unzeitgemäße Nietzsche trotz aller Gegenerklärungen leider doch sehr zeitgemäß war. 1935 schrieb er, Nietzsche erzähle «die Geschichte der Zukunft, die nun unsere Gegenwart ist».[38] Der zweite Napoleon, dem Nietzsche den Weg bereiten wollte, hatte gerade seine Macht angetreten und hieß Adolf Hitler. Die Demokratisierungsphase der Weimarer Republik, «die Entwicklung des Herdentieres», hatte die Tyrannei, «die Entwicklung des Führertiers» hervorgetrieben. Fünfundzwanzig Jahre später ging Löwith noch einmal auf die Frage der Verantwortung ein und gab zu bedenken, dass diese zwei Seiten habe: «die direkte Selbstverantwortung des Autors für das, was er mit seiner Aussage mitteilen wollte, und die indirekte Mitverantwortung für die mögliche Antwort, die sein Anspruch hervorrufen soll».[39] Die ungeheure Wirkung, die von Nietzsches Schriften ausging, ist jedenfalls nicht zu leugnen. «Mit einer unerhörten Härte und Rücksichtslosigkeit» hat Nietzsche «Maximen geprägt, die dann in das öffentliche Bewusstsein drangen, um zwölf Jahre hindurch praktiziert zu werden: die Maxime des Gefährlichlebens, die Verachtung des Mitleids und des Verlangens nach Glück und die Entschlossenheit zu einem entschiedenen Nihilismus der Tat, dem zufolge man das, was fällt, auch noch stoßen soll.»[40]

Nietzsche war nicht nur ein Prophet fürs 20. Jahrhundert, er war auch ein Prophet für seinen eigenen Ruhm. Im letzten Abschnitt von *Ecce Homo* erklärt er, «warum ich ein Schicksal bin: Es wird sich einmal an meinen Namen die Erinnerung an etwas Ungeheures anknüpfen – an eine Krisis, wie es keine auf Erden gab, an die tiefste Gewissens-Kollision, an eine Entscheidung, heraufbeschworen gegen alles, was bis dahin geglaubt, gefordert, geheiligt worden war. Ich bin kein Mensch, ich bin Dynamit.»[41] Nietzsches Schriften haben auch das Liebesgebot weggesprengt und trugen damit auf ihre Weise mit dazu bei, das «Ungeheure» des Holocaust möglich zu machen. Das wiederum war die Voraussetzung dafür, dass Moral, Menschenrechte und Menschenwürde nach dem Zweiten Weltkrieg aus dem Nichts neu aufgebaut werden mussten.

Die Neugründung der Moral

Bernhard Schlink war wie Dieter Conrad ein Schüler von Ernst Forsthoff in Heidelberg. Von ihm hat Schlink während seiner Studienzeit in den 1960er Jahren eine Formel gehört, der er später in einem Merkur-Aufsatz noch einmal nachgegangen ist. Sie lautet: «Moral versteht sich von selbst.» Schlink hat die Rezeptionsgeschichte dieser Formel genauer untersucht und dabei festgestellt, dass ihre Konjunktur deutlich abgenommen hat und sie inzwischen ganz verschwunden und ist. Ihre Tradition reicht von Friedrich Theodor Vischer, Charles Darwin und Nietzsche bis zu Freud. Als Forsthoff sie in seiner Vorlesung verwendete, fügte er die Ergänzung «in guten Zeiten» hinzu. Schlink registriert, dass der Satz, der vor hundert Jahren noch in Büchmanns *Zitatenschatz des deutschen Volkes* stand, inzwischen nicht mehr im Umlauf ist.

Tatsächlich versteht sich in Sachen Moral nichts mehr von selbst. Das hat vor allem mit Nietzsches Umwertung der Werte zu tun. Den anerzogenen Instinkt des Gewissens hat er in ein Ressentiment verwandelt und der von ihm sogenannten «Herdenmoral» eine «Herrenmoral» gegenübergestellt. Vor allem aber hat die Erfahrung totalitärer Ideologien die Frage nach der Relativierung der Moral aufgeworfen und ihr den Charakter der Selbstverständlichkeit genommen.

Schlink interessiert sich aber noch für etwas anderes. Er stellt fest: «Nicht die Inhalte sind das Problem der moralischen Normen, sondern deren Reichweite. An der Grenze der Gemeinschaft hört das Moralische auf, sich von selbst zu verstehen.» (569) Diese Einsicht ist absolut brillant. Sie macht uns darauf aufmerksam, dass das Entscheidende gar nicht der Diskurs über Moral ist, sondern die

Frage der Geltung oder Aussetzung der Regeln humanen Anstands. Wem gegenüber bin ich zu moralischem Handeln verpflichtet? Moral war bis zum Ende des Zweiten Weltkriegs ein Normensystem, das selektiv eingesetzt wurde, um den Zusammenhalt der eigenen Gruppe zu festigen. Wer außerhalb dieser Gruppe existierte – Menschen anderer Kultur, Religion oder Hautfarbe – galt nicht als Mensch im vollen Sinne und hatte deshalb auch keinen Anspruch auf Moral. Diese Zusatzregel bedeutete, einen Schritt weitergedacht: Wer mordete, musste nicht mit einem Gewissenskonflikt rechnen. Das Gewissen war anästhesiert, man befand sich in einem amoralischen Raum.

Vor diesem Hintergrund musste nach dem Zweiten Weltkrieg erst einmal ein neuer Rechtsraum für den Rechtsstaat aufgebaut werden, der bis heute auch die Grundlage der EU ist. Diese Neuformulierung der Moral und ihre rechtsstaatliche Absicherung waren die direkte Antwort auf neuartige Exzesse extremer Gewalt gegen zivile Opfer, sowohl in Form von Verbrechen der Kriegsführung, als auch in Form der Vernichtung ganzer Volksgruppen im Schatten des Krieges. Auch der erste Artikel des Grundgesetzes gehört zu diesem neuen Rechtsraum. Er hat die Aufgabe, die zu einem Instrument partikularer Politik verkommene Moral wieder auf eine neue, universale Grundlage zu stellen.

Inzwischen ist anerkannt, dass Moral nicht mehr nur partikularistisch die Eigeninteressen stützen darf, sondern darauf angelegt ist, universalistisch die Grenzen der Gemeinschaft zu überwinden. Seitdem, so betont Schlink, versteht sie sich nicht mehr von selbst. Diese Überschreitung von Grenzen liegt den Menschen nämlich nicht mehr im Blut und ist durch keine Gewohnheit gestützt, sondern bedarf der Rechtsnorm und einer kulturellen Erziehung. Das wiederum bleibt eine große Aufgabe. Das Problem der Moral hat sich auf die Frage verlagert, wie diese Grenzen überwunden werden können. Wie kann ihre Geltung auch jenseits nationaler Grenzen und einer überschaubaren, «emotional erfahrbaren Gruppe» durchgesetzt werden? Wie kann in einem welthistorischen Maßstab «die Überwindung der Grenzen des Moralischen (...), der Koordination und Kooperation, der Verteilung und des Ausgleichs über die Nationen, Interessen-

und Einflusssphären hinweg» gelingen? (569) Im Grunde sind dies Fragen einer neuen Achsenzeit: Partikulare Denkformen müssen in eine universalistische Perspektive eingebunden werden.

Die Gründung der EU als eine Staatengemeinschaft, die sich universalistischen Prinzipien verpflichtet, kann als Anfang auf einem Weg verstanden werden, der weiterführt. Denn mit der Frage der Moral stellt sich auch die Frage nach der Menschheit. Handelt es sich dabei um mehr als eine Abstraktion und ein Phantasma? Auch dazu hat Bernhard Schlink Wichtiges gesagt; in diesem Fall im Rahmen einer Vortragreihe der von Hans Küng und anderen gegründeten Stiftung *Weltethos*. Die Menschheit, so Schlink, kann sich nicht mehr als das Ziel einer Evolutionsgeschichte und eines immanenten Fortschritts imaginieren. An dessen Stelle ist ein neuer Begriff von Menschheit getreten, der mit den Forderungen des Anthropozäns verbunden ist. Als Subjekt und Objekt der planetarischen Katastrophe der globalen Erwärmung ist die Menschheit heute mit gemeinsamen globalen Gefahren und einer gemeinsamen globalen Verantwortung konfrontiert. Darin sieht Schlink aber auch eine Chance. Denn als Schicksalsgemeinschaft hat die Menschheit zum ersten Mal die Möglichkeit, sich als ein Subjekt in der Geschichte selbst zu bestimmen. Ebenso, wie der einzelne Mensch nicht durch Zuschreibungen definiert ist, sondern die Freiheit hat, sich selbst zu bestimmen, so hat auch die Menschheit die Freiheit, sich selbst zu bestimmen, zum Beispiel indem sie Verantwortung übernimmt. Die Menschheit, so Schlink, kann und wird es in dem Maße geben, wie sie sich in der Geschichte als ein kollektiver Akteur manifestiert, der Verantwortung übernimmt und partikulare Grenzen überschreitet, um das große Projekt der Zukunftssicherung für den Planeten und nachkommende Generationen zu koordinieren und durchzusetzen.

Gleiche Rechte für Ungleiche

Dreißig Jahre nach dem Diktum von Ernst-Wolfgang Böckenförde hat Ralf Dahrendorf eine Formel geprägt, in der er das Nachdenken über die Sicherung der liberalen Demokratie gegenüber den Gefahren der illiberalen Gesellschaft auf eine neue Grundlage gestellt hat. Sie findet sich in einem Essay aus dem Jahr 1994, der kurz nach der Wiedervereinigung der deutschen Teilstaaten entstanden ist. Darin hat der deutsch-britische Soziologe einen bis heute erhellenden Beitrag zur Konstitution der ethnisch und kulturell diversen Demokratie und damit, wie wir zu zeigen hoffen, auch zu unserer aktuellen politischen Situation geleistet.[42] Er unterscheidet dabei zwischen zwei Typen von Nationalstaaten, dem autokratischen, der ethnisch homogen ist, und dem demokratischen, der heterogen und divers ist. Jeden Typ von Nationalstaat hat er in einem prägnanten Satz charakterisiert.

Der erste dieser beiden Sätze lautet: «Der *homogene* Nationalstaat steht immer in der Gefahr der Aggression gegenüber Minderheiten und Nachbarn.» Diese Gefahr haben wir in den Parolen der Nationalisten täglich vor Augen: Sie sortieren Menschen nach Herkunft und Rasse und nehmen dabei Zuwandernde als bedrohliche Fremde und Feinde war. Der zweite der beiden Sätze lautet: «Der *heterogene* Nationalstaat steht immer vor der Herausforderung der gleichen Rechte für Ungleiche.» (753)

Bei dem Wort «Ungleiche» dachte Dahrendorf weder an ökonomische noch soziale und schon gar nicht an angeborene Unterschiede wie Herkunft oder Hautfarbe. Genau das war nämlich im 19. Jahrhundert in den kolonialen Imperien der Fall. Es herrschte damals eine wissenschaftliche, von den Universitäten begründete und beglaubigte Rassentheorie, die auf dem Prinzip einer «natürlichen Ungleichheit» der Menschen aufbaute. Dieses rassistische Menschenbild hat den Kolonialismus gestützt und es hat in einer weiteren Konsequenz zu Auschwitz geführt. Rassismus und Antisemitismus, Kolonialgeschichte und die Geschichte des Holocaust sind sehr unterschiedliche Ausprägungen von Menschheitsverbrechen, in denen sich die Deutschen in der Geschichte des 19. und 20. Jahrhunderts besonders hervorgetan haben. Beiden Formen gruppenbezogener Menschenfeindlichkeit liegt ein «Trennungswahn» zugrunde, dem Menschen verfallen, um andere Menschen zu unterdrücken und auszubeuten wie im Kolonialismus oder zu vernichten wie im antisemitischen NS-Staat.

Dahrendorf bezieht den Begriff der «Ungleichen» auf die liberale

Demokratie und den ethnisch heterogenen Nationalstaat. Er nimmt damit die Realität eines Identitätsmanagements in der diversen Gesellschaft vorweg, das Differenzen affirmiert und unterschiedliche Ausprägungen kultureller Identität unter Schutz stellt. Während Rassismus oder Antisemitismus den Anderen als Abweichung von der eigenen Norm wahrnimmt, als minderwertigen Fremden oder bedrohlichen Feind in negative Schablonen presst und ihm damit sein ebenbürtiges Menschsein abspricht, besteht die fundierende Sozialbeziehung innerhalb einer liberalen Demokratie im Respekt gegenüber dem Anderssein des Mitmenschen, in der Anerkennung seiner Differenz und in einer Affirmation seiner Menschenwürde.

Der erste Artikel des Grundgesetztes ist gut bekannt: «Die Würde des Menschen ist unantastbar.» Weniger bekannt ist das, was dieser Würde vorausging und ihren Hintergrund bildet: der Trennungswahn, der die Ungleichheit anderer Menschen zur Doktrin erhob, um sie auszugrenzen, auszubeuten, zu unterdrücken, zu verfolgen und zu vernichten. Deshalb hebt der erste Artikel der Menschenrechtserklärung von 1948 die fundamentale *Gleichheit* der Menschen hervor, die darin besteht, worauf alle denselben Anspruch haben: «Alle Menschen sind frei und gleich an Würde und Rechten geboren. Sie sind mit Vernunft und Gewissen begabt und sollen einander im Geiste der Brüderlichkeit begegnen.»

Diese Menschenrechtserklärung wurde nötig, weil in der Zeit der NS-Diktatur das Dogma von der Ungleichheit der Menschen in den Mittelpunkt des Staates rückte. Als ungleich im Rahmen des wissenschaftlich untermauerten Trennungswahns galten nicht nur Menschen unterschiedlicher Hautfarbe und Abstammung, sondern auch Gesunde im Gegensatz zu psychisch oder körperlich Beeinträchtigten. 1927 gründete die Kaiser-Wilhelm-Gesellschaft ein Institut für «Anthropologie, menschliche Erblehre und Eugenik» in Berlin-Dahlem. 1923, als sich die erste, noch unerfahrene und unsichere deutsche Demokratie gerade festigen sollte, erschien von dem Juristen Carl Schmitt die Schrift *Die geistesgeschichtliche Lage des heutigen Parlamentarismus.* Darin finden sich Sätze, die zeigen, wie dehnbar der Begriff der Demokratie in der Weimarer Republik war: «Jede wirkliche Demokratie beruht darauf, dass nicht nur Gleiches gleich, sondern, mit unvermeidlicher Konsequenz, das Nichtgleiche nicht gleich behandelt wird. Zur Demokratie gehört also notwendig erstens Homogenität und zweitens – nötigenfalls – die Ausscheidung oder Vernichtung des Heterogenen.»[43] Rassismus und Antisemitismus waren keine Erfindungen der NS-Zeit, aber die zwölf Jahre der Hitler-Diktatur boten beiden Formen des Trennungswahns Rahmenbedingungen für ihre radikalste Ausprägung.

Der *heterogene* Nationalstaat, von dem Dahrendorf spricht, unterscheidet sich grundlegend vom (ethnisch) *homogenen* Nationalstaat. Er besteht aus Ungleichen, also Menschen unterschiedlicher Herkunft, Sprachen und Kulturen. Auf diese Differenzen werden Menschen jedoch nicht (mehr) von außen festgelegt, sondern es ist ihre Sache, ob sie sich zu ihnen bekennen oder nicht. Inzwischen prägen nicht mehr nur soziale, sondern immer stärker auch ethnische, religiöse, kulturelle und sexuelle Differenzen die Lebenswelt, die die alteingesessenen Deutschen mit den Zugewanderten teilen. Die Anerkennung dieser Differenzen macht die diverse Gesellschaft aus. Zugewanderte Menschen nicht zu unterdrücken, zu marginalisieren oder zu ghettoisieren, sondern ihnen gleiche Rechte zu verschaffen und Partizipationschancen zu eröffnen, genau darin steckt die bleibende Herausforderung der «gleichen Rechte für Ungleiche».

Man mag hier einwenden: Warum gleiche Rechte für Ungleiche, wo es sich bei Menschen doch, wie soeben betont wurde, prinzipiell um Gleiche handelt. Die prinzipielle Gleichheit der Menschen wird durch kulturelle Unterschiede nicht tangiert, vielmehr ist das Gleichheitsprinzip mit der Differenz von Herkünften, Erbschaften, Geschichten und freien Optionen der Selbstbestimmung und Lebensformen vereinbar. Identitäten sind unter diesen Umständen nichts Abwegiges, sondern ein Menschenrecht der individuellen oder kollektiven Selbstbestimmung. Um die gefährlichen Auswüchse der Identitätspolitik, die es auch gibt, auszuschließen, müssen allerdings zwei Bedingungen erfüllt sein. Das erste Prinzip der liberalen Demokratie ist selbstverständlich. Es besteht in der verpflichtenden Vorgabe eines alle Mitglieder der Gesellschaft umgreifenden, bindenden und gleichstellenden Rechtssystems. Das zweite Prinzip der liberalen Demokratie besagt, dass sich partikularistische Interessen und universalistische Prämissen nicht gegenseitig aushebeln dürfen, sondern einander ergänzen. Es gibt für eine Gruppe nicht nur eine Identität, sondern mehrere Identitäten und entsprechend auch «mehrfache Zugehörigkeiten». Diese Pluralität erlaubt multilaterale Kommunikation und produktive Beziehungen über Identitätsgrenzen hinweg. Es gibt keine wie auch immer definierte Gruppe, die nicht in der Interaktion mit einer anderen die Quellen ihrer gemeinsamen Menschlichkeit entdecken könnte. Diese wachsen mit der Möglichkeit gemeinsamer Herausforderungen und Projekte, die wiederum Wege zur Solidarität eröffnen können. Das sind wichtige Möglichkeiten und Perspektiven, um verfestigte Identitätsgrenzen fallweise zu überwinden und das gesellschaftliche Klima positiv zu beeinflussen. Die «Dahrendorf-Formel» erkennt diese selbstgewählten Unterschiede an, die die heterogene Gesellschaft ausmachen, und verbindet sie mit der Sicherung gleicher Rechte.

Wir sind in diesem Buch unterschiedlichen Denk-Impulsen gefolgt, die auf eine Lücke im säkularen demokratischen Rechtsstaat hinweisen. Was diese Lücke füllen kann, wurde in einem ersten Schritt mit dem Stichwort der «politischen Kultur» angedeutet. Auf eine politische Kultur haben sich unabhängig voneinander so unterschiedliche Denker bezogen wie Ernst-Wolfgang Böckenförde mit seinem Hinweis auf eine Lücke im Institutionengefüge des demokratischen Rechtsstaats, Eva Illouz mit ihrer offenen Frage nach den tragenden Emotionen in der Zivilgesellschaft oder Ralf Dahrendorf mit seiner Betonung der gleichen Rechte für Ungleiche. Diese Bemühungen um Konkretisierung des abstrakten Begriffs der politischen Kultur ergänzen wir durch unsere Reaktivierung des Begriffs «Gemeinsinn». Zu diesem Komplex fügen wir hier noch ein weiteres Stichwort hinzu: die Menschenpflichten, die wir den Menschenrechten an die Seite stellen.

Menschenrechte und Menschenpflichten

Wenn wir über die Menschenrechte sprechen, sind wir beim moralischen Kern der modernen Demokratien angekommen. Aus einer westlichen Perspektive betrachtet haben sie einen europäischen Ursprung und reichen in die Frühe Neuzeit, ins Zeitalter der Aufklärung zurück. Sie sind mit dem Amerikanischen Unabhängigkeitskrieg (1775) und der Französischen Revolution (1789) verbunden und haben heute einen universalen Anspruch. Im 18. und 19. Jahrhundert blieben die Menschenrechte bürgerliche Privilegien, die Frauen und Sklaven ausschlossen. In der französischen Kolonie Haiti, wo die Weißen gar ein «Menschenrecht auf Sklaverei» geltend machten, gab es einen ersten Durchbruch: 1791 kam es in der vor allem von Sklaven vorangetriebenen Haitianischen Revolution zur Deklaration der Menschenrechte, die zur Abschaffung der Sklaverei und 1804 zur Unabhängigkeit Haitis führte. Der Anführer dieser Revolution, Touissant Louverture, wurde nach Frankreich entführt, wo er 1803 starb.[44]

Die Bedeutung der Menschenrechte hat sich in der Geschichte mehrfach verändert. Es sind nicht nur die Ausgeschlossenen nach und nach allmählich eingeschlossen worden. Nach dem Zweiten Weltkrieg ist zudem die Kategorie der «zivilen Opfer» einer exzessiven asymmetrischen Gewaltgeschichte hinzugekommen. Vor diesem Hintergrund haben jüdische Juristen Lehren aus dieser Erfahrung gezogen und in Europa einen neuen Rechtsraum geschaffen. «Die Menschheit hat keine Feinde», erklärte Carl Schmitt, aber die Menschlichkeit hat viele Feinde. Nach dem Zweiten Weltkrieg haben diese Rechtsgelehrten deshalb neue Begriffe geprägt: Hersch Lauterpacht prägte den Begriff «Verbrechen gegen die Menschlichkeit», Raphael Lemkin prägte den Begriff «Genozid» und René Cassin und sein Mitarbeiter Stéphane Hessel arbeiteten an einer Neuformulierung der Menschenrechte. Alle drei haben große Teile ihrer Familien im Holocaust verloren.

Die Menschenrechte sind inzwischen in die Verfassungen aller modernen Demokratien eingegangen. Daneben existiert der Begriff der Menschenpflichten, der es nicht zum Verfassungsrang gebracht hat, aber in unterschiedlichen Varianten als Ergänzungsbegriff zu den Menschenrechten im Umlauf ist. Was hat es mit den Menschenpflichten auf sich? Wo kommen sie her, worauf beziehen sie sich, was ist ihr Status? Auf diese Fragen soll im Folgenden eingegangen werden. Da es für die Menschenpflichten keine zusammenhängende, philosophisch oder historisch nacherzählbare Tradition gibt, kann es sich dabei lediglich um eine Sammlung von Beispielen und Denkanstößen handeln.

Bereits ein Jahr nach dem Ersten Weltkrieg traute Siegfried Kracauer dem Frieden nicht, sondern schrieb über Möglichkeiten der Einhegung von Gewalt. In einem Aufsatz über die drei «humanen Tugenden» der Menschenliebe, Gerechtigkeit und Duldsamkeit dachte er darüber nach, wie diese flüchtigen Emotionen und ethischen Forderungen eingehen könnten in «verfassungsmäßige Festlegungen» und «das Fundament einer staatlichen Ordnung».[45] Angesichts des Wiedererstarkens radikaler Bewegungen tauschte Kracauer sich mit Adorno aus und schrieb ihm 1930 einen alarmierten Brief über die politische Situation in Deutschland, die er als «Verhängnis» bezeichnete. Er zählte auf, was seit dem Krieg «alles bei uns zerstört ist: der primitive Anstand, die ganze gute Natur und mit ihr jedes Vertrauen der Menschen ineinander».[46]

Mit ähnlichen Gedanken reagierte Thomas Mann auf die Eskalation von Gewalt während des Zweiten Weltkriegs. Er suchte nach einer säkularen Form der Zehn Gebote und dachte über eine universale Ethik nach, die in ein neues «ABC des Menschenanstandes» münden sollte. In einem Brief aus dem Jahr 1943 hat er dieses Groß-Projekt mit folgenden Worten skizziert: «Die Tendenz zu irgendeiner Art von Welt-Organisation ist unverkennbar vorhanden und nichts dergleichen ist möglich ohne eine bestimmende Dosis säkularisierten Christentums, ohne eine neue Bill of Rights, ein alle bindendes Grundgesetz des Menschenrechts und Menschenanstandes, das unabhängig von Staats- und Regierungsformen ein Minimum an Respekt vor dem Homo Dei allgemein garantiert.»[47]

Diese neue Bill of Rights wurde tatsächlich Realität in der Deklaration der Menschenrechte von 1948. Es waren, wie die Philosophin

Onora O'Neill bestätigt, «erst die Schrecken des Zweiten Weltkrieges», die deutlich gemacht haben, «dass es ohne allgemein gültige moralische Standards keine Gegenwehr gegen Menschheitsverbrechen gibt». Mit der neuen Erklärung der Menschenrechte wurden (ganz im Sinne von Kracauer und Mann) transnationale Standards etabliert, die jenseits persönlicher Werthaltungen wirksam sind. Aber nicht unbedingt jenseits politischer und kultureller Werthaltungen. Diese Bill of Rights deshalb weiter auszubauen als ein «alle bindendes Grundgesetz des Menschenrechts und Menschenanstandes», bleibt ein Vermächtnis und eine Daueraufgabe.

Eine erweiterte, um die Menschenpflichten ergänzte Perspektive auf die Menschenrechte könnte ihnen weitere transkulturelle Anerkennung verschaffen und davor schützen, europäische Werte zu verabsolutieren. Postkoloniale Kritiker zum Beispiel bezeichnen den universalistischen Ansatz als imperial. Für eine breitere Anerkennung der Menschenrechte könnte es deshalb theoretisch und praktisch förderlich sein, ähnliche Konzepte von Menschenwürde und Gerechtigkeit auch in anderen Kulturen aufzusuchen und einzubeziehen.

Anfang der 1990er Jahre hat sich die Stiftung mit dem Namen «Weltethos» auf die Suche nach Konzepten gemacht, die geeignet sind, kulturübergreifende Resonanz und Verbindlichkeit zu erreichen. Ein interkulturelles Netzwerk von Vertretern unterschiedlicher Religionen wurde mit dem Ziel gegründet, Werte wie Gewaltlosigkeit, Solidarität, Toleranz, Gleichberechtigung und Nachhaltigkeit als global verpflichtend anzuerkennen.[48] Tatsächlich gibt es in vielen Kulturen Traditionen der gegenseitigen Achtung und Anerkennung von Mitmenschlichkeit, die aber oft verschüttet sind und nicht gepflegt werden, weil sie von religiösen Dogmen oder Ideologien überlagert werden, die ältere kulturelle Wertvorstellungen explizit negieren. Eine Aufwertung solch überlagerter Wertvorstellungen und eine größere kulturelle Pluralität von Konzepten der Mitmenschlichkeit könnte entstehen, wenn die europäisch geprägten «Menschenrechte» stärker mit traditionellen «Menschenpflichten» verbunden werden, die in allen Kulturen der Welt unabhängig voneinander entstanden und verankert sind.

Von Menschenpflichten zu sprechen ist für uns in diesem Buch auch schon deshalb sinnvoll, weil es hier eine weitere etymologische Spur gibt. Denn das Wort *communis* wird als Zusammensetzung von *cum,* «zusammen mit», und *munus,* «Pflicht, Gabe, Dienst» gedeutet. Daher lässt sich das Wort «Gemeinsinn» auch mit dem Begriff der «Menschenpflichten» in Verbindung bringen.[49] Von Menschenpflichten oder einem «Weltethos» zu sprechen, könnte die Möglichkeit stärken, zwischen unterschiedlichen Konzepten der Mitmenschlichkeit Verbindungen herzustellen und diese – im Sinne von Achille Mbembe – von einer Kultur in die andere zu übersetzen.[50] Eine engere Verknüpfung von Menschenrechten und Menschenpflichten könnte einen Denkraum eröffnen, der es ermöglicht, Kulturen enger miteinander zu verbinden und damit zugleich die Geltung und Legitimität von Menschenrechten im globalen Diskurs zu stärken.

Die Frage, wie man sich eine stärkere Einbindung der Menschenrechte in kulturelle und gesellschaftliche Strukturen vorstellen kann, hat den Sozialphilosophen Hans Joas und den Rechtstheoretiker Christoph Möllers beschäftigt. Joas hat einen Vorschlag gemacht, der die Geltung der Menschenrechte auf eine neue Grundlage stellt und dabei alle bisherigen Einschränkungen und Ausgrenzungen vermeidet. Er gründet sie auf *Die Sakralität der Person,* so der Titel seines Buches. Damit betont er den religiösen Kern der Menschenrechte und lässt durchblicken, dass es sich dabei nicht um ein rein säkulares Projekt handelt. Er geht aber nicht von der biblischen Vorstellung der Gottesebenbildlichkeit des Menschen als ihrem Ursprung aus, was den Geltungsanspruch der Menschenrechte für Angehörige anderer Religionen eingeschränkt hätte. Mit der Heiligsprechung der Person als Grundlage der Menschenrechte wird vielmehr ein universalistischer Anspruch formuliert, der eine abstrakte Diskussion über Normen übersteigt und auf diese Weise die Akzeptanz und Geltung von Menschenrechten in unterschiedlichen historischen und kulturellen Kontexten ermöglichen soll.

Der Rechtstheoretiker Möllers hat eingewandt, dass Joas nicht klar genug zwischen Menschen*würde* und Menschen*rechten* unterscheide. Joas sei zwar die Fundierung dieser komplexen Idee eindrucksvoll gelungen, aber die Umsetzung und Praxis von Menschenrechten sei dabei vernachlässigt worden. Die Menschenrechte, so Möllers, «bewegen sich an einer Kreuzung von Politik, Recht, Moral, vielleicht auch Religion».[51] Sie konkretisieren sich erst, wenn alle diese Dimensionen sowie die entsprechenden Institutionen und ihre Praxisfelder an der Umsetzung dieses Projekts beteiligt sind. Eine erhebliche Einschränkung der Geltung der Menschenrechte besteht zum Beispiel in der Tatsache, dass sie heute nur in Demokratien wirksam geschützt und umgesetzt werden können.

Wie also gestaltet sich das Verhältnis von Bürgerrechten und Menschenrechten? Bürgerrechte sind nationale Rechte, Menschenrechte sind transnationale Rechte, die bisher aber nur von demokratischen Staaten garantiert und umgesetzt werden. Die Bedeutung der Menschenrechte in der Wertehierarchie eines politischen Systems wird in einer klaren Rangordnung ausgedrückt. Der moderne demokratische Verfassungsstaat stellt seiner Verfassung einen Menschenrechtskatalog voran, um zu zeigen, dass seine Verfassung auf den Menschenrechten fußt. Der Staat selbst gründet wiederum auf der Verfassung. In dieser Rangordnung bilden die Menschenrechte den moralischen Kern der demokratischen Verfassung. Dieser Kern wird aber meist erst in der Situation der Verletzung und Krisen sichtbar. Während Bürgerrechte jedem Mitglied eines Staates von Geburt an zukommen und innerhalb des Gemeinwesens durch eine Aura der Selbstverständlichkeit geschützt sind, werden Menschenrechte meist erst zu einem Thema, wenn sie herausgefordert, gefährdet und verletzt werden.

Um welche Rechte handelt es sich dabei? Manche verteilen sie auf die drei Grundpfeiler Freiheit, Gleichheit und Teilhabe: Der erste Pfeiler stützt Rechte, die dem Leben und der Entfaltung der Person dienen, der zweite artikuliert Formen der Gleichheit, und der dritte bezieht sich auf die Dimension der politischen Mitwirkung. Christoph Möllers kommentiert diesen dritten Pfeiler: «Hannah Arendts Vermutung, dass das Fundament aller Menschenrechte die Teilhabe in einer politischen Gemeinschaft sei, hat sich auch als empirisch spektakulär richtig erwiesen.»[52] Menschenrechte verpflichten den Staat zum Schutz der Existenz von Leib und Leben der Person, ihrer Gleichheit, Integrität und Würde sowie zum Schutz grundlegender

Freiheiten, zu denen auch die aktive Partizipation und Mitgestaltung der Gesellschaft gehört.

Obwohl Menschenrechte in der Regel isoliert behandelt werden, sollte man sie nicht unabhängig von Menschenpflichten betrachten. Ein praktisches Beispiel für die enge Verbindung zeigt sich gerade im Umweltrecht. Die Freiheiten von Individuen der einen Generation können die Freiheiten von Individuen der nächsten Generation einschränken. Angesichts der fortschreitenden Zerstörung des Planeten rücken Menschenrechte und Menschenpflichten immer enger zusammen. Denn damit zukünftige Generationen überhaupt noch Rechte wahrnehmen können, müssen sich ihre Vorgänger Schranken auferlegen und Selbstverpflichtungen eingehen. Deshalb, so der Schriftsteller und Blogger Quentin Quencher, «müssen die Rechte der kommenden Generationen gegenüber der heutigen geschützt werden. Gegenwärtige Menschenpflicht resultiert aus zukünftigem Menschenrecht.»[53]

Aber nicht nur auf der Zeitachse zeigt sich der enge Zusammenhang zwischen Menschenrechten und Menschenpflichten. Individuelle Menschenrechte brauchen nicht nur einen Rechtsraum, sie können auch nicht in einem sozialen Vakuum bestehen. Das bedeutet: sie bedürfen der Stütze und Sicherung durch Menschenpflichten, die den gesellschaftlichen Zusammenhalt stärken. Siegfried Kracauers «humane Tugenden» der Menschenliebe, Gerechtigkeit und Duldsamkeit, die er im Sinne der Friedenssicherung zusammengestellt hat, sind bereits ein Anstoß für einen Katalog von Menschenpflichten. Grundsätzlich kann man sich ganz unterschiedliche Pflichten vorstellen: Gott gegenüber, dem Staat gegenüber, der Natur gegenüber, dem Leben gegenüber. Während die Menschenrechte die Pflichten des Staats gegenüber Individuen zusammenfassen, fassen die Menschenpflichten die Pflichten von Menschen gegenüber ihren Mitmenschen und ihrer Umwelt zusammen.

Wenn man sich den ersten der dreißig Artikel der Menschenrechte genauer anschaut, die 1948 neu formuliert und proklamiert wurden, stellt man fest, dass er eigentlich gar kein Menschenrecht enthält, sondern eine allgemeine Beschreibung und, daraus abgeleitet, eine Aufforderung zur Sozialität und Mitmenschlichkeit, also eine Menschenpflicht: «Alle Menschen sind frei und gleich an Würde und Rechten geboren. Sie sind mit Vernunft und Gewissen begabt und sollen einander im Geist der Brüderlichkeit begegnen.» Während die Menschenrechte Grundrechte festhalten und Ansprüche formulieren, erinnern uns die Menschenpflichten an gegenseitige Achtung und Fürsorge und beschreiben Formen eines respektvollen Umgangs mit Mitmenschen.

Wir sollten dabei nicht vergessen, dass das erneute Ringen um Menschenrechte im 20. Jahrhundert kein rein westliches Projekt war. Zur gleichen Zeit wie René Cassin und Stephane Hessel war Mahatma Gandhi mit ähnlichen Fragen beschäftigt. Ihm war es jedoch unmöglich, die Frage nach den Menschenrechten völlig von der Frage nach den Menschenpflichten abzulösen. Für Gandhi war der enge Zusammenhang zwischen beiden selbstverständlich, wie er 1947 in einem Brief an Julian Huxley erläuterte: «Ich habe von meiner weisen Mutter, die weder Schreiben noch Lesen konnte, gelernt, dass alle Rechte, die wir verdienen und bewahren, aus gut erfüllten Pflichten stammen. So erwerben wir uns das Recht zu leben erst wirklich, wenn wir unsere Pflicht als Bürger der Welt erfüllen. Aus diesem fundamentalen Satz könnte man leicht die Pflichten von Mann und Frau ableiten und jedes Menschenrecht mit einer vorgängigen Menschenpflicht verbinden.»[54]

Dieter Conrad hat Gandhis Arbeit am Menschenrechtsbegriff und dabei seine intensive intellektuelle Auseinandersetzung mit westlichen Rechtstheorien nachgezeichnet und gewürdigt. Er zitiert auch einen weiteren Brief, den Gandhi bereits 1940 an H. G. Wells, den Verfasser der *Rights of Man,* geschrieben hat. Auch in diesem Fall ging es Gandhi um eine soziale Einbettung und kulturelle Rahmung der Menschenrechte. Seine Grundfrage lautete: Wer wird der Hüter der Menschenrechte sein? Und er fuhr fort: «Wenn Sie sich auf Propaganda und Volkserziehung verlassen, dann zäumen Sie das Pferd von hinten auf. Ich schlage Ihnen den richtigen Weg vor: Beginnen Sie mit einer Erklärung der Menschenpflichten, und ich verspreche Ihnen, dann werden die Rechte folgen wie der Frühling auf den Winter.»[55]

Es war Gandhis Anliegen, die Menschenrechte aus dem Vakuum ihres abstrakten und rein philosophischen Ursprungs herauszuholen und durch ihre kulturelle Einbettung zugleich abzustützen. Er wünschte sich, dass die Menschenrechte in ihrer abstrakten Normativität nicht so nackt und lapidar im Raume stehen wie die Zehn Gebote in der Geschichte des Christentums, sondern einbezogen sind in das Gewebe eines sozialen Lebens, das sich Gandhis Mutter als ein unlösbares Verhältnis der Gegenseitigkeit und als einen Kreislauf von Geben und Nehmen vorstellte.

Der Rechtstheoretiker Samuel Moyn geht heute ebenfalls von einem engen Zusammenhang zwischen Menschenrechten und Menschenpflichten aus. Auch er betont ihre Interdependenz, wenn auch aus etwas anderen Gründen: «Wir kennen alle die Forderung, dass alle Menschen überall Rechte haben. Aber wir machen uns nicht klar, dass diese Rechte nur durch die Erfüllung von Menschenpflichten geschützt werden.» Dabei betont er, dass eine einzelne Person ihrem Recht gar nicht ohne den Beistand vieler anderer Geltung verschaffen kann. Moyn erinnert uns daran, dass Menschenrechte, die vom Staat garantiert sind, in der Gesellschaft von Mitmenschen eingeklagt werden müssen. Es bedarf immer der Unterstützung anderer, die Aufmerksamkeit mobilisieren, Anerkennung zollen, Informationen verbreiten, Appelle formulieren und weiteren Forderungen Nachdruck verleihen. Die Staaten, denen die Umsetzung der Menschenrechte obliegt, sind nicht immer die zuverlässigsten Akteure in dieser Sache. Ohne unabhängige nichtstaatliche Organisationen wie Amnesty International (gegründet 1961) oder Human Rights Watch (1978) gäbe es keine praktische Basis für ihre Durchsetzung, denn *advocacy* (Interessenvertretung) ist die Wahrnehmung einer Menschenpflicht, deren Grundprinzip kein anderes ist als: «Seeing Others». Ohne eine politische Kultur des «Sprechens-für» im Namen bedürftiger Anderer bleiben die individuellen Menschenrechte wirkungslos. Auch deshalb sind die politischen Rechte in einer Demokratie von ihrer sozialen Einbettung gar nicht zu trennen. Samuel Moyn hat beide als einen einzigen Komplex aufgefasst und festgehalten: «Menschenrechte verkümmern ohne Menschenpflichten.»[56]

In ähnlicher Weise hat die Philosophin Onora O'Neill eine enge Verschränkung von Menschenrechten und Menschenpflichten angemahnt. Auch sie plädiert dafür, dass die gängige philosophische

Theorie der Gerechtigkeit einer Ergänzung in Gestalt von Pflichten bedarf, ganz im Sinne von Gandhis Mutter: wenn Rechte gefordert werden, muss es auch Menschen geben, die die Pflicht haben, sie einzulösen. O'Neill sieht ein Defizit der Allgemeinen Erklärung der Menschenrechte darin, dass die Träger der mit den Rechten korrespondierenden Pflichten nicht genauer bestimmt werden. Sie hält den Verweis auf «Staaten» als verpflichtete Akteure der Gerechtigkeit für zu pauschal und warnt: «Jede Umsetzung wird scheitern, solange nicht geklärt ist, wer was für wen tun soll.»[57]

O'Neill hat die Schlüsseltexte der europäischen Diskussion über Gerechtigkeit und Ethik genauer studiert und festgestellt, dass darin nicht nur von Rechten, sondern durchaus auch von Pflichten die Rede ist. Erst seit Beginn des 20. Jahrhunderts sei die Diskussion der Ethik auf die Frage der Rechte eingeschränkt worden. «Der bleibende Ausdruck dieser historischen Perspektivenumkehr vom handelnden Gebenden hin zum fordernden Nehmenden ist die Deklaration der Menschenrechte.»[58] O'Neill datiert diesen Wandel von der Pflicht zum Recht auf die Erfahrung des Ersten Weltkriegs, in dem die ehrenvolle Pflicht, das eigene Leben für das Vaterland zu opfern, mit dem Durchbruch massenhafter staatlicher Gewalt in Kriegen einherging (man denke an neue Munition wie Granaten oder den Einsatz von Giftgas).

Für O'Neill bleiben Pflichten schon deshalb ein wichtiger Gegenpart zu den Rechten, weil sie miteinander strukturell in einem Wechsel- und Ergänzungsverhältnis stehen. Für sie tun sich mit der Perspektive auf Rechte wichtige neue Fragen auf: Sind Rechte moralischer oder politischer Natur? Was macht ein Recht wirksam? Wer steht jeweils in der Pflicht: der Staat oder der einzelne Mensch? Das Verhältnis zwischen Rechten und Pflichten ist aber nicht immer symmetrisch. So gibt es zum Beispiel Pflichten des alltäglichen Anstands wie Ehrlichkeit oder Höflichkeit, auf die es kein Recht gibt. Wer jedoch diese moralischen Pflichten notorisch außer Kraft setzt, muss bei seinen Mitmenschen mit den Folgen seines Kreditverlusts rechnen.

Tatsächlich erweist sich der radikale Individualismus, der in die Menschenrechtskataloge eingeschrieben ist, als problematisch. Auch die von Hans Joas postulierte Norm einer «Sakralität der Person» spiegelt die westliche Tendenz der Atomisierung des einzelnen Menschen wider. Dieser abstrakte Grundsatz lenkt ab von den sozialen Grundvoraussetzungen der Menschenrechte. Denn keiner steht oder lebt nur für sich selbst. Leben bedeutet immer schon Teilhabe, es bedeutet, eingebunden zu sein in soziale Bezüge und von Mitmenschen umgeben zu sein.

Indem wir Begriffe wie *fraternité* und Solidarität um den Begriff Gemeinsinn ergänzen und noch die Menschenpflichten hinzufügen, überschreiten wir zugleich historische und geographische Grenzen westlicher Geistesgeschichte. *Fraternité* und Solidarität sind aus den politischen Revolutionen der westlichen Moderne hervorgegangen. Die Geschichte des Gemeinsinns ist dagegen viel älter. Vormoderne Formen von Gemeinsinn existierten bereits in hierarchischen Gesellschaften, die sich zwar nicht dem Gleichheitsprinzip verschrieben, aber die Notwendigkeit des Ausgleichs von Ungleichheit vor Augen hatten. Auch in der ego-zentrierten kapitalistischen Demokratie mit ihren radikalen Unterschieden zwischen Armut und Reichtum gab es noch lange ein tief verankertes Ethos, das die Ultrareichen zum Ausgleich gegenüber den Armen verpflichtete (man denke an die umfangreiche Spender-Kultur durch erfolgreiche Einwanderer in den USA). Diese soziale Verantwortung des Ausgleichs war in hierarchischen Gesellschaften – man denke nur an die altägyptische Ethik der Ma'at – noch tief verankert. Dieses Ethos lebt weiter in den Menschenpflichten, die Mahatma Gandhi in den 1940er Jahren den Menschenrechten als Ergänzung und Stütze an die Seite gestellt hat, und sie erfüllen, wie Samuel Moyn und Onora O'Neill zeigen, auch in modernen Demokratien noch eine wichtige Aufgabe.

Die Geschichte der Menschenrechte beginnt mit der Unabhängigkeitserklärung der Vereinigten Staaten im Jahr 1776. Aber diese Erfinder der Menschenrechte dachten noch nicht daran, die Gleichheit aller Menschen wörtlich zu nehmen. Frauen, Sklaven, Schwarzen wurde der Status des gemeinsamen Menschseins in der Verfassung und in der amerikanischen Geschichte nur zögerlich zuerkannt. Da die Rassentrennung in einigen Staaten per Gesetz noch bis in die

1960er Jahre festgeschrieben war, bedurfte es nach dem amerikanischen Bürgerkrieg im 19. Jahrhundert noch einer Bürgerrechtsbewegung im 20. Jahrhundert, um die Menschenrechte für alle Bürgerinnen und Bürger durchzusetzen. Es war John F. Kennedy, der 1963 im Kongress das Gesetz auf den Weg brachte, das die menschenverachtenden Jim-Crow-Gesetze der Rassentrennung und Diskriminierung, die bis in seine Regierungszeit in Geltung blieben, beseitigte. Er sprach damals von einer tiefen «moralische Krise des Landes und der Menschen», die nicht allein durch Proteste und Demonstrationen überwunden werden könne. Aber auch über die Durchschlagskraft von Gesetzen allein machte sich Kennedy keine Illusionen in einer von Rassismus geprägten Gesellschaft: «Selbst ein Gesetz kann alleine nichts bewirken. Der Schlüssel liegt bei jedem einzelnen Amerikaner in jeder einzelnen Stadt, in jeder einzelnen Gemeinde.»

Gesetze kann man untergraben und umgehen, wenn man sie innerlich ablehnt. Um die Rassentrennung wirklich zu überwinden, war zusätzlich zu dem Gesetz eine neue politische Kultur der gegenseitigen Anerkennung und Annäherung nötig. Mit Sicherheit gab es große Erfolgsgeschichten für einzelne Schwarze in den USA, wie der ehemalige Präsident Barack Obama immer wieder betonte, aber diese Annäherung muss auch gewollt sein, an ihr muss gearbeitet werden, wenn sich die Zukunft des Landes für alle ändern soll. Genau hier sah Kennedy nicht nur einen Raum für Rechte, sondern auch für Pflichten: «Fragt nicht, was euer Land für euch tun kann, fragt, was ihr für euer Land tun könnt!», rief er seinen Landsleuten zu. Denn die Rechte der Schwarzen lassen sich umso eher durchsetzen, je konsequenter die Weißen ihre Pflichten als Mitbürger wahrnehmen. Demokratie braucht Solidarität und Gemeinsinn im Zusammenspiel von Menschenrechten und Menschenpflichten. Sie lässt sich nicht allein durch das Recht des Staates von oben nach unten durchsetzen. Es bedarf auch eines Anstoßes von unten durch Kontakte, Begegnungen, Nachbarschaftshilfe, enge Kreise, bürgerschaftliches Engagement und lokale Bewegungen, um Vertrauen zu schaffen und ein nachhaltig gerechtes und friedliches Zusammenleben aufzubauen.

7.

HELDEN UND HELDINNEN DES GEMEINSINNS

Wie ein solches bürgerschaftliches Engagement im Einzelnen aussehen kann, ist nie vorherzusagen. Zum Schluss folgen deshalb noch einige praktische Beispiele, die den abstrakten Begriff von Gemeinsinn mit konkreter Anschauung unterfüttern sollen. Jedes Beispiel ist dabei ein Experiment, das dieselbe Ausgangsfrage beantwortet: Wie geht Gemeinsinn vor Ort? Die kurzen Kapitel zeigen vor allem eines: wie erfinderisch Menschen sein können, wenn es darum geht, sich zusammenzutun, um gemeinsinnig zu handeln.

Japanische Fußballfans in Qatar

Das erste Beispiel stammt von der Fußball-Weltmeisterschaft 2022 in Qatar. Unmittelbar nach diesem globalen Medienereignis gingen Bilder um die Welt, die Unverständnis und Erstaunen auslösen. Die Rede ist nicht von den Provokationen einiger Aktivisten, die mit Störaktionen auf dem Spielfeld die Sicherheit anderer Menschen und den Verlauf der sportlichen Veranstaltung aufs Spiel setzten, um Aufmerksamkeit zu erzwingen. Nein, es waren völlig unspektakuläre Bilder von japanischen Fans, die sich nach dem Ende der Spiele die Zeit nahmen, um die Tribünen zu säubern.

Diese Aktion war so ungewöhnlich, dass sie weltweit Schlagzeilen machte. Dabei rief sie eine Reihe von Fragen auf: Warum haben die japanischen Fans diese Aufgabe nicht wie alle anderen

Fans den dafür zuständigen Ordnungskräften überlassen? Und wenn sie sich eigens hervortun wollten, warum haben sie sich bei dieser Aktion dann nicht auf ihren eigenen Fanblock beschränkt? Die Aufräumaktion stieß erst auf Unverständnis, dann löste sie Nachdenken aus und erntete schließlich Anerkennung. Denn es stellte sich heraus, dass die japanischen Fans dies nicht zugunsten ihres eigenen Teams taten, sondern für das Sportereignis als Ganzes. Ihre Erklärung lautete: «Wir hinterlassen keinen Müll, wir respektieren diesen Ort.»

Versehrte Städte

In Deutschland sind es vor allem die Städte und Kommunen, in denen ein Gefühl gemeinsamer Zugehörigkeit von unten durch lokale Initiativen gepflegt wird. Eine besondere Rolle spielen dabei Erinnerungsaktionen, die sich nicht mehr nur auf die NS-Geschichte beziehen, sondern auch die jüngere Vergangenheit miteinbeziehen. Denn vor Ort in den Städten und Gemeinden wurden Bürger und Bürgerinnen Opfer von Gewalttaten, die eine Wunde im öffentlichen Bewusstsein hinterließen, Reaktionen nötig machten und zu weiterer Bearbeitung Anlass gaben.

Ein Beispiel dafür ist die Geißstraße 7 in Stuttgart. Am 16. März 1994 gab es hier einen Brandanschlag auf ein stattliches altes Haus, von dem ein beträchtlicher Teil niederbrannte. Bei dieser schwersten Brandkatastrophe in Stuttgart seit dem Zweiten Weltkrieg starben sieben Menschen, sechzehn weitere erlitten Verletzungen. Dieses Haus wurde vorrangig von Geflüchteten und Menschen nichtdeutscher Herkunft bewohnt und war meist überbelegt.

Möglicherweise war dies kein politischer Anschlag. In diesem Fall soll der Täter nicht voll zurechnungsfähig gewesen sein. Für die Opfer machte das aber keinen Unterschied. Deshalb haben sich sofort Menschen zusammengefunden, die die «Stiftung Geißstraße 7» gründeten und das Haus restaurieren ließen. Im mittleren Stockwerk bauten sie einen Raum für öffentliche Veranstaltungen aus, die übrigen Wohnungen wurden an Zuwanderer vermietet. Statt den Vorfall zu vergessen und damit den Schandfleck aus der Geschichte zu tilgen, war es das Anliegen dieser Stuttgarter, sich gemeinsam an diesen schwarzen Tag in ihrer Stadtgeschichte zu erinnern, um Konsequenzen aus dem Vorfall zu ziehen. Auf ihrer Website teilt die Stiftung über ihre Ziele mit: «Die Stiftung Geißstraße 7, am Hans-im-Glück-Brunnen in Stuttgart gelegen, schafft einen urbanen Raum für interkulturelles Leben und Denken in der Stadt. Sie will durch vielfältige kulturelle Veranstaltungen und Projekte und ihr soziales Wohnprogramm ‹Internationales Wohnen› neue Denkanstöße und bürgerschaftliches Engagement initiieren. Soziale und nationale Unterschiede sollen nicht zu gesellschaftlichen Gegensätzen werden.»[1]

Auch andere Städte in Deutschland wurden Schauplätze von Terroranschlägen. Bis heute sind ihre Namen mit Erinnerung an Gewalt gegen Zuwanderer verbunden. 1991 ereignete sich in der ostsächsischen Stadt Hoyerswerda ein rassistischer Brandanschlag auf ein Heim, in dem vietnamesische Vertragsarbeiterinnen und -arbeiter untergebracht waren, die man zur Arbeit im Lausitzer Braunkohle-Tagebau angeworben hatte. Diese Untat machte Schule. Sie wurde zum Auftakt einer Serie ähnlicher Anschläge u. a. in Rostock-Lichtenhagen, Mölln und Solingen.

Auch hier kam der Anstoß zur Erinnerung von unten.[2] Nachdem die Ereignisse von 1991 von offizieller Seite totgeschwiegen worden waren, bildete sich zum zwanzigsten Jahrestag 2011 aus Kreisen antifaschistischer Jugendlicher die Initiative «Pogrom 1991», die nicht müde wurde, die Stadt an das Verbrechen zu erinnern und die Errichtung eines Mahnmals und einer Gedenkkultur einzufordern. Die Initiative hatte dabei ständig mit Anfeindungen durch die um ihr Image besorgte Stadt zu kämpfen, bis die Stadt endlich merkte, dass im Interesse dieses Images das Erinnern vorteilhafter war als das Vergessen. Inzwischen wurden zwei Mahnmale zum Gedenken an die Brandanschläge im September 1991 errichtet.

Die mühsame Entstehung einer Gedenkkultur für die Opfer des Nationalsozialismus im nationalen Maßstab begann ebenfalls auf der Ebene der Städte. Auch hier waren es Bürgerbewegungen, die den Stein ins Rollen brachten. Lange bevor der Staat in Berlin 2005 das zentrale Holocaust-Mahnmal errichtete, versammelten sich in den Städten am 9. November Bürgerinnen und Bürger am Ort der niedergebrannten Synagogen.

Mit der Stadt Zwickau in Sachsen verbindet sich zu deren Leidwesen die Erinnerung an die Terrorgruppe, die sich «NSU» («Nationalsozialistischer Untergrund») nannte und von hier aus deutschlandweit ihre Morde an Zugewanderten organisierte. Die dadurch stigmatisierte Stadt wollte aus diesem Schatten heraustreten und pflanzte zehn Bäume zur Erinnerung an die aus rassistischen Gründen ermordeten Opfer der Gruppe. Der erste Baum, eine Eiche, die für das erste Opfer Enver Şimşek gepflanzt wurde, wurde umgehend von Unbekannten abgesägt.

Das ließen die betroffenen Städte nicht auf sich sitzen. In Jena taten sich Vertreter von Kulturpolitik, Kunst, Theater und Wissenschaft zusammen, um erstmalig über die Grenzen der eigenen Stadt hinweg Kontakte mit anderen von der NSU-Mordserie betroffenen Städten zu knüpfen. Zwickau wurde mit dieser belastenden Geschichte nicht allein gelassen. Jonas Zipf, seit 2016 Werkleiter von JenaKultur, setzte viele Hebel in Bewegung und schuf ein städteübergreifendes Netzwerk der Erinnerung an die Verbrechen des NSU. Gemeinsam wurde ein Kooperationsnetz von Theatern und Institutionen aus vierzehn Städten geschaffen, das im Herbst 2021 ein interdisziplinäres Theaterprojekt unter dem Titel «Kein Schlussstrich!» realisierte.

In diesem Projekt ging es darum, die Taten und Hintergründe des NSU künstlerisch zu thematisieren. Mit Theateraufführungen, musikalischen Interventionen im öffentlichen Raum, Lesungen, Diskussionsveranstaltungen und Workshops wurde in diesen Städten Empathie mit den Opfern hergestellt, die Aufmerksamkeit auf die prekäre Situation migrantischer Communitys in deutschen Städten gelenkt, und eine Auseinandersetzung über institutionellen und strukturellen Rassismus in der Mitte der Gesellschaft angestoßen.

Die Serie von Gewalttaten des NSU setzte sich mit dem Attentat auf den CDU Politiker Walter Lübcke in Kassel und den Terroranschlägen auf die Synagoge in Halle und mehrere Lokale in Hanau fort. «Say Their Names» hieß die Botschaft in Hanau, die die Bilder und Namen der Ermordeten ins Bewusstsein der Öffentlichkeit eingravierte. Angesichts des anhaltenden Antisemitismus, Anti-Islamismus, Rechtsterrorismus und Rassismus gilt die Mahnung «Kein Schlussstrich!» weiterhin und sie gilt für alle deutschen Städte. Deshalb hat der Träger dieses Projekts im September 2020 einen Verein gegründet mit der Aufforderung: «Licht ins Dunkel e.V.»[3]

Solidarität und Empathie, Sprechen-mit und Sprechen-für gehen in diesen Aktivitäten Hand in Hand. Gerade die Kunst kann dazu einen besonderen Beitrag leisten, wie das Buch und Hörspiel der jüdischen Künstlerin Esther Dischereit mit dem Titel *Blumen für Othello* beispielhaft zeigt. In diesem Buch, das als ein Opern-Libretto angelegt ist und 2014 in einer deutsch-türkischen Ausgabe erschien, wird Shakespeares Othello noch einmal wiederbelebt, um zu zeigen, wie Fremde erniedrigt und Opfer durch tiefsitzende Vorurteile von den Behörden und Medien zu Tätern gemacht werden. Othello führt in diesem Werk Gespräche mit den Ermordeten in der Rolle eines Ermittlers, der angesichts der von oben angeordneten Vernichtung von NSU-Akten die Aufgabe übernimmt, «Licht ins Dunkel» deutscher Behörden zu bringen.

Zweitzeugen und Stolpersteine

Erinnerungsprojekte brauchen Zusammenarbeit und fördern auf besondere Weise Gemeinsinn in deutschen Städten. Diese Aktivitäten sind klar auf die lokale Ebene begrenzt und finden kaum Beachtung oder Berichterstattung in überregionalen Medien. Regionale Aktivität sind in aller Regel selbstbezüglich. Für sie gilt: keine Stadt weiss, was die andere tut.

«Jeder, der heute einem Zeugen zuhört, kann selber ein Zeuge werden.» Diesen Satz von Elie Wiesel haben ein paar junge Menschen wörtlich genommen und die Aktion «Zweitzeugen» ins Leben gerufen. Sie verlängern damit die Zeugenschaft von Holocaust-Überlebenden, die selbst nicht mehr aktiv unterwegs sein können. Sie nehmen Kontakt mit ihnen auf, lassen sich ihre Geschichte erzählen und bringen diese in die Schulen. SchülerInnen hören die Lebensgeschichten der Holocaust-Opfer in den Erzählungen von jungen Studierenden, die ihre älteren Geschwister sein könnten. Im Weitererzählen dieser Geschichten entsteht ein lebendiges Bild der Person. Die Schüler sind davon so beeindruckt, dass sie Briefe an die Menschen schreiben, die sie gerade kennengelernt haben, und diese Briefe samt den Bildern, die sie malen, werden den «Erstzeugen» gebracht. In ihrem abgeschiedenen Lebenskreis freuen sie sich über diese Mitteilungen von Kindern und Jugendlichen, die anhand der persönlichen Lebensgeschichten Konkretes und Unvergessliches über die Verfolgungsgeschichte, die Realität im NS-Staat und die Vernichtungspolitik erfahren.

Ein besonders nachhaltiger *materieller* Zeuge ist die handtellergroße quadratische Messingplatte geworden, die Gunter Demnig seit 1996 in deutschen Städten verlegt. Inzwischen hat der Künstler mehr als 100 000 Stolpersteine in ganz Europa verlegt. Diese besondere Geschichtsstunde findet vor der Haustür von Menschen statt, die von der NS-Regierung verfolgt, deportiert und ermordet wurden. Das Entscheidende an diesem Denkmal ist, dass es nicht ohne zivilgesellschaftliche Unterstützung und weitgespannte Recherchen auskommt. Es muss überall Menschen geben, die die Geschichte der Opfer vor Ort gemeinsam rekonstruieren und dabei auch den Kontakt zu Überlebenden herstellen. Auf diese Weise wird die abstrakte Geschichte der Verfolgung konkret. Handlungsketten und Verantwortlichkeiten werden wieder sichtbar.

Eine besondere Stolperstein-Geschichte hat eine amerikanische Journalistin zu erzählen, die seit 1995 in Berlin lebt und arbeitet. Deborah Cole fiel auf, dass in einem Nachbarhaus in der Fehrbelliner Straße im obersten Stockwerk der Handlauf auf Kniehöhe herabgesetzt war. Sie fand heraus, dass sich dort einst ein jüdisches Gemeindezentrum mit einem Kinderheim befunden hatte, von dem die meisten Kinder zusammen mit den 56 000 Berliner Juden und Jüdinnen in Todeslager Richtung Osten verschickt worden waren.

Die Amerikanerin hat sich daran gewöhnt, in einer Stadt zu leben, wo sie auf Schritt und Tritt aus der Gegenwart gerissen und von der Geschichte eingeholt wird. Sie vergleicht das Denkmal für die ermordeten Juden Europas am Brandenburger Tor mit den Stolpersteinen: «Während das Eisenman-Denkmal mit der Lautstärke eines

Stolpersteine für Taube Ibermann (1891–1941) und ihre Tochter Lotte Ibermann (1922–1941). Die Mutter, früh verwitwet, war Schneiderin und lebte mit ihren drei Töchtern von 1939 bis 1941 in der Fehrbelliner Straße in Berlin.

Megaphons zu den Menschen spricht, sind es eher die flüsternden und unscheinbaren Signale, die mir unter die Haut gehen.»[4] Damit bezieht sie sich auch auf die beiden Stolpersteine, die vor ihrer Haustür liegen. Sie selbst wohnt heute im ehemaligen Haus der damals fünfzigjährigen Schneiderin Taube Ibermann und ihrer neunzehnjährigen Tochter Lotte, die nach Łódź im besetzten Polen deportiert und dort im Oktober 1941 ermordet wurden. Im Internet fand die Journalistin ein Foto der beiden. «Diese konkrete lokale Geschichte zu kennen», schreibt sie, «bringt Verantwortung mit sich.» Zusammen mit den Nachbarn poliert sie die Messingplaketten jährlich am 9. November und dekoriert sie mit Blumen. Inzwischen sind Kerzen dazugekommen. Manche Stadtteile verwandeln sich durch die Dichte der Kerzen an den Stolpersteinen am Abend dieses Tages in einen jüdischen Friedhof.

Die Stolperstein-Geschichte von Deborah Cole geht aber noch

Taube Ibermanns Töchter Lotte, Sonja und Ursula: Die Mutter hat die Matrosenkleidchen selbst genäht. Ursula und Sonja waren 1939 noch jung genug für den Kindertransport nach England, Lotte verblieb bei ihrer Mutter in Berlin. Sie wurden beide deportiert und in Łódź ermordet.

weiter. Ein Kollege in Australien las ihren Artikel aus dem Jahr 2017 und erkannte in Taube Ibermann die Mutter seiner Großmutter Sonja, die bereits 1939 auf einen Kindertransport geschickt worden war und dadurch überlebte. Durch seine Vermittlung kam es 2020 in der tristen Coronazeit zu einem unerwarteten Lichtblick: Deborah lernte die siebenundneunzigjährige Sonja in einem Zoom-Gespräch kennen, das deren Tochter und Enkel in Melbourne in Gang setzten.[5] Sonja war überwältigt, dass es weit weg eine Unbekannte gab, die ihre Geschichte so genau recherchiert hatte. Sie konnte sich mit Deborah wie mit einer nahen Verwandten unterhalten. In diesem Fall hat sich der Stolperstein in eine Flaschenpost verwandelt, die über Jahrzehnte und Kontinente hinweg ihr unbekanntes Ziel erreichte und einander unbekannte Menschen miteinander in Verbindung setzte. Hier wurde ein altes Sprichwort bestätigt, das aus dem Alten Ägypten überliefert ist: «Ein Mensch lebt, wenn sein Name genannt wird.»[6]

Ein Denkmal für Flucht und Migration in Kassel

2017 bekam die Stadt Kassel ein Denkmal für Flucht und Migration. Es entstand im Kontext der 14. Documenta und war der Beitrag des nigerianisch-amerikanischen Künstlers Olu Oguibe. Das Werk hatte die Gestalt eines Obelisken, den er aus Granitplatten auf dem belebten Königsplatz im Zentrum der Stadt errichtete. Auf dem unteren Teil des Monuments gravierte er in goldenen Lettern auf Deutsch, Englisch, Türkisch und Arabisch einen Vers aus dem Matthäusevangelium ein, auf den wir bereits im Kapitel über das Liebesgebot eingegangen sind: »Ich war ein Fremdling, und ihr habt mich beherbergt.« (Matthäus 25,31) Das Kunstwerk war eine Antwort auf Deutschlands «Willkommenskultur», die zwei Jahre zuvor auf dem Höhepunkt der Zuwanderung weltweit Schlagzeilen gemacht hatte. Nach dem Ende der Documenta erwogen Vertreter der Kasseler Bürgerschaft, den Obelisken an seinem Standort zu belassen, und sammelten Spenden, um das Kunstwerk zu kaufen.

Der amerikanisch-nigerianische Künstler Olu Oguibe errichtete 2017 im Rahmen der Dokumenta 14 in Kassel einen Obelisken und nannte ihn «das Fremdlinge und Flüchtlinge Monument». Die Inschrift ist in vier der in Kassel am häufigsten gesprochenen Sprachen eingraviert.

Es wäre nicht das erste Flucht- und Migrationsdenkmal in Deutschland gewesen. Nach Vertreibung und Auswanderungswellen wurden bereits Denkmäler der Dankbarkeit errichtet. Ein Beispiel dafür ist ein Denkmal für König Friedrich Wilhelm I., das 1912 aus Anlass des 175. Jahrestags der Ansiedlung böhmischer Einwanderer in Berlin von den Nachkommen dieser Bevölkerungsgruppe errichtet wurde.[7] Behörden und Vertriebenenverbände ließen nach 1945 Denkmäler errichten, die an das Schicksal der vertriebenen Deutschen erinnerten. Oguibes Denkmal unterscheidet sich aber grundsätzlich von diesen Denkmälern, denn es entstand nicht aus Dankbarkeit für gelungene Integration, sondern vor dem Hintergrund wachsender Fremdenfeindlichkeit als ein Appell an die einheimische Bevölkerung.

Es ist bemerkenswert, dass heute ein Künstler ein Bibelzitat in den säkularen, von den Botschaften der Werbung und den Logos großer Firmen durchzogenen öffentlichen Raum stellt. Noch erstaunlicher ist aber: Dieser Bibelvers, der immerhin Teil des christlichen Credos und des westlichen kulturellen Gedächtnisses ist, wurde von einem Teil der lokalen Bevölkerung als eine unerträgliche Provokation empfunden. Tatsächlich reagierten insbesondere die Vertreter der AfD feindselig auf den Obelisken: Sie sprachen von «entstellter Kunst», mahnten Oguibe, er solle sein Kunstwerk besser einpacken, anstatt die schöne Stadt mit diesem unsäglichen Thema zu gängeln![8] Obendrein prangerten sie den Obelisken als ein Machtsymbol der deutschen Regierung an.

Im Laufe der Debatte verwandelte sich der Obelisk geradezu in ein Fieberthermometer, an dem der Grad der erhitzten Kontroverse abgelesen werden konnte. 2018 gab der SPD-Bürgermeister dem Druck nach und ließ das anstößige Denkmal entfernen. Das geschah ausgerechnet am 3. Oktober, dem Tag der Wiedervereinigung beider deutscher Staaten. Nach seiner Demontage wurde der Obelisk an einem sicheren Ort gelagert. Mehrere Städte im Ausland bekundeten ihr Interesse an diesem Kunstwerk. Aber in Kassel ging die Auseinandersetzung weiter. An der sogenannten Treppenstraße wurde schließlich ein neuer Standort gefunden. Dort in der ersten Fußgängerzone Deutschlands wurde der Obelisk 2019 aufgestellt. Die Standortveränderung aus der Mitte der Stadt heraus hat die Aussage und Sichtbarkeit des Obelisken leicht verändert: Was auf dem zentralen Königsplatz ein Denkmal der Stadt war, ist auf der Treppenstraße, die eng mit der Geschichte der Documenta verbunden ist, eine Kunstaktion.

Das Kasseler Denkmal wurde von einem Künstler mit Migrationsgeschichte geschaffen. Der verwendete Bibelsatz spricht die Perspektive eines Migranten aus. Oguibe kommentierte seine Arbeit mit den folgenden Worten: «Der Obelisk ist eine zeitlose Form, eine Form, die bis in die Antike zurückreicht, ursprünglich stammt sie aus Afrika. Er reiste um die ganze Welt. Wir verwenden ihn in diesem Zusammenhang, um ein universelles, zeitloses Prinzip in die Zukunft zu projizieren: die Idee der Barmherzigkeit und Gastfreundschaft gegenüber Fremden.»[9] Das Besondere an diesem Denkmal ist in der Tat, dass es ein traditionelles Symbol der Sieger, der Macht und der imperialen Herrschaft radikal umdeutet und zum Träger einer ganz anderen Botschaft macht, nämlich der engen Verbindung von Menschenrechten und Menschenpflichten.

Aus der Sicht des Künstlers vermittelt der Kasseler Obelisk noch eine weitere Botschaft, und zwar den Dank an die Gastgeber:

> Ich halte es für wichtig, darauf hinzuweisen, dass Gastgeber Kosten haben. Freundlichkeit ist nicht umsonst. Ich interessiere mich mehr für die positive Geschichte der Stadt, einer Stadt, in der Fremde, Besucher, Menschen aus verschiedenen Teilen der Welt eine Heimat gefunden haben. Das wollen wir anerkennen. Einem Fremden seine Tür zu öffnen, ist ein Akt des Vertrauens. All dies ist in den für die Inschrift gewählten Text eingewoben. Er bekräftigt die Notwendigkeit der Gastfreundschaft, er bekräftigt die Notwendigkeit der Gegenseitigkeit, die Erkenntnis, dass Nächstenliebe ein Akt des Vertrauens ist. Wenn solche Fremden in eine Gemeinschaft kommen, bringen sie auch etwas mit. Sie bringen Fähigkeiten mit, sie bringen Vielfalt, Kultur, sie bringen die Küche mit. Auf diese Weise erweitern sie die Gemeinschaft, sie bereichern die Gemeinschaft, (...) sie bereichern die menschliche Erfahrung. Für mich besteht das Ziel darin, Raum zu lassen für Reflexion, für Kontemplation, vielleicht sogar für eine Debatte über die Fragen der Gastfreundschaft und Dankbarkeit.[10]

Wir haben es also nicht nur mit einem Denkmal zu tun, sondern auch mit einem «Dank mal». Der Obelisk ist dabei selbst zu einem Medium geworden, einem Stellvertreter und Symbol für den Fremden: ein Fremd-Körper, der Emotionen weckt, hitzige Debatten provoziert, der aus dem öffentlichen Raum (vorübergehend) beseitigt wird und für den eine neue Unterkunft gesucht werden muss.

Kunstwerke haben die Macht, unsichtbare gesellschaftliche Probleme sinnlich wahrnehmbar zu machen. Sie tragen bei zu einer Debatte, indem sie Worte, Gefühle, Aussagen und Handlungen provozieren. Insbesondere für Denkmäler gilt: Sie haben die Macht, einigen gesellschaftlichen Gruppen Sichtbarkeit zu verschaffen und sie anderen zu entziehen.[11] Ob das eine oder das andere überwiegt, ist nur von Fall zu Fall zu entscheiden. In Kassel überwog das Sichtbarmachen. Dort glauben einige Bürgerinnen und Bürger sogar, dass das umstrittene Denkmal für Flucht und Migration die interessanteste Debatte seit 1982 ausgelöst hat, als Joseph Beuys auf der Documenta 7 sein Werk *7000 Eichen* präsentierte. Alles, was mit dem Obelisken zusammenhing, war symbolisch, auch seine Entfernung. Das Loch im Boden, in dem der Obelisk verankert gewesen war, wurde sofort als «Wunde» gedeutet; Blumen wurden dort abgelegt, um Trauer und Mitgefühl auszudrücken. In diesem Sinne bleibt Oguibes Denkmal ein starkes Zeichen in einer Gesellschaft, die zwischen Exklusion und Inklusion, Fremdenhass und Willkommenskultur zerrissen ist.

Tafeln in Deutschland

Das vielleicht bekannteste Beispiel für praktizierten Gemeinsinn sind die Tafeln in deutschen Städten, an denen Bedürftige Lebensmittel erhalten, die wegen des nahen Haltbarkeitsdatums oder Überproduktion nicht mehr verkauft werden können. Die Grundidee ist dabei die Umverteilung und der Ausgleich: Was zu viel vorhanden ist, wird an die abgegeben, die zu wenig haben. Die erste Tafel wurde 1993 gegründet. Die Bewegung um Sabine Werth begann in Berlin und griff schnell auf andere Städte über. Inzwischen gibt es in Deutschland fast tausend Tafeln. «Mit 60 000 Helferinnen und Helfern» heißt es auf der Homepage des Vereins, «sind die Tafeln eine der größten sozial-ökologischen Bewegungen in Deutschland. Pro Jahr retten sie rund 265 000 Tonnen Lebensmittel und geben sie an etwa zwei Millionen Menschen weiter.»[12] Der Dachverband Tafel Deutschland e.V. existiert auf der Basis von Spenden.

Die Tafeln sind Ausdruck gelebter Solidarität. Diese Idee entstand bereits 1982 in New York, wo sie unter dem Namen «City Harvest» (Stadt-Ernte) realisiert wurde. In Brechts Gedicht «Die Nachtlager» geht es um ein Nachtquartier für Obdachlose, hier geht es um eine Mahlzeit, die Bedürftigen angeboten wird. In beiden Fällen ergibt sich dasselbe Dilemma, weshalb die Organisatoren der Tafel klarstellen: «Wir sind keine Versorger. Das ist und bleibt die Aufgabe des Staates.»[13] Sie wollen keine Almosengesellschaft schaffen, die das Recht der Menschen auf eine Grundversorgung aushöhlt. Der Dachverbandsvorsitzende Jochen Brühl betont, dass der Sozialstaat nicht Teile seiner Pflichten auf Vereine wie die Tafeln übertragen dürfe. Hier gibt es deshalb einen schmalen Grat zwischen dem Spielraum für gelebte Solidarität auf der einen Seite und den Aufgaben des Sozialstaats auf der anderen Seite. Kein bürgerschaftliches Engagement kann das Problem der Armut beseitigen, aber es ist auch unzumutbar, dass die Bedürftigen warten müssen, bis dieses strukturelle Problem endgültig gelöst ist.

Miteinander reden in Ostritz

Im Landkreis Görlitz, nahe der polnischen Grenze, gab es jahrelang einen Anziehungspunkt für die Rechtsrockszene. Nazis der internationalen Szene fanden sich in großer Zahl ein, um in der kleinen Stadt Ostritz jährlich ihre «Schild und Schwert Festivals» (kurz: SS-Festivals) zu feiern. Dabei ging es nicht nur um Rockmusik, sondern auch um Hassbotschaften und die Verherrlichung von Gewalt sowie um Vernetzung und die Rekrutierung von Nachwuchs, alles im Namen Adolf Hitlers, an dessen Geburtstag diese Treffen stattfanden.

Durch den Medienrummel, der die Treffen begleitete, mussten die Ostritzer um den Ruf ihrer Stadt fürchten. Hier musste etwas geschehen. 2018 schloss sich ein Bündnis aus BürgerInnen, Vereinen und zivilgesellschaftlichen Organisationen zusammen, um dieser Entwicklung etwas entgegenzusetzen. Als Antwort auf die Provokation der Rechtsextremen wurde mit großem Engagement von Freiwilligen und Ehrenamtlichen das «Friedensfest» ins Leben gerufen, das als Gegenpol für eine offene und vielfältige Gesellschaft steht. Auf diese Weise wurden viele Menschen aus der Reserve gelockt und dazu animiert, sich aktiv für die Sache der Demokratie einzusetzen. An dem jährlichen Fest, das auch Förderer gefunden hat, beteiligen sich inzwischen immer mehr Menschen. Es gibt ein großes Angebot an Veranstaltungen aus Bildung, Kunst und Kultur. Mit der Initiative des Ostritzer Friedensfests gelang es der Gemeinde, den Nazis die Bühne zu stehlen und in der medialen Öffentlichkeit das Neonazi-Treffen durch das Friedensfest zu überschreiben. Nicht nur das, man verdarb den Neonazis auch ihren Spaß, indem der gesamte Biervorrat des örtlichen Supermarkts aufgekauft wurde.

Während die SS-Feiern inzwischen nicht mehr stattfinden, ist das Ostritzer Friedensfest eine Erfolgsgeschichte, die überregional bekannt geworden ist. «Am Beispiel Ostritz zeigt sich, dass sich zivilgesellschaftliche Vernetzung und Widerstand lohnen und dass es einen Unterschied macht, wenn Menschen gemeinsam ihre Stadt gestalten.»[14]

In Ostritz hat sich gleichzeitig noch eine andere Gemeinsinn-Geschichte abgespielt. Der Ort besaß ein beliebtes Freibad, das den Sparmaßnahmen zum Opfer fiel und geschlossen werden sollte. Damit wollte man sich aber nicht abfinden und auf diesen wichtigen kommunalen Ort einfach verzichten. Deshalb gründete Georg Salditt die «MEWA Bad Initiative», in der sich Ehrenamtliche aller Generationen spontan zusammenschlossen, um das Freibad zu retten. Zunächst ging es darum, den Badebetrieb aufrecht zu erhalten. Die Stadt brauchte diesen Ort, der allen offensteht: Alten und Jungen, Einheimischen und Zugewanderten, Sportlern und Faulenzern. Ein Freibad ist ein freier Ort, an dem sich ein Querschnitt der Gesellschaft versammelt. Das jedenfalls ist die Meinung von Georg Salditt: «In Ostritz gibt es immer Menschen, die nicht zur Kirche, zur Stadt, zu den Fußballern oder zur Feuerwehr gehen, weil sie sich dort in Schubladen gesteckt fühlen. Das Freibad aber ist der Raum, in dem die Ostritzer über die Lager hinweg wieder an einem Strang ziehen. Ein Freibad hat nur Freunde.»

Die Angebote der «MEWA Bad Initiative» erweiterten sich bald und wuchsen über den alltäglichen Rahmen eines Freibads hinaus. Es wurden nicht nur Freiwillige für die Badeaufsicht oder die Renovierung der Umkleidekabinen rekrutiert, man lud dort auch zu Gesprächsrunden, Filmabenden oder Kinderflohmärkten ein sowie zu Polittalks und Cocktailabenden. So gelang es, Menschen mit unterschiedlichen Bedürfnissen und Ansichten zusammenzuführen und das Bad zu einer besonderen Begegnungsstätte zu machen. Hier konnten verschiedene Gruppe miteinander reden, neue Ideen erfinden und ihre Probleme regeln. Weil das Freibad immer mehr zu einem freien Ort wurde, wo sich Menschen aller Couleur und Herkunft treffen und begegnen können, will Georg Salditt auch Stadtratssitzungen und Gespräche mit Mitgliedern des Land- und Bundestages ins Freibad holen. Auf diese Weise können die Besucher das Angenehme mit dem Nützlichen verbinden und obendrein Gemeinsinn entwickeln, indem sie sich nicht nur erholen, sondern auch noch das Wohl und die Zukunft der Gemeinde im Auge haben. Hier wissen sie, was sie unterscheidet und was sie verbindet. «Wir als Demokratiefreunde haben festgestellt, dass hier im Freibad tatsächlich ganz unterschiedliche Leute zusammenkommen. Und was in der Gesellschaft manchmal schwierig ist, dass eben die Leute miteinander reden und nicht übereinander. Dass das hier einfach im Freibad klappt, weil halt alle das Interesse haben, das Freibad zu erhalten.»[15]

Menschenrechtsstädte

«Menschenrechtsstädte» ist der Name einer globalen Bewegung, die in die 1990er Jahre zurückgeht. Unter diesem Namen schließen sich nicht nur Städte, sondern auch kleinere Gemeinden und Regionen zusammen. In einer Beitrittserklärung verpflichten sich deren EinwohnerInnen dazu, internationale Menschenrechtsstandards anzuerkennen und gemeinsam umzusetzen. Das tun Menschenrechtsstädte, indem sie sich gegenseitig unterstützen und miteinander absprechen, wofür sie sich regelmäßig treffen.

Wer in Nürnberg das Germanische Nationalmuseum verlässt, betritt die Straße der Menschenrechte: eine schmale Passage durch die diffuse Innenstadtarchitektur, die von dreißig weißen Rundpfeilern gesäumt ist. Jede Säule ist mit einem Menschenrecht in deutscher und einer anderen Sprache beschriftet, die mit einer Verfolgungsgeschichte verbunden ist. Die Säulen setzen oberirdisch eine Struktur des Museums fort und fügen sich somit in den Komplex des historischen Ortes ein. Dieses Kunstprojekt hat der israelische Künstler Dani Karavan geschaffen und 1993 der Öffentlichkeit übergeben. Mit jeder einzelnen Säule wollte er dabei die Entrechtung jüdischer BürgerInnen widerrufen, die von dieser Stadt ausging. Er selbst bezeichnet sein Werk als «Triumph der Demokratie und Menschenrechte über die Rassengesetze».[16] Karavan sieht sich dabei nicht als Künstler, der für sein Kunstwerk einen Ort sucht, sondern als einer, der mit seiner Kunst auf einen Ort reagiert. Das Engagement für die Menschenrechte hat den 1930 in Tel Aviv-Jaffa Geborenen sein Leben

Der israelische Künstler Dani Karavan schuf 1993 für die «Menschenrechtsstadt Nürnberg» die «Straße der Menschenrechte» als Gegenpol zur symbolischen Prägung der Stadt durch die toxischen Masseninszenierungen der Nazis.

lang geprägt. Es begann als Jugendlicher, als er sich für die Rechte der Palästinenser einsetzte.

Dass Nürnberg als erste deutsche Stadt seit 1997 zur Bewegung der Menschenrechtsstädte gehört, hat mit seiner Geschichte zu tun. Auch Städte wie München, Berlin oder Weimar sind bis heute von Hitler geprägt, aber in dieser «versehrten Stadt» haben die Inszenierungen der Nazis besonders starke Spuren hinterlassen. Sie war das Propagandazentrum des Dritten Reichs. Hier fanden seit 1933 die jährlichen Reichsparteitage statt. Hier wurden 1935 die Nürnberger Rassengesetze erlassen, und hier fanden 1945 und 1946 die Nürnberger Prozesse gegen führende Repräsentanten des NS-Staates durch die Alliierten statt.

Im Menschenrechtsbüro der Stadt laufen die Fäden zusammen. Dieses Büro verleiht alle zwei Jahre den internationalen Nürnberger Menschenrechtspreis, organisiert jährlich die Friedenstafel, ein Bürgerfest für Menschen unterschiedlicher Herkunft, betreut Menschen, die Diskriminierungserfahrungen machen mussten, verankert Menschenrechtsbildung in Schulen und Verwaltung und verleiht einen Jugendpreis im Gedenken an die NSU-Opfer. Das Büro arbeitet in internationalen antirassistischen Netzwerken mit, wirkt beim Deutschen Menschenrechts-Filmpreis mit und koordiniert einen «Runden Tisch der Menschenrechte» mit Kirchen und NGOs.

Die Bewegung der Menschenrechtsstädte begann in Südamerika. Derzeit sind Vorbereitungen im Gange, um das Bundesland Nordrhein-Westfalen mit Bonn und Köln zu einem «Menschenrechtsland» zu machen. Dieser Städtebund ist viel weniger bekannt als der Wettbewerb um Stätten des Weltkulturerbes, in dem Städte und Regionen mit großen Investitionen und publizistischem Aufwand um diesen Titel ringen. Dabei sind die Menschenrechtsstädte nicht weniger wichtig. Ihre neu geschaffene Allianz und ihre globale Vernetzung und Kommunikation sind unschätzbar, wenn es darum geht, für die Umsetzung von engagierter Umweltpolitik und Klimazielen niedrigschwellig Erfahrung und Knowhow zwischen lokalen Bevölkerungen und Behörden auszutauschen. Die Menschenrechte und die Agenda 2030 mit ihren Nachhaltigkeitszielen gehören untrennbar zusammen. Ohne eine friedliche und nachhaltige Politik lassen sich auch keine Menschenrechte verwirklichen.

Ein Menschenrecht auf Zukunft: «Black Quantum Futurism»

Hinter dem rätselhaft anmutenden Namen «Black Quantum Futurism» (BQF) stehen zwei queere schwarze Aktivistinnen in den USA.[17] Wir hatten das Glück, diesen beiden Heldinnen des Gemeinsinns bei einer Veranstaltung der Komischen Oper Berlin zum Thema «Unmapping Time» im «Berlin Global Village» zu begegnen.[18] Beide haben sich im Norden von Philadelphia in einem überwiegend von Schwarzen bewohnten Viertel erfindungsreich für die Zukunft der von Armut bedrohten schwarzen EinwohnerInnen eingesetzt. Diese waren im Rahmen eines größeren Gentrifizierungsprojekts enteignet, in Ghettos und an den Rand der Stadt gedrängt worden. Die Häuser, in denen sie gewohnt hatten, wurden abgerissen, um Platz zu schaffen für Geschäfte, Büros und ein teures Wohnviertel. Während dieses Sanierungsprojekt den Zugezogenen eine neue Zukunft eröffnete, wurde die Zukunft derer, die lange in diesen Stadtteilen gelebt und eine lebendige soziale Nachbarschaft aufgebaut hatten, abrupt beendet. Von Immobilienhändlern und weißen Hausbesitzern wurden sie aus ihren Mietwohnungen herausgeklagt. Solche Bauprojekte sind Teil des «American Dream», einer (weißen) linearen Zeitauffassung, die stetigen ökonomischen Fortschritt und kulturelle Modernisierung verspricht. Der Traum der einen wurde zum Albtraum der anderen, die durch das Raster der Gesellschaft fielen. Denn sie verloren nicht nur ihren Wohnraum, sondern auch ihre Zukunft.

An diesem Punkt setzt das Künstlerinnen-Kollektiv «Black Quantum Futurism» an. Rasheedah Phillips ist Anwältin für Wohnungsrecht in Philadelphia und vertritt die von Räumungsklagen Betroffenen vor Gericht. Sie arbeitet in einem Team von Anwälten und Organisatoren, um für diese Mieter erschwinglichen Wohnraum zu schaffen. Ihre Partnerin Camae Ayewa, bekannt unter dem Künstlernamen «Moor Mother», ist Dichterin, Sängerin und Jazz-Komponistin. Beide unterstützten die Betroffenen nicht nur mit rechtlichem Rat und professioneller Fürsprache, sondern auch durch soziale Vernetzung und Nachbarschaftshilfe. Die beiden schufen Räume der Begegnung, des Austauschs und des Feierns, in denen die Einzelnen innerhalb der Gruppe Rückhalt und Selbstbewusstsein wiedergewinnen konnten. Mit ihren Interventionen und ihrem sozialen Engagement machen sie auf menschenfeindliche Missstände im Rechtssystem aufmerksam und klagen dabei etwas sehr Grundsätzliches ein: das Menschenrecht auf Zukunft. Zukunft sei ein hohes Gut, so argumentieren sie, das niemandem abgesprochen werden dürfe. Ihr Projekt ist gemeinsinnig in dem Sinne, dass es das Menschenrecht einer «Zukunft für alle» mit den Mitteln des Rechts umsetzt und durch Kunst im öffentlichen Raum zu einem sichtbaren und hörbaren Thema macht.

Mehr als fünfzig Jahre nach der Verabschiedung des Fair Housing Acts von 1968, der die Diskriminierung im Wohnungswesen verbietet, musste Phillips feststellen, dass ausbeuterische Immobilienpraktiken und rassistische Motive bei Wohnungsräumungen immer noch alltägliche Praxis sind und dass von Zwangsräumungen am häufigsten schwarze Frauen und ihre Kinder betroffen sind. Von der Wissenschaftsforscherin Helga Nowotny stammt der Satz: «Macht, die von zentralen Behörden ausgeübt wird, etabliert sich über Raum und Zeit.» Die Juristin Rasheedah Phillips hat diesen Impuls aufgenommen und sich einem Thema gewidmet, das bislang wenig Aufmerksamkeit gefunden hat: dem Verhältnis von Recht und Zeit. Sie untersuchte, wie «insbesondere Schwarze, Arme, Behinderte und andere marginalisierte Menschen vom und im Rechtssystem bewertet, behandelt, bestraft, ausgelöscht oder unterversorgt werden», und welche Rolle dabei die zeitliche Dimension spielt. Alle Verfahrensschritte des Verdrängungsprozesses, den Phillips beobachtet und begleitet, haben mit Zeit zu tun oder stehen unter Zeitdruck, etwa wenn Behörden die Zwangsräumung einer Wohnung erst kurz vor der Vollstreckung ankündigen. Aber es gibt auch unerwünschte Formen der Dauer. Strafregisterauszüge und Räumungsprotokolle zum Beispiel führen zu einer anhaltenden Stigmatisierung der Personen und verhindern dadurch eine bessere Zukunft. Auch eine um ein paar Tage verspätete Zahlung kann zu einem Eintrag führen, der dem Mieter für viele Jahre die Zukunft verstellt, weil er keine angemessene Wohnung mehr bekommt.

Phillips gehört zu einer Gruppe von verantwortungsbewussten Anwälten, betroffenen Mietern, Organisatoren und Vermietern, die sich für Gesetze und Schutzmaßnahmen einsetzen, um die negativen Folgen des geltenden Rechts für schwarze Frauen und andere marginalisierte Personen abzudämpfen. Ihre Koalition hat dazu geführt, dass 2021 ein «Renter's Access Act» in den Stadtrat von Philadelphia eingebracht wurde, der sechs Monate später in Kraft trat. Das Aktionsbündnis setzt sich gegen wohnungsbezogene Ungerechtigkeit ein, glaubt an lebensbejahende Alternativen und arbeitet an der Veränderung des Systems.

Neben der Rechtsberatung besteht ein wichtiger Teil der Arbeit des BQF-Duos in der Bereitstellung von Raum und Zeit. Die Künstlerinnen haben Orte geschaffen, an denen sich die Betroffenen treffen können, «um kreativer, umfassender und positiver über die Zukunft ihrer Nachbarschaften nachzudenken und sich zu überlegen, wie eine blühende Gemeinschaft für sie aussehen könnte.» Diese geschützten Begegnungsräume bilden ein Gegengewicht zum permanenten Zeitdruck der Behörden und eröffnen die Möglichkeit, in Ruhe über neue Lösungen für eine gerechtere Wohnzukunft nachzudenken und die eigene Zukunft zu planen. Diesen Teil ihrer Arbeit verstehen die Aktivistinnen als Formen von *Kunst*. In einem Ladengeschäft haben sie ein einjähriges Gemeinde-Zukunftslabor (Community Futures Lab, CFL) ins Leben gerufen für kreative und informative Workshops, um den TeilnehmerInnen Gelegenheit zu geben, über sich selbst und ihr Verhältnis zur Zeit im Lichte des «Afrofuturismus» nachzudenken. In Gesprächen geht es darum, «ein tieferes Verständnis der Dynamik, der Rhythmen, der Zeitlichkeiten, der Erinnerungen, der Geschichte und der Ideen für die gemeinsame Zukunft der Gemeinschaft zu fördern». Passivität, Verzweiflung und Erfahrungen von Machtlosigkeit können in diesem «afrofuturistischen Raum» mithilfe alternativer Zukunftsentwürfe und Visionen überwunden werden, aber auch durch Erinnerung und Bewahrung der eigenen Geschichte.

Aus diesen «Zukunftsinterviews» entstand das *Housing Futures Workbook* mit den Stimmen von Menschen, die normalerweise von politischen Entscheidungen über erschwinglichen Wohnraum ausgeschlossen sind. Durch die Workshops konnten sich die Bewohner direkt in politische Aktionen einbringen und damit ihren rechtlichen Status verbessern. Diese Bemühungen haben in Philadelphia zu neuen Schutzmaßnahmen und Strategien geführt, etwa das Recht bedrohter Mieter auf einen Rechtsbeistand. Das Ergebnis für die Teilnehmer hat ein Mitglied der Fokus-Gruppe so formuliert: «Sicherer, zugänglicher Wohnraum bedeutet, dass die Menschen mehr Zeit und Energie in ihre Gemeinschaft investieren können und sich in gewisser Weise verantwortlich fühlen für ihren Wohnort und für das, was in ihrer Gemeinschaft geschieht.» Mit der Loslösung von der linearen Art und Weise, in der das Recht das Leben zeitlich ordnet, sind andere, ausgelöschte Zeitlichkeiten wieder zum Vorschein gekommen: «Befreite Wohnzukünfte sind gleichzeitig vorwärts- und rückwärtsgerichtet, korrigieren die Vergangenheit und gestalten eine Zukunft, in der Gerechtigkeit und Gleichheit grundlegende und unveräußerliche Aspekte unserer gemeinsamen Realität sind.»

Gemeinsinn braucht für Rasheeda Phillips und Camae Ayewa nicht nur Zukunft, sondern auch Vergangenheit. Anders als das Zeitkonzept westlicher Modernisierung schließt das Zeitkonzept von BQF auch die Vergangenheit mit ein. Denn man hat erlebt, dass in der Großstadt nicht nur die Zukunft der Schwarzen vernichtet wird, sondern auch ihre Vergangenheit. In der schnelllebig sich wandelnden modernen Großstadt haben es Gruppen, die von Vergangenheit und Zukunft abgeschnitten sind, schwer, eine gemeinsame Identität und Traditionen der Weitergabe von Wissen und Erfahrung auszubilden. Für schwarze Communities gibt es in den Städten kaum Museen, Bibliotheken oder Archive, in denen ihr Leben dokumentiert ist, von Statuen, Denkmälern und Plaketten im öffentlichen Raum ganz zu schweigen. Die BQF-Aktivistinnen machten sich auf die Suche nach den Spuren dieser ausgelöschten Geschichte. Und sie wurden fündig. Aber das ist ein anderes Thema.

Mit ihren Aktionen führen uns die BQF-Künstlerinnen vor Augen, dass Zukunft nicht einfach da ist, und schon gar nicht für alle. Sie muss erkämpft und gestaltet werden in einer demokratischen Gesellschaft, die Rechte, Chancen und Teilhabe für alle garantiert. Dasselbe gilt für die Vergangenheit, die innerhalb der Communities als eine wichtige Ressource der Verbundenheit gepflegt wird.

Althengstett und Ostelsheim

Althengstett ist eine kleine Gemeinde mit 8000 Einwohnern, idyllisch nordöstlich von Calw gelegen im weiteren Umkreis von Stuttgart. Bei einer Veranstaltung der Hermann-Hesse-Gesellschaft in Calw lernten wir den Bürgermeister von Althengstett, Clemens Götz, kennen. Im Gespräch über seine Arbeit wurde sofort deutlich, dass es dabei sehr konkret um unser Thema ging. Das wollten wir genauer wissen. Deshalb luden wir den Bürgermeister und eine seiner ehrenamtlichen Mitarbeiterinnen, Angelika Hener, nach Konstanz ein, um im Rahmen unseres Projekts über Althengstett zu berichten.[19]

Als Clemens Götz sein Amt antrat, war der Ort so zerstritten, dass die Parteien nicht mehr miteinander redeten. Hier ging es geradezu unter Laborbedingungen darum, Vertrauen und Gemeinsinn ganz neu aufzubauen. Als ein besonders nachhaltiges Mittel für den Aufbau von Gemeinsinn erwies sich die Schaffung eines öffentlichen Platzes in dem bis dahin unscheinbaren Straßendorf. Der Neubau eines Alten- und Pflegeheims wurde bewusst an diesen Platz gelegt, und damit in die unmittelbare Nachbarschaft von Spielplätzen, Bioladen, Internet-Café und anderen Begegnungszentren. Ein weiteres wirksames Mittel war die Gründung und Förderung von Vereinen. Inzwischen sind mehr als die Hälfte der Einwohner in siebzig Vereinen, Projekten und Arbeitskreisen engagiert. Eine Willkommenskultur gibt es für alle neu Zugezogenen und sogar für Neugeborene, die mit Blumen und Windelpaket begrüßt werden. Die Gründung und die Jubiläen von Vereinen geben dem Bürgermeister regelmäßige Anlässe zum Feiern, was das Beziehungsnetz unter den Einwohnern stärkt und das Thema Gemeinsinn in den Vordergrund rückt.

Auch die Geschichte des Ortes hat der Bürgermeister in das Bewusstsein der BewohnerInnen zurückgebracht, denn das Zusammenleben mit Fremden hat in Althengstett eine lange Tradition. Um 1700 siedelten sich geflüchtete Waldenser in der Nachbarschaft an und gründeten Neuhengstett, wodurch das bisherige Hengstett zu Althengstett wurde. In Neuhengstett gibt es ein Waldensermuseum und eine Waldenserkirche. Der neue Bürgermeister hatte das Gespür, diese Vergangenheit mit der Gegenwart in eine produktive Verbindung zu bringen und sie zur Stütze seines Gemeinsinn-Programms zu machen: Die gelebte Vielfalt und Diversität im Inneren macht es leichter, mit Fremdheit umzugehen und sich immer wieder gemeinsam auf neue Herausforderungen einzustellen.

Und noch mehr konnten wir am Beispiel Althengstett lernen: Gemeinsinn erfordert nicht nur die Bereitschaft zur Inklusion und

Zusammenarbeit, sondern auch zur Aufarbeitung von psychischen Wunden und Traumata aufgrund von Gewaltereignissen, die Teil der Geschichte des Ortes sind und durch ein von Generation zu Generation weitergegebenes bleiernes Schweigen versiegelt sind. Einer solchen Altlast hat sich der Bürgermeister angenommen. Es ging um einen polnischen Zwangsarbeiter, der ein Kind mit einer jungen Frau aus dem Dorf hatte. Der Vater wurde in den letzten Kriegstagen von den Behörden öffentlich durch Erhängen hingerichtet. Dank des therapeutisch-seelsorgerischen Engagements des Bürgermeisters, der Theologie studiert hat, sowie durch die gemeinsame Einweihung eines Stolpersteins und einer Gedenkplatte konnte – in Anwesenheit des Kindes aus dieser Beziehung – ein schmerzlicher Knoten gelöst und eine von repressivem Schweigen und Tabus gezeichnete Gemeinde in eine befreite und offene Gemeinschaft verwandelt werden.

Das Modell Althengstett hat sogar Schule gemacht. Im April 2023 wurde Ryyan Alshebl (29), ein aus Syrien Geflüchteter, mit einer absoluten Mehrheit von 55,41 Prozent der Stimmen zum Bürgermeister von Ostelsheim, einer kleinen Gemeinde unweit Althengstetts gewählt.[20] Er kam 2015 im Sommer der Migration nach Deutschland. Sein Programm war deutlich an der Gemeinsinn-Idee ausgerichtet. Und das war kein Zufall: Er hatte die Chance gehabt, im Rahmen seiner Ausbildung zum Verwaltungsfachangestellten ein Praktikum in Althengstett zu absolvieren, wo Clemens Götz sein Talent erkannte und ihn förderte. Sieben Jahre lang arbeitete er als Verwaltungsangestellter in Althengstett, bevor er 2023 als Bürgermeister nach Ostelsheim umzog.[21]

Zwei Umstände haben diese einmalige Geschichte ermöglicht. Der erste ist, dass Alshebl in ein Deutschland kam, das sich, wie er betont, «wirklich von der menschlichen Seite gezeigt (hat). Ich war selbst als Betroffener hoch beeindruckt von dem wunderbaren Engagement der Helferinnen und Helfer und der Aufgeschlossenheit der Politik und letztlich der Gesellschaft». Und er fügt illusionslos hinzu: «Wäre ich nicht 2015, sondern 2023 nach Deutschland gekommen, dann wäre ich vermutlich nicht in acht Jahren Bürgermeister geworden.» Der zweite Umstand, der sein Schicksal begünstigt hat, war die Tatsache, dass er in ein Dorf und nicht in eine Stadt kam. In einer Stadt ziehen sich die Menschen voreinander zurück, in einem Dorf können sie nicht anders, als sich zu begegnen. Statt einen Haufen Flyer mit seinem Wahlprogramm zu drucken und sie in Briefkästen zu werfen, ging er von Tür zu Tür und machte Hausbesuche. «Auch Menschen, die ihre Vorurteile haben, haben gezeigt, dass sie in der Lage sind, diese Vorurteile beiseite zu schieben, wenn sie jemanden im echten Leben kennenlernen. Das war in einem Dorf möglich, weil ich hier mit fast 70 Prozent der Einwohner sprechen konnte. Das wäre in einer Stadt so nicht gegangen.»

Der Syrer Alshebl hat viel in Deutschland gelernt, aber er hat seinen neuen Mitbewohnern auch etwas weiterzugeben, das sie von ihm lernen können: «Als Kriegsvertriebener erlebt man nicht nur Schönes in seinem Leben, sondern auch Leid und Elend. Das erweitert den eigenen Horizont weit über die Grenzen der eigenen Kommunen hinaus. Wenn hier ständig gemeckert wird – als Teil der bekannten deutschen Meckerkultur –, dann kann ich sagen: Ich kenne das anders.»

EPILOG ODER: WAS WIR VON DEN FINNEN LERNEN KÖNNEN

Grundzüge des gemeinsinnigen Handelns können die Deutschen nicht nur von den Bürgermeistern von Althengstett und Ostelsheim lernen, sondern auch von den finnischen Nachbarn in der EU. Im März 2024 war aus den Nachrichten zu erfahren, dass Finnland laut des jährlichen Weltglücksberichts der UN zum siebten Mal in Folge den Spitzenplatz als Land mit der glücklichsten Bevölkerung einnimmt. Deutschland, das war ebenfalls zu hören, sei um acht Positionen vom 16. auf den 24. Platz von 143 Ländern abgerutscht. Die Studie für den Zeitraum zwischen 2021 und 2023 misst das Niveau der allgemeinen Zufriedenheit der Bevölkerung durch alle Schichten der Gesellschaft. Was genau können die Deutschen von den Finnen lernen?

Der Glücksreport ist kein beliebiger Wettbewerb, sondern hat etwas sehr Einschneidendes im Auge: die soziale und ökonomische Ungleichheit hat in den letzten zwölf Jahren in den untersuchten Ländern um 20 Prozent zugenommen. Als «kleine Bevölkerungen, die sehr bodenständig sind», haben die nordischen Länder in diesem Punkt einen Heimvorteil. Doch Unterschiede durch Ungleichheit gibt es in allen Gesellschaften, sagen die Glücksforscher. Die Frage ist deshalb, wie stark diese Unterschiede hervorgehoben werden, welche Gefühle in der Gesellschaft die Oberhand gewinnen und ob es soziale und kulturelle Formen des Ausgleichs gibt. Es gehe ja nicht vordringlich darum, dass viele glücklich sind, sondern darum, dass möglichst wenige extrem unglücklich sind. Ein wichtiges Element, so der kanadische Ökonom John S. Helliwell, der an dem

Weltglücksreport mitgearbeitet hat, sei der Grundsatz, dass in der Gesellschaft der Mensch im Mittelpunkt steht und die eigene Zufriedenheit stark mit der Zufriedenheit anderer zusammenhängt. «Die Finnen vertrauen einander, sie kümmern sich umeinander. Und sie haben ein sehr hohes Maß an Chancengleichheit in Bezug auf Bildung, Gesundheit und soziales Ansehen. Finnen vergleichen sich weniger, stehen nicht so im Wettbewerb zueinander wie Menschen in vielen anderen Ländern.»

Diese Haltung kommt nicht aus dem Nichts. Dahinter stehen Formen emotionaler und kultureller Bildung. In allen finnischen Bildungseinrichtungen steht nämlich die Persönlichkeitsbildung mit auf dem Lehrplan. Und dazu gehört vorrangig der Umgang mit den eigenen Emotionen. Wie man gute und schlechte Emotionen bei sich selbst erkennt und unter Kontrolle bringt, aber auch wie man anderen Menschen mit Respekt und Wertschätzung begegnet, sind zentrale Kompetenzen der Kommunikation und Teamfähigkeit, die bereits Kinder in der Schule erwerben. Diese Form der Persönlichkeitsbildung soll dazu beitragen, dass Jugendliche «erst gar nicht in einen negativen Strudel geraten, der im schlechtesten Fall in einer psychischen Erkrankung endet».

Die Finnen haben offensichtlich ein Rezept, um zu verhindern, dass sich ihre Einwohner in Wutbürger verwandeln. Eine finnische Volksweisheit besagt: Man muss nicht neidisch sein. Denn auch wenn ein anderer etwas Besonderes hat oder kann: Mir fehlt trotzdem nichts, er hat es mir schließlich nicht weggenommen. «Was sie (die Finnen) wirklich auszeichnet, ist die soziale Unterstützung und das Vertrauen», sagt Jan-Emmanuel De Neve, ein anderer Autor des Weltglücksberichts. Dabei gehe es besonders um sozialen Zusammenhalt. «Wenn es um Freunde geht, auf die man sich verlassen kann, um den Staat, auf den man sich in Notzeiten verlassen kann – sie vertrauen einander.»

Das klingt vielleicht abstrakt, aber Vertrauen in den Staat und seine Institutionen beginnt mit sehr handfesten Entscheidungen. Hier können wir noch einmal einen Blick zurück auf das Gedicht *Die Nachtlager* von Bertolt Brecht werfen. In Finnland gibt es tatsächlich ein staatliches Programm, das Obdachlose konsequent von der Straße holt. Die Grundeinstellung dahinter wird so erklärt: Bevor sich Menschen um ihre eigenen Probleme kümmern können, brauchen sie erst einmal ein Zuhause. Dieses Konzept heißt «Housing First» und setzt die Überzeugung um, dass nur Teil einer Gesellschaft werden kann, wer sich willkommen fühlt und einen sicheren und geschützten Ort hat, der ihm – mit frisch bezogenem Kopfkissen – überlassen wird. Betroffene bekommen deshalb ohne Voraussetzung eine Wohnung und Beratung. Einer von ihnen hat es so formuliert: «Diese Wohnung ist meine einzige Chance, wieder ein Mensch zu werden.»[1]

Hier sind wir noch einmal bei den Beziehungsgrammatiken. Statt den gesellschaftlichen Konsens auf ein gemeinsames Feindbild zu gründen und eine klare Trennlinie zwischen Zugehörigen und Fremden zu ziehen, werden in Finnland menschliche Grundbedürfnisse ernst genommen. Diese Investitionen lohnen sich, denn sie stärken das soziale Vertrauen in die demokratische Regierung und zeigen, dass ihre Institutionen für die Bürgerinnen und Bürger da sind. Der finnische Regierungsstil, so ist ferner zu hören, zeichne sich durch Besonnenheit und «nordische Ruhe» aus. Das heißt zugleich: In diesem Land ist es nicht die emotionale Dauererregung, die, von den Medien verstärkt, die Politik bestimmt.

Zusammenfassend werden drei Zutaten genannt, die für das finnische Glück verantwortlich sind: Vertrauen in Mitmenschen und Staat, ein ausgeprägter Gemeinschaftssinn sowie große Chancengleichheit, wozu kostenlose Bildung und Gesundheitsversorgung gehören. Der finnische Konsens lautet: «Wir sind zufrieden mit dem, was wir haben.» Von einem solchen Konsens sind die Deutschen weit entfernt. Eine Glücksforscherin erklärt, warum die Deutschen in der Rangliste weiter zurückgefallen sind und was sie dagegen tun können: Der Grund liegt «in der fallenden mentalen Gesundheit der jüngeren Gruppen, die gemessen wurden. Das Erste, was wir gesellschaftlich machen müssen, ist, dass wir uns wieder für gesellschaftliche Gesundheit stark machen und mehr gesellschaftliches Füreinander in den Raum stellen, um als Gemeinschaft wieder weiter nach vorne zu kommen.»[2]

Deutschland rangiert jetzt auf Platz 24 direkt nach den USA, dem Land der Erfindung des Glücksversprechens, das ja seit seiner

Unabhängigkeitserklärung 1776 die drei Grundrechte «Leben, Freiheit und das Streben nach Glück» auf seine Fahnen geschrieben hat. Auch dieses Land, das seit 2018 in der Rangliste um 5 Plätze gefallen ist, befindet sich in einem Abwärtstrend. Das liegt auch daran, dass sich der Glückbegriff weltweit verschoben hat, denn die «positive Psychologie» hat ihren Schwerpunkt der Glücksimpulse inzwischen von materiellem Besitz auf menschliche Beziehungen verlagert. Nach einer Harvard-Studie sind Freundschaft und soziale Bindungen wichtiger für Glück und Zufriedenheit als Reichtum und Ruhm. «Das alte Streben nach Glück hat Menschen dazu gebracht, länger zu arbeiten und weniger in soziale Beziehungen zu investieren. Das hat zum gegenteiligen Effekt geführt: mehr Einsamkeit und Unzufriedenheit aufgrund übermäßiger Investitionen in Zeit und Mühe, um dieses Ziel zu erreichen.»[3] Einsamkeit gilt heute als ebenso schädlich wie Alkohol und Rauchen.

Der Glücksreport ist ein interessanter Indikator, denn er lässt nicht nur fragen: Was macht Länder glücklich?, sondern auch: Was macht sie unglücklich? Die Antwort liegt auf der Hand: Die Gesellschaft unglücklich zu machen ist exakt das Ziel und Rezept illiberaler und antidemokratischer Protestparteien, die in der EU vielerorts auf dem Vormarsch sind. Sie verbreiten negative Emotionen wie Wut, Hass und Ressentiments, schaffen klare Feindbilder, die die Gesellschaft spalten, und entziehen damit der Regierung das Vertrauen. Mit demokratischer Partizipation und konstruktiver Kritik hat all das überhaupt nichts zu tun. In jeder Gesellschaft gibt es Defizite, Wunden und Sollbruchstellen, in denen sich Unmut und Ressentiments einnisten und zum Sprengstoff werden können. Ein Beispiel ist der Hiat zwischen «dem Osten» und «dem Westen», der sich zu einem politischen Spaltpilz entwickelt hat.

Dass es in der Bevölkerung einen substantiellen Rückhalt für mehr demokratische Partizipation gibt, zeigt das historische Novum des von Wahlen unabhängigen Plebiszits, das die Bürgerinnen und Bürger dieses Landes seit Januar 2024 mit ihrem öffentlichen Bekenntnis zur Demokratie in mehr als 500 Demonstrationen in fast allen deutschen Städten abgelegt haben. Seit 1990 hat es in Deutschland trotz umstürzender Ereignisse und schwerer politischer Krisen keine solchen öffentlichen Demonstrationen gegeben. Diese Antwort auf den Rechtsruck und die Aufdeckung eines konspirativen Treffens von Neonazis und Neurechten war kein verabredetes und schon gar kein verordnetes Ereignis, sondern eine spontane Bewegung. Bis zu einer Million Menschen zog es auf die Straßen, um die diverse Gesellschaft und ihre Demokratie zu verteidigen.

Die resiliente Demokratie braucht kein Feindbild, aber einen klaren Sinn für das, was Menschen miteinander verbindet und zusammenhält. Sie hat Platz für Streit, Skepsis und Kritik. Um wehrhaft zu sein, braucht sie aber auch ein starkes Engagement, um nicht zu sagen: Gemeinsinn. Sie braucht Ermutigung, Modelle, Vorbilder und Beispiele für erfolgreiche Initiativen. Ihr moralischer Kern sind die Menschenrechte. Deshalb ist das Positive, das die Demokratie in den Mittelpunkt stellt, das Bekenntnis zur Achtung und Würde des Menschen. Daran muss sie sich messen lassen.

ANHANG

ANMERKUNGEN

Vorwort

1 Das Zitat stammt aus der Grundsatzerklärung: https://www.vonvieregge.de/cms/wp-content/uploads/2015/03/gastbeitraege_aktiongemeinsinn_150128.pdf. Vgl. auch: Aktion Gemeinsinn e.V. (Hg.), Gemeinsinn: Vom Mutmachen sich einzumischen, Wuppertal 2015.

2 «Gemeinsinn. Was ihn bedroht und was wir für ihn tun können», https://streaming.uni-konstanz.de/index.php?id=155670.

Einleitung

1 Taylor, Wieviel Gemeinschaft braucht die Demokratie?, 11.

2 Illouz, Undemokratische Emotionen.

3 Böckenförde, Recht, Staat, Freiheit, 112 f. Siehe hierzu den lesenswerten «Verfassungsblog» der Flensburger Europarechtlerin Anna Katharina Mangold, https://verfassungsblog.de/das-boeckenfoerde-diktum.

4 Böckenförde, Freiheit ist ansteckend.

5 Denninger, Integration und Identität, 442–452, bes. 449. Einen Entwurf zu einem neuen Gesetz zu Erleichterung der Einbürgerung hat erst die Ampelregierung am 6. Januar 2023 auf den Weg gebracht.

6 Merz, Zuwanderung steuern. Integration fördern, IIA: Ziele der Integrationspolitik, 23 f.

7 Im Februar 2024 hat Friedrich Merz das Bekenntnis zu einer deutschen Leitkultur wieder in das Grundsatzprogramm der Christdemokraten aufgenommen. Es ist unstrittig, dass diese Traditionen in Deutschland gelehrt und diskutiert werden, aber diese Bildung sollte auch an die Einheimischen gerichtet sein und darf die unrühmlichen Perioden der eigenen Geschichte nicht ausklammern.

8 Illouz, Undemokratische Emotionen.

9 Die Forschungsergebnisse dieser interdisziplinären Gruppe wurden in vier Bänden ediert. Herausgeber des 4. Bands waren Herfried Münkler

und Harald Bluhm, Gemeinwohl und Gemeinsinn, Zwischen Normativität und Faktizität, Berlin/Boston 2002. Emanuel Richter, Republikanische Politik. Demokratische Öffentlichkeit und politische Moralität (2004), ging ausführlich auf dieses Buch ein und setzte den Diskurs fort.

10 Offe, Wessen Wohl ist das Gemeinwohl?

11 Interview mit Peter Graf von Kielmannsegg, «Es gibt ein Menschheitswohl!», in: ÖkologiePolitik, 20. 11. 2023, https://www.oekologiepolitik.de/2023/11/20/es-gibt-ein-menschheitswohl.

12 Ulrich Schnabel, Zusammen, Berlin 2022, 37.

1.
Gemeinsinn: Zur Sprach- und Begriffsgeschichte

1 Thomasius, Einleitung zu der Vernunfftlehre, 3. Hauptstück, § 34, 28.

2 Für das Folgende stützen wir uns auf den Vortrag des Hildesheimer Philosophen Tilman Borsche, «Gemeinsinn – Ohne Nötigung und Ausgrenzung» vom 29. 10. 2020.

3 Siehe dazu Aleida Assmann, Menschenrechte und Menschenpflichten.

4 Orwell, Nineteen Eighty-four, 182.

5 Pfeifer, Etymologisches Wörterbuch s. v. «gemein».

6 Im Jahr 1801, zwölf Jahre nach der Französischen Revolution, veröffentlichte der Theologe und Pädagoge Johann Ludwig Ewald (1748–1822) ein Buch mit dem Titel *Gemeingeist. Ideen zu einer Aufregung des Gemeingeistes*. Ewald gebraucht «Geist» im Sinne von Vergils mens agitat molem (Aeneis 6,727), «Der Geist bewegt die Masse». Seine Frage war: «Was für ein Geist mobilisierte die französische Gesellschaft dazu, die Monarchie zu stürzen und eine Republik zu errichten?» Der Geist bewegt die Masse, der Sinn den Einzelnen. Im Englischen gibt es aber immerhin die Ausdrücke *civic spirit* und *communal spirit*, die dem Begriff «Gemeinsinn» nahekommen.

7 Plessner, Grenzen der Gemeinschaft.

8 Thomasius, Einleitung zu der Vernunfftlehre, 3. Hauptstück, § 34, 28.

9 Dieses Kapitel ist inspiriert von Ernst Bloch, «Christian Thomasius, ein deutscher Gelehrter ohne Misere», in: ders., Naturrecht und menschliche Würde, 315–353, hier 317.

10 Ibd., 315.

2.
Solidarität

1 Teufel, Von der Risikogesellschaft zur Chancengesellschaft, Klappentext.
2 Auf seiner Homepage stellt sich das FGZ genauer vor: «Das Forschungsinstitut Gesellschaftlicher Zusammenhalt (FGZ) ist ein vom Bundesministerium für Bildung und Forschung gefördertes Institut, das in zehn verschiedenen Bundesländern angesiedelt ist und dadurch auch die regionale Vielfalt gesellschaftlichen Zusammenhalts in Deutschland in den Blick nimmt. Zusammen werden die fast 200 WissenschaftlerInnen aus vielen verschiedenen Disziplinen mit empirischen Untersuchungen und großangelegten Vergleichen praxisrelevante Vorschläge erarbeiten, die dazu beitragen, gesellschaftlichen Herausforderungen der Gegenwart zu begegnen. Die ForscherInnen decken Aspekte wie Identitäten und regionale Erfahrungswelten, Ungleichheiten und Solidarität, Medien und Konfliktkultur, Polarisierung und Populismus, aber auch Antisemitismus und Hasskriminalität ab und erforschen diese im europäischen Vergleich und darüber hinaus.»
3 Nele van Wieringen, Jahresgruß 2023/24 aus dem Keramikmuseum Westerwald.
4 Klaus von Schubert und die Publikation von Jan Assmann und Dietrich Harth (Hg.), Kultur und Konflikt, Frankfurt a. M. 1990.
5 Thomas Oberender im Gespräch mit Jonas Zipf, in: Zipf, Liebold, Innehalten, 50–51.
6 Bude, Solidarität, 9.
7 Frevert, Mächtige Gefühle.
8 Berschens, Milliarden-Paket der EU.
9 Ibd.
10 Mandeville, The Fable of the Bees, 1714.
11 Rauhut, Ullrich, Solidarität, diese wankelmütige Gefährtin.
12 Gierer, Biologie, Menschenbild und die knappe Ressource «Gemeinsinn».
13 Sprenger, Sie sagen Solidarität und meinen Gehorsam.
14 Regula Zwahlen, siehe https://www.nzz.ch/feuilleton/reinhard-k-sprenger-ueber-solidarit aet-freiheit-und-corona-ld.1600949.
15 https://www.youtube.com/watch?v=rp0BYrNKvmI.
16 Bude, Solidarität, 9–10.
17 Hirschman, Wie viel Gemeinsinn braucht die liberale Gesellschaft?, 293.
18 Nach der TV-Dokumentation «Wie Götter Speisen – Judentum in New York» (Arte, Erstausstrahlung 27. 3. 2023) von Catharina Kleber und Ni-

loufar Taghizadeh. Wir verdanken das Zitat unserer Tochter Marlene Assmann-Khoueiry, die die Sendung geschnitten hat.

19 Conrad, Der Begriff des Politischen, 91.

20 Goltermann, Die Wahrnehmung von Krieg und Gewalt in der Moderne.

3.
Brüderlichkeit

1 Hunt, Symbole der Macht – Macht der Symbole.

2 Vgl. Ozouf, Das Pantheon, 39–93. Z. B. Cancik, Europa – Antike – Humanismus.

3 Ozouf, Das Pantheon, 44.

4 Bloch, Naturrecht und menschliche Würde, 192. Diese Diskussion haben Denker und Dichter von John Rawls bis Lukas Bärfuss wieder aufgenommen.

5 Vgl. Menke, Gleichheit, Reflexion, Gemeinsinn.

6 Zit. nach Illouz, Undemokratische Emotionen, 217–218.

7 Herrou, Ändere deine Welt.

4.
Menschenbilder zwischen Partikularismus und Universalismus

1 «Eranos» war ein Kreis interdisziplinär arbeitender Natur- und Geisteswissenschaftler, der sich ab 1933 in einer Villa am Ufer des Lago Maggiore südlich von Ascona traf und dessen jährliche Tagungen von der Gastgeberin Olga Froebe-Kapteyn als Jahrbücher im Rhein-Verlag Zürich herausgegeben wurden. 1988 kam es zu einer Neugründung des Kreises unter Leitung des Soziologen Tilo Schabert und des Ägyptologen Erik Hornung, bis dieses Bündnis zerbrach und jeder seinen eigenen Kreis bildete, der eine unten am See, der andere auf dem Monte Verità.

2 Die Intensität dieses Diskurses spiegelt sich in den Titeln der Tagungen und Publikationen in der Nachkriegszeit, beginnend mit *Der Mensch* (1947) und (1948). Die Bände 15–30 der Eranos-Jahrbücher wurden von O. Froebe-Kapteyn herausgegeben, Bände 31–35 von A. Portmann und Bände 38–39 von A. Portmann und R. Ritsema.

3 Gehlen, Der Mensch, seine Natur und seine Stellung in der Welt.

4 Gehlen, Anthropologische Forschung.

5 Lorenz, Das sogenannte Böse.

6 Schulte, radikal böse. Vgl. Kant, Die Religion innerhalb der Grenzen der bloßen Vernunft, 1793.
7 Lukas Bärfuss und Cornelia Zetzsche, «Ich musste mir meine Biografie selbst zusammenschustern», Interview BR 24, 2. 11. 2019.
8 Bauer, Das empathische Gen, 47.
9 Pagels, Adam, Eve, and the Serpent, bes. Kap. V: «The politics of paradise». Derrida führt auch Pascals Allianz von Recht und Gewalt auf den Sündenfall zurück: «Die Pascalsche Kritik», schreibt er, «verweist ihrem Prinzip nach auf den Sündenfall, auf das Verderben der von der Natur vorgegebenen Gesetze, das von einer selbst verdorbenen Vernunft verursacht wird.» Mit Recht wehrt er sich gegen eine «konventionalistische» Auslegung von Pascals Argumentation im Sinne eines relativistischen Utilitarismus («der Stärkste hat immer recht»), vgl. Derrida, Gesetzeskraft, 26.
10 Stollberg-Rilinger, Die Aufklärung, 165–166. Ein markantes Beispiel dafür ist Michael Hanekes Film «Das weiße Band», der den engen Zusammenhang zwischen einer oppressiven Schuldkultur und sadistischen Erziehungsmaßnamen herausarbeitet.
11 Stollberg-Rilinger, Die Aufklärung, 162.
12 Schmitt, Der Begriff des Politischen, 59 ff.
13 Bloch, Naturrecht und menschliche Würde, 337.
14 Schmitt, Der Begriff des Politischen, 61.
15 Unter streng wissenschaftlichen Voraussetzungen machte übrigens auch die Evolutionstheorie im 19. Jahrhundert weitreichende Annahmen über Wert und Verhalten der Menschen, die als «Naturgesetz» eingestuft und zur Legitimierung einer genozidalen Eroberungspolitik herangezogen wurden.
16 Conrad, Max Webers Interpretation des Dharma, 37–78, mit Verweis auf Lingat, The Classical Law of India.
17 Mahabharata XII, 67, 16, zit. nach Dumont, Gesellschaft in Indien, 351.
18 Weber, Gesammelte Aufsätze, Bd. 2, 145 f., 65 f. Vgl. zum Arthashastra auch Louis Dumont, Gesellschaft in Indien, 353–359, der feststellt: «die oft betonte Parallele zu Machiavelli ist durchaus nicht unsinnig» (353).
19 Bloch, La société féodale, 9.
20 Zit. nach Borst, Lebensformen im Mittelalter, 285 ff.
21 Strauss, Anmerkungen zu Carl Schmitt, 114 f.
22 Conrad, Gandhi.
23 «To believe that what has not occurred in history will not occur at all is to argue disbelief in the dignity of man.» Zit. nach Conrad, Gandhi, 87.
24 Conrad, Gandhi, 84.
25 Ibd., 147.

26 Auch das in der Nacht vom 3. zum 4. Juni 1989 auf dem «Platz des Himmlischen Friedens» inszenierte Chaos, als Regierungstruppen unter dem verbliebenen Rest einer in Auflösung begriffenen Demonstration ein Massaker anrichteten, wurde im altchinesischen Stil reflexhaft mit der Notwendigkeit der Abwehr des «Chaos» begründet.

27 Burger, Der sterbliche Gott, 1041. In dieselbe Kerbe haut gleich im anschließenden *Merkur*-Essay Roger Sandall, Das Fortschrittsparadox.

28 Richter, Demokratie, 224.

29 Sontheimer, Thomas Mann als politischer Schriftsteller, 29.

30 Löwith, Politischer Dezisionismus (C. Schmitt), 47.

31 Schmitt, Über die drei Arten des rechtswissenschaftlichen Denkens.

32 Brief von Franz Blei an Carl Schmitt vom 10. 1. 1934, hundert Jahre später abgedruckt in der F.A.Z. am 31. 1. 2024. Die Geschichte dieses erstaunlichen Briefes erzählen Florian Meinel und Angelika Reinthal im Begleittext. Carl Schmitt (1888–1985) und der siebzehn Jahre ältere österreichische Schriftsteller, Übersetzer und Kritiker Franz Blei (1871–1942) waren Freunde. Diese Freundschaft «gehört zu den unwahrscheinlichsten intellektuellen Konstellationen der Weimarer Republik», schreiben Meinel und Reinthal. Was die beiden «gottlosen Klerikalen» verband, war ihre Verachtung von Liberalismus und Humanismus. Die Freundschaft überdauerte noch die Machtergreifung Hitlers (Originalton Blei: «Über die Austreibung der Juden rege ich mich nicht weiter auf») und zerbrach 1936, als Blei mit dem Nationalsozialisten Schmitt abrechnete. Dass dieser Brief erhalten geblieben ist, grenzt an ein Wunder und hat etwas mit Schmitts Aktivitäten für seinen Nachruhm in den USA zu tun.

33 Jünger/Schmitt, Briefwechsel 1930–1983, Zitat des Klappentextes.

34 Norbert Bolz, Rezension in der Frankfurter Rundschau vom 13. 10. 1999.

35 Jünger, Das Sonderrecht des Nationalismus, 280.

36 Kodalle, Carl Schmitt und seine Schuld, 171–193.

37 Dumont, Essais sur l'individualisme; deutsch: Individualismus.

38 Weber, Gesammelte Aufsätze zur Religionssoziologie, Bd. I, 1. Kursivierung im Original gesperrt.

39 Köpping, Welker, Wiehl, Die autonome Person.

40 Polanyi, The Great Transformation.

41 Greenblatt, Renaissance Self-Fashioning.

42 John Donne, «The First Anniversary. An Anatomy of the World», in: H. Meller und R. Sühnel (Hg.), British and American Classical Poems, Braunschweig 1966, 251. Das Gedicht zieht eine Parallele zwischen dem Niedergang der Welt und dem frühen Tod der Tochter seines Mäzens (1610). Es handelt sich dabei um das einzige Gedicht, das Donne zu Lebzeiten veröffentlichte.

43 Reckwitz, Die Gesellschaft der Singularitäten.
44 Shakespeare, Hamlet, 1. Akt, Szene 3, 78–81. Shakespeare hat diese Worte nicht etwa Hamlet in den Mund gelegt, zu dem sie sehr gut gepasst hätten, sondern der eher lächerlichen Figur des Polonius.
45 Edward Young, Conjectures on Original Composition, 1759.
46 Kant, Kritik der ästhetischen Urteilskraft, § 40, 389.
47 Ibd., § 41, 393.
48 Diese breite Akzeptanz ist das Thema des ausgezeichneten und ungewöhnlich umfangreichen Wikipedia-Artikels «Goldene Regel».
49 Kant, Grundlegung zur Metaphysik der Sitten, 421.
50 Jan Assmann, Die Erfindung des inneren Menschen.
51 Kant, Grundlegung zur Metaphysik der Sitten, 429.
52 Boehm, Radikaler Universalismus, zit. nach Helmut Draxler, «Würde kann es nur für alle geben. Zu Omri Boehms ‹Radikaler Universalismus›», in: Merkur 892 (September 2023), 64.
53 Ibd., 65–66.
54 Buber, Ich und Du (1923).
55 Bauer, Das Dialogische Prinzip.
56 Zit. nach Koltan, Der Mitmensch, 50. Wir verdanken dieser Studie wichtige Hinweise.
57 Löwith, Das Individuum in der Rolle des Mitmenschen, 9–197.
58 Ibd., 2.
59 Löwith, Mensch und Menschenwelt, 18, zitiert die Sätze von Simmel in einer leicht gekürzten Form. Simmel, Hauptprobleme der Philosophie, 80.
60 Löwith, Mensch und Menschenwelt, 37.
61 Ibd., 95. Vgl. Theunissen, Der Andere.
62 Löwith, Mensch und Menschenwelt, 11.
63 Feuerbach, Grundsätze der Philosophie der Zukunft, 334 (§ 52).
64 Deshalb braucht Gott, wie bereits Hermes Trismegistos, Laktanz und Nikolaus von Kues feststellten, auch keinen Namen.
65 Koltan, Der Mitmensch, 62.
66 Levinas, Eigennamen.
67 Jonas, Das Prinzip Verantwortung.

5.
Beziehungsgrammatiken: Feindbilder und Freundbilder

1 Illouz, Undemokratische Emotionen, 215.
2 Ibd.
3 Dieses Kapitel ist ein leicht veränderter Wiederabdruck aus Aleida Assmann, Die Wiedererfindung der Nation.
4 Schmitt, Der Begriff des Politischen, 26 f.
5 Schmitt, Theorie des Partisanen. Zwischenbemerkung zur Theorie des Politischen, Berlin 1963, 84.
6 Schmitt, zuerst in «Weisheit der Zelle», dann ausführlicher in seinem Glossarium. Aufzeichnungen der Jahre 1947–1951, hg. von E. Freiherr von Medem, Berlin 1991, 213.
7 Gross, Carl Schmitt und die Juden, 118.
8 Löwith, Politischer Dezisionismus (C. Schmitt), 42.
9 Zit. nach Kittsteiner, Der Begriff des Politischen, 167 f.
10 Kittsteiner, Das entdeckte Arcanum.
11 Schmitt, Der Begriff des Politischen, 54 f.
12 Zit. nach Kittsteiner, Das entdeckte Arcanum.
13 https://sz-magazin.sueddeutsche.de/maenner/niklas-frank-80291.
14 Gross, Carl Schmitt und die Juden, 103. Kittsteiner, Das entdeckte Arcanum, kommentiert: «Auf dem Umweg über ihre eigene ‹Exterminierung› in Europa hätten die Juden es geschafft, ihre spezifische Moral endgültig zu universalisieren.»
15 Schmitt, Theorie des Partisanen, 93.
16 Das Gorki-Theater in Berlin organisiert jährlich am 19. Januar Veranstaltungen zur Erinnerung an Hrant Dink und erklärt dazu: «Das Klima, das den Mord an Hrant Dink möglich machte, hat sich inzwischen weiter verschärft.» https://renk-magazin.de/events/hrant-dink-gedenken-2018/.
17 Den Wortlaut der Rede vom 20. 7. 1899 hat der israelische Autor Jehoshua Sobol in sein Theaterstück *The Soul of a Jew* (1983; dt. Erstaufführung *Weinigers Nacht,* Düsseldorf 1985, Wien 1989) übernommen. https://de.wikipedia.org/wiki/Karl_Lueger#cite_note-12.
18 Boyer, Karl Lueger, 310.
19 Unsere Quellen für dieses Kapitel sind ein Nachruf auf Finkelstein in der New York Times (https://www.nytimes.com/2017/08/19/us/politics/arthur-finkelstein-innovative-influential-conservative-strategist-dies-at-72.html) und sein Wikipedia-Artikel https://en.wikipedia.org/wiki/Arthur_J._Finkelstein.

20 Der ehemalige Pressesprecher der AfD Christian Lüth legte das Prinzip dieser Politik unfreiwillig offen, als er sich vor noch laufenden Mikrophonen zu dieser Aussage verstieg: https://de.wikipedia.org/wiki/Christian_L%C3%BCth.

21 Siehe hierzu Jan Assmann, «For ye know the heart of the stranger», 187–201.

22 Das ist etwa der Fall von Jakob, der mit Lea und Rachel verheiratet war. Natürlich hat er Lea nicht «gehasst», sondern hintangesetzt gegenüber der bevorzugten Rachel. Weitere Beispiele finden sich im Deuteronomium, wo es um das Erbrecht von Familienmitgliedern geht, die geliebt bzw. gehasst werden, vgl. 5. Mose 21,15–17.

23 Žižek, Liebe deinen Nächsten?

24 Schmitt, Begriff des Politischen, 55. Vgl. dazu auch «Moral und Menschheit» im 6. Kapitel dieses Buchs.

25 Sahebi, Unser Schwert ist die Liebe, 28.

26 https://de.wikipedia.org/wiki/Ta%27ayush.

27 Tran, «Ich werde nicht hassen».

28 Deutsche Welle, 19. 3. 2009; https://www.dw.com/de/gaza-krieg-wirft-schatten-auf-israels-armee/a-4112110.

29 https//theater-der-keller.de/programm/ich-werde-nicht-hassen-i-shall-not-hate-2.

30 Abuelaish, Ich werde nicht hassen. Die englische Fassung *I Shall Not Hate: A Gaza Doctor's Journey on the Road to Peace and Human Dignity* (2010) wurde in 23 Sprachen übersetzt.

31 The Guardian, Video über Izzeldin Abuelaish: https://www.theguardian.com/world/video/2023/dec/19/an-israeli-airstrike-killed-22-of-my-relatives-but-i-refuse-to-hate-video.

32 Bowles, Gintis, A Cooperative Species?

33 Tomasello, Warum wir kooperieren.

34 Bischof-Köhler, Soziale Entwicklung in Kindheit und Jugend.

35 Breithaupt, Kulturen der Empathie. Dominik LaCapra betont die Rolle der Imagination als einer wichtigen Ressource. Mit seinem Begriff «empathetic unsettlement» verweist er auf die affektive Reaktion, die in der Anteilnahme am Trauma der Anderen enthalten ist. LaCapra, Writing History, Writing Trauma.

36 Rhinow, Freiheit ist mit Menschenwürde verbunden.

37 Rhinow, Freiheit in der Demokratie.

38 Rhinow, Freiheit ist mit Menschenwürde verbunden.

39 Ibd.

40 Shklar, Der Liberalismus der Furcht; Shafak, Hört einander zu!

41 Zit. nach Rhinow, Freiheit in der Demokratie.

42 Vgl. hierzu Honneth, Kommunitarismus.

43 https://www.youtube.com/watch?v=xcHFAUZj8gI. Vgl. Bauer, Das empathische Gen.
44 Dawkins, The Selfish Gene.
45 Bauer, Das empathische Gen, 40.
46 https://kurse.fh-regensburg.de/kurs_20/kursdateien/L/SalutogeneseBZgA.pdf.
47 Frankl, … trotzdem Ja zum Leben sagen. Sowie Mori, Existenzanalyse und Logotherapie.
48 Levi, Ist das ein Mensch?, 31.
49 Stern, Friedenspreis 1999, Rede.
50 Bauer, Das empathische Gen, 44.
51 Ibd., 48.
52 Hierzu Bauer, Wie wir werden, wer wir sind.
53 Bauer, Das empathische Gen, 55–56.
54 Rifkin, Die empathische Zivilisation.
55 Lamont, Seeing Others (https://doyoureadme.de/shop/culture-society/seeing-others-michele-lamont?v=3a52f3c22ed6).
56 Ashcroft, Griffith, Tiffin, The Empire Writes Back.
57 Oschmann, Wie sich der Westen den Osten erfindet.
58 Oschmann, Der Osten: eine westdeutsche Erfindung, 92.
59 Ibd., 94–95.

6.
Grundsätze demokratischer politischer Kultur

1 Mau, Lux, Westheuser, Triggerpunkte.
2 «Triggerpunkte: Soziologe sieht Gesellschaft nicht gespalten». Radiobeitrag auf NDR Kultur, Sendereihe Das Journal, vom 6.11.2023.
3 Wolfgang Streitbörger, «Der Psychologe Daniel Kahnemann – Warum wir uns oft falsch entscheiden». Nachruf auf SWR 2, Sendereihe Wissen, vom 28.3.2024, https://www.swr.de/swr2/wissen/der-psychologe-daniel-kahneman-warum-wir-uns-oft-falsch-entscheiden-108.html, s. a. Kahneman, Schnelles Denken, langsames Denken.
4 Scobel, Komplexität, Urteilskraft, Weisheit, 118.
5 https://www.swr.de/swrkultur/wissen/der-psychologe-daniel-kahneman-warum-wir-uns-oft-falsch-entscheiden-108.html.
6 Illouz, Undemokratische Emotionen, 215.
7 Sennett, Respect in a World of Inequality, XV.
8 In seinem Stück *Troilus und Cressida* hat Shakespeare diese Worte dem Odysseus in den Mund gelegt.

9 Vgl. auch Brezina, Die Achtung.
10 Margalit, Politik der Würde; Honneth, Kampf um Anerkennung.
11 Ellison, Invisible Man; Scorzin, Über das Unsichtbare im Sichtbaren.
12 Said, Orientalism; vgl. auch Buruma, Margalit, Occidentalism.
13 Dazu ausführlich Lepenies, Kultur und Politik. Lepenies führt in diesem Buch noch einmal die Geschichte des in Deutschland so prekären Verhältnisses von Kultur und Politik zwischen dem 18. und 20. Jahrhundert vor Augen, bei dem das Verhältnis zur Kultur übersteigert und das zur Politik vernachlässigt wurde. Dass der deutsche Sonderweg, der sich auf diesen obsoleten Kulturbegriff stützt, spätestens in den 1990er Jahren beendet wurde, als die Kulturwissenschaften auf einen transnationalen Begriff von Kultur gegründet wurden, wird in diesem Buch nicht erwähnt.
14 Mbembe, Politik der Feindschaft, 178, zit. nach Savoy, Die Provenienz der Kultur, 59.
15 Dieselbe Logik des Entweder-Oder bestimmt zum Beispiel die Argumentation in Neiman, Links ist nicht woke.
16 Ibd.
17 Kielmannsegg, Gesinnungsgemeinschaft statt offener Gesellschaft.
18 Vgl. Jan Assmann, Religio Duplex.
19 Sacks, The Dignity of Difference, 52 f. (S. 81 der deutschen Ausgabe). Wir zitieren in eigener Übersetzung nach dem englischen Text, da die Übersetzung von Bernardin Schellenberger stark vom Original abweicht.
20 Sacks, The Dignity of Difference, 55 (S. 84 der deutschen Ausgabe).
21 «Religions are about identity and identity excludes». Sacks, The Dignity of Difference, 46.
22 Sacks, Wie wir den Krieg der Kulturen noch vermeiden können, S. 84.
23 Beck, Der eigene Gott.
24 «This means that religious truth is not universal. What it does not mean is that it is relative.» Sacks, The Dignity of Difference, 55.
25 Beide Etymologien wurden in der Antike vertreten, die erste von Laktanz, die zweite von Cicero. Vermutlich hat Cicero Recht, aber für das Selbstverständnis des Christentums wurde Laktanz' Herleitung und Definition maßgeblich, und unser heutiger Religionsbegriff ist christlich, nicht altrömisch geprägt.
26 Sacks, The Dignity of Difference, 56.
27 In Pascals berühmtem «Mémorial» geht es um den «Gott Abrahams, Gott Isaaks, Gott Jakobs, nicht der Philosophen und Gelehrten», s. https://de.wikipedia.org/wiki/Mémorial_(Blaise_Pascal).
28 Zur Gottesidee in Schönbergs Oper siehe Stefan Strecker, Der Gott Arnold Schönbergs. Blicke durch die Oper Moses und Aron, Münster 1999;

Marc M. Kerling, «O Wort, du Wort, das mir fehlt», Mainz 2004; Karl H. Wörner, Gotteswort und Magie. Die Oper Moses und Aron von Arnold Schönberg, Heidelberg 1959.

29 Sacks, Wie wir den Krieg der Kulturen noch vermeiden können, 86 f. (S. 57 der englischen Ausgabe).

30 «‹thick› or context-bound morality», Sacks, The Dignity of Difference, 57 (S. 87 der deutschen Ausgabe).

31 Walzer, Thick and Thin, 8 (S. 22 f. der deutschen Ausgabe).

32 Beck, Der eigene Gott, 175.

33 Löwith, Nietzsche nach sechzig Jahren, 289, 291.

34 Nietzsche, Fröhliche Wissenschaft, Aph. 377, 252.

35 Ibd.

36 Löwith, Der europäische Nihilismus, 81.

37 Ibd., 82. Löwith fasst hier noch einmal die Thesen seines Buchs *Nietzsches Philosophie der ewigen Wiederkunft des Gleichen* zusammen.

38 Löwith, Der europäische Nihilismus, 84.

39 Löwith, Nietzsche nach sechzig Jahren, 290.

40 Ibd., 289.

41 Nietzsche, Ecce Homo, 1153.

42 Dahrendorf, Die Zukunft des Nationalstaates.

43 Schmitt, Die geistesgeschichtliche Lage des heutigen Parlamentarismus.

44 Conrad, What is global history?, 76–77.

45 Kracauer, Frühe Schriften aus dem Nachlass, 93.

46 Adorno/Kracauer, Briefwechsel.

47 Thomas Mann, Brief über seine Novelle *Das Gesetz* an Robert S. Hartman vom 7. 4. 1943, zit. nach Dithmar, Mose und die Zehn Gebote in «Das Gesetz», 114 f.

48 Weltethos, https://www.weltethos.org.

49 Siehe Aleida Assmann, Menschenrechte und Menschenpflichten.

50 Weltethos, https://www.weltethos.org.

51 Möllers, Etwas am Menschen ist heilig.

52 Ibd.

53 Quentin Quencher, «Menschenrechte und Menschenpflichten», 3.

54 Gandhi, Brief an Julian Huxley vom 25. 5. 1947. Der Brief wird zitiert in Conrad, Gandhi, 185.

55 Gandhi, Brief an H. G. Wells, zit. nach Conrad, Gandhi, 186, n. 547.

56 Moyn, Rights vs. Duties.

57 O'Neill, Gerechtigkeit über Grenzen, 213.

58 O'Neill, Worüber denken Sie gerade nach, Onora O'Neill?

7. *Helden und Heldinnen des Gemeinsinns*

1 https://www.geissstrasse.de.
2 https://www.hoyerswerda-1991.de/nach-1991/gedenkkultur.html.
3 https://www.jenakultur.de/fm/2316/NEUKein%20Schlussstrich%21%20Bundesweites%20Theaterprojekt%20zum%20NSU-Komplex_Pressemappe_29.%20Januar%202021.pdf.
4 Deborah Cole, «Where History never lets you be», 1.2.2017, https://correspondent.afp.com/where-history-never-lets-you-be.
5 Deborah Cole, «The past we step into», 23.2.2021, https://correspondent.afp.com/past-we-step.
6 Jan Assmann, Tod und Jenseits, 73–78.
7 Für die Gestaltung zeigte sich der Bildhauer Karl Friedrich Wilhelm Reichel verantwortlich. Vgl. Stefanie Endlich: Skulpturen und Denkmäler in Berlin, Berlin 1990, 68 f.
8 Das Statement befand sich bei unserem Aufruf am 16. Mai 2021 noch auf der Website des Ortsverbands Kassel der AfD, mittlerweile ist es dort von neueren Äußerungen verdrängt. Zur Position der Partei zu Oguibe vgl. Der Spiegel, «AfD spricht von ‹entstellter Kunst›», 17.8.2017, https://www.spiegel.de/kultur/gesellschaft/documenta-afd-nennt-kunstwerk-von-olu-oguibe-entstellte-kunst-a-1163271.html.
9 Hans Brinckmann, «Anmerkungen zur Ikonographie des Obelisken von Olu Oguibe», Blog des documenta forums, 13.3.2018, https://documentaforum.de/anmerkungen-zur-ikonographie-des-obelisken-von-olu-oguibe-von-hans-brinckmann.
10 Olu Oguibe in der Sendung «Das Fremdlinge und Flüchtlinge Monument», ausgestrahlt bei artort.tv am 1.9.2017.
11 Sie unterstützen damit ein «Projekt der Sichtbarkeit», ein Ausdruck, den Loretta Baldassar in der Diskussion um australische Migrationsdenkmäler prägte. Vgl. Baldassar, Migration Monuments in Italy and Australia, 46.
12 https://www.tafel.de.
13 https://www.deutschlandfunkkultur.de/tafeln-armut-lebensmittel-krise-100.html.
14 Lea Wolters, «Ostritz: Eine Stadt wehrt sich erfolgreich gegen Nazis», 27.9.2023, https://www.amadeu-antonio-stiftung.de/ostritz-eine-stadt-wehrt-sich-erfolgreich-gegen-nazis-105159.
15 https://www.ardaudiothek.de/episode/die-reportage-deutschlandfunk-kultur/die-demokratieretter-buergerschaftliches-engagement-in-ostdeutschland/deutschlandfunk-kultur/13021145.

16 Vgl. das Videointerview «Der Künstler Dani Karavan zu 20 Jahre Straße der Menschenrechte in Nürnberg», https://www.youtube.com/watch?v=u68npDqDvM8. Daniel Hess, «In Erinnerung an Dani Karavan 1930–2021», Blog des GNM, 12.10.2021, https://www.gnm.de/museum-aktuell/karavan-kultur-und-barbarei.

17 Dieses Kapitel stützt sich auf Phillips, Race Against Time. Die Aufführungen, Aufsätze, Projekte, Auftritte und Konzerte des KünstlerInnen-Duos sind auf ihrer Homepage zu finden: https://www.blackquantumfuturism.com/cv. Vgl. auch Demos, Radical Futurisms.

18 Am 26.2.2023, https://www.youtube.com/watch?v=_yx0bTfkajI.

19 Die Vortragsveranstaltung fand am 9. Februar 2023 im Bürgersaal der Stadt Konstanz statt. Michael Buchmüller berichtete ausführlich über den Abend im *Südkurier* vom 14.2.2023.

20 Vgl. den Artikel von Rüdiger Soldt, «Einer von ihnen», in: F.A.Z., 4.4.2023.

21 https://www.spiegel.de/politik/deutschland/ostelsheim-dorf-bewohner-waehlen-ryyan-alsheblin-gefluechteten-aus-syrien-zum-buergermeister-a-d8bc20eb-f56f-49c0-a1b0–6357a4800db9.

Epilog oder: Was wir von den Finnen lernen können

1 Alex Rühle, «Diese Wohnung ist meine einzige Chance, wieder ein Mensch zu werden», in: SZ, 17.1.2023.

2 So Judith Mangelsdorf, Professorin für Positive Psychologie an der Deutschen Hochschule für Gesundheit und Sport, in der Tagesschau am 20.3.2024, https://www.tagesschau.de/wissen/gesundheit/interview-weltgluecksbericht-100.html.

3 Michael Laitman, «The Pursuit of Happiness and the Fading American Dream», in: Medium, 8.8.2018, https://blog.goodaudience.com/the-pursuit-of-happiness-and-the-fading-american-dream-aaa67729d2c0.

LITERATUR

Abuelaish, I., *Ich werde nicht hassen – meine Töchter starben, meine Hoffnung lebt weiter*, München 2022

Adorno, T.W., Kracauer, S., *Briefwechsel. «Der Riß der Welt geht auch durch mich»*, in: Briefe und Briefwechsel, Bd. 7, hg. von W. Schopf, Frankfurt a. M. 2008

Anderson, B., *Imagined communities: reflections on the origin and spread of nationalism* (revised and extended. ed.), London 1983

Antonovsky, A., Salutogenese, https://leitbegriffe.bzga.de/alphabetisches-verzeichnis/salutogenese

Arendt, H., Laudatio zum Friedenspreis für Karl Jaspers 1958, https://www.friedenspreis-des-deutschen-buchhandels.de/alle-preistraeger-seit-1950/1950–1959/karl-jaspers

Aronczyk, M., *Branding the Nation: The Global Business of National Identity*, New York 2013

Ashcroft, B., Griffith, G., Tiffin, H., *The Empire Writes Back. Theory and Practice in Post-Colonial Literatures*, London 1989

Assmann, A., «Höflichkeit und Respekt», in: G. Engel u. a. (Hg.), *Konjunkturen der Höflichkeit in der Frühen Neuzeit*, Frankfurt a. M. 2009, 173–189

Assmann, A., Conrad, S. (Hg.), *Memory in a Global Age*, London 2010

Assmann, A., «Ähnlichkeit als Performanz. Ein neuer Zugang zu Identitätskonstruktionen und Empathie-Regimen», in: A. Bhatti und D. Kimmich (Hg.), *Ähnlichkeit. Ein kulturtheoretisches Paradigma*, Konstanz 2015, 167–185

Assmann, A., *Menschenrechte und Menschenpflichten. Schlüsselbegriffe für eine humane Gesellschaft*, Wien 2018

Assmann, A., *Die Wiedererfindung der Nation. Warum wie sie fürchten und warum wir sie brauchen*, München 2020

Assmann, J., *Ma'at: Gerechtigkeit und Unsterblichkeit im Alten Ägypten*, München 1990

Assmann, J., «Frühe Formen politischer Mythomotorik. Fundierende, kontrapräsentische und revolutionäre Mythen», in: D. Harth und J. Assmann (Hg.), *Revolution und Mythos*, Frankfurt a. M. 1992, 39–61

Assmann, J., *Die Erfindung des inneren Menschen. Studien zur religiösen Anthropologie*, Bd. 6, Gütersloh 1993

Assmann, J., *Herrschaft und Heil. Politische Theologie in Altägypten, Israel und Europa*, München 2000

Assmann, J., *Tod und Jenseits im Alten Ägypten*, 2. Aufl. München 2003

Assmann, J., «Mythen, politische», in: S. Gosepath, W. Hinsch und B. Rössler (Hg.), *Handbuch der politischen Philosophie*, Bd. 1, Berlin 2008, 869–73

Assmann, J., *Religio Duplex. Ägyptische Mysterien und europäische Aufklärung*, Berlin 2010

Assmann, J., «‹For ye know the heart of the stranger›: Empathy, Memory, and the Biblical Idea of a ‹Decent Society›», in: A. Assmann und I. Detmers (Hg.), *Empathy and its Limits*, Houndsmills 2016, 187–201

Assmann, J., *Achsenzeit. Eine Archäologie der Moderne*, München 2018

Assmann, J., «Pharaonic Kingship and Its Biblical Deconstruction», in: A. Moin und A. Strathern (Hg.), *Sacred Kingship in World History. Between Immanence and Transcendence*, New York 2022, 94–110

Aufrecht, N., «Gemeinsinn – typisch christlich?», in: *vonWegen* 4/2022, 5–8

Baldassar, L., «Migration Monuments in Italy and Australia. Contesting Histories and Transforming Identities», in: *Modern Italy* 11, 2006, 43–62

Bärfuss, L., «Solidarität. Wie lässt sich ein alter Wert neu denken?», https://www.youtube.com/watch?v=rp0BYrNKvmI

Bauer, E. J. (Hg.), *Das Dialogische Prinzip – Aktualität über 100 Jahre*. Im Auftrag des Fachbereichs Philosophie/KTH der Universität Salzburg und der Internationalen Ferdinand Ebner-Gesellschaft, Darmstadt 2018

Bauer, J., *Wie wir werden, wer wir sind. Die Entstehung des menschlichen Selbst durch Resonanz*, München 2019

Bauer, J., *Das empathische Gen. Humanität, das Gute und die Bestimmung des Menschen*, Freiburg 2021

Beck, U., *Der eigene Gott. Friedensfähigkeit und Gewaltpotential der Religionen*, Frankfurt a. M./Leipzig 2008

Benjamin, W., «Zur Kritik der Gewalt», in: R. Tiedemann und H. Schweppenhäuser (Hg.), *Gesammelte Schriften*, Bd. II/1, Frankfurt a. M. 1980, 179–203

Berschens, R., «Milliarden-Paket der EU: Italien wird Hauptprofiteur, Deutschland kassiert 28,8 Milliarden Euro», in: *Handelsblatt* vom 27. 5. 2020, https://www.handelsblatt.com/politik/international/wiederaufbaufonds-milliarden-paket-der-eu-italien-wird-hauptprofiteur-deutschland-kassiert-28-8-milliarden-euro/25863904.html

Bertelsmann Stiftung, Bertelsmann Forschungsgruppe Politik (Hg.), *Gemeinsinn. Gemeinschaftsfähigkeit in der modernen Gesellschaft*, Gütersloh 2002

Bhatti, A., «Heterogenität, Homogenität, Ähnlichkeit», in: A. Allerkamp und G. Raulet (Hg.), *Kulturwissenschaften in Europa – eine grenzüberschreitende Disziplin?*, Münster 2010, 250–266

Bhatti, A., Kimmich, D. (Hg.), *Ähnlichkeit. Ein kulturtheoretisches Paradigma*, Konstanz 2015; engl.: *Similarity. A Paradigm for Culture Theory*, Delhi 2018

Biesterfeldt, H.H., «Ibn Ḫaldūn: Erinnerung, historische Reflexion und die Idee der Solidarität», in: A.Assmann und D.Harth (Hg.), *Mnemosyne. Formen und Funktionen der kulturellen Erinnerung*, Frankfurt a.M. 1991, 277–288

Bischof-Köhler, D., *Soziale Entwicklung in Kindheit und Jugend: Bindung, Empathie, Theory of Mind*, Stuttgart, 2011

Bloch, E., *Naturrecht und menschliche Würde*, Frankfurt a.M. 1972

Bloch, M., *La société féodale. La formation des liens de dépendence*, Paris 1939

Böckenförde, E.W., «Die Entstehung des Staates als Vorgang der Säkularisation», in: ders., *Recht, Staat, Freiheit*, Berlin 2006, 92–114

Böckenförde, E.W., «Freiheit ist ansteckend», Interview mit Joachim Frank, in: *Frankfurter Rundschau* vom 2.11.2010, 32f.

Boehm, O., *Radikaler Universalismus. Jenseits von Identität*, Berlin 2022

Borsche, T., Gemeinsinn – Ohne Nötigung und Ausgrenzung, Vorlesung vom 29.10.2020, https://www.youtube.com/watch?v=rmmw5oK6Bbo

Borst, A., *Lebensformen im Mittelalter*, Frankfurt a.M./Berlin 1979

Bourdieu, P., «Ökonomisches Kapital, kulturelles Kapital, soziales Kapital», in: R.Krenkel (Hg.), *Soziale Ungleichheiten, Soziale Welt*, Sonderband 2, Göttingen 1983, 183–198

Bowles S., Gintis, H., *A Cooperative Species? Human Reciprocity and Its Evolution*, Princeton 2013

Boyer, J.W., *Karl Lueger. Christlich-Soziale Politik als Beruf*, Wien 2010

Bregman, R., *Im Grunde gut: Eine neue Geschichte der Menschheit*, übers. von U. Faure und G. Busse, Reinbek 2020

Breithaupt, F., *Kulturen der Empathie*, Frankfurt a.M. 2009

Brezina, F.F., *Die Achtung. Ethik und Moral der Achtung und Unterwerfung bei Immanuel Kant, Ernst Tugendhat, Ursula Wolf und Peter Singer*, Frankfurt a.M. 1999

Buber, M., *Ich und Du* (1923). 13.Aufl., Gerlingen 1997. Neuausgabe von B.Lang, M.Buber: *Ich und Du. Mit einem Nachwort und Anmerkungen von Bernhard Lang*, Ditzingen 2021

Bude, H., *Solidarität. Die Zukunft einer großen Idee*, München 2019

Burger, R., «Der sterbliche Gott. Eine Bildbetrachtung», in: *Merkur* 59, Nov. 2005, 1041

Burkert, W., «Kronia-Feste und ihr altorientalischer Hintergrund», in: S.Döpp (Hg.), *Karnevaleske Phänomene in antiken und nachantiken Kulturen und Literaturen*, Trier 1993, 11–30

Buruma, I., Margalit, A., *Occidentalism. A short history of anti-Westernism*, London 2005

Cancik, H., *Europa – Antike – Humanismus: Humanistische Versuche und Vorarbeiten,* Bielefeld 2011

Charpin, D., «Les décrets royaux à l'époque Paléo-Babylonienne», in: *Archiv für Orientforschung* 34, 1987, 36–44

Cicero, *De officiis,* in: H. Gunermann (Hg.), *M.T. Cicero: De officiis/Vom pflichtgemäßen Handeln,* Stuttgart 1976

Collier, P., *Sozialer Kapitalismus! Mein Manifest gegen den Zerfall unserer Gesellschaft,* übers. von Th. Schmidt, Berlin 2019

Conrad, D., «Max Webers Interpretation des Dharma und sein Begriff der Eigengesetzlichkeit», in: Goethe-Institut Turin und Centro Piemontese di Studi sul Medio ed Estremo Oriente (Hg.), *Max Weber e l'India. Atti del Convegno Internazionale su: La Tesi Weberiana della Razionalizzazione in Rapporto all'Induismo e al Buddhismo,* Turin 1986, 37–78

Conrad, D., «Der Begriff des Politischen, die Gewalt und Gandhis gewaltlose politische Aktion», in: J. Assmann und D. Harth (Hg.), *Kultur und Konflikt,* Frankfurt a. M. 1990, 72–112

Conrad, D., *Gandhi und der Begriff des Politischen,* hg. von B. Conrad-Lütt, Leiden/Paderborn 2006

Conrad, S., *What is global history?,* Princeton 2017

Dahrendorf, R., «Die Zukunft des Nationalstaates», in: *Merkur* 546, Sept. 1994, 751–761

Dawkins, R., *The Selfish Gene,* Oxford 1976

Demos, J.T., *Radical Futurisms: Ecologies of Collapse, Chronopolitics, Justice-to-Come,* London 2023

Denninger, E., «Integration und Identität. Bitte um etwas Nachdenklichkeit», in: *Kritische Justiz* 34, 2001, 442–452

Derrida, J., *Gesetzeskraft. Der mystische Grund der Autorität,* Frankfurt a. M. 1991

Dihle, A., *Die Goldene Regel. Eine Einführung in die Geschichte der antiken und frühchristlichen Vulgärethik,* Göttingen 1962

Dithmar, R., *Mose und die Zehn Gebote in Thomas Manns Erzählung «Das Gesetz»,* Ludwigsfelde 1999

Driesch, J. von den, *Geschichte der Wohltätigkeit,* Bd. 1: *Die Wohltätigkeit im alten Ägypten,* Paderborn 1959

Dumont, L., *Gesellschaft in Indien Die Soziologie des Kastenwesens,* Wien 1976

Dumont, L., *Essais sur l'individualisme. Une perspective anthropologique sur l'idéologie moderne,* Paris 1985; deutsch: *Individualismus. Zur Ideologie der Moderne,* übers. von U. Pfau und A. Russer, Frankfurt a. M. 1991

Elias, N., *Über den Prozess der Zivilisation,* 2 Bde., Frankfurt a. M. 1976

Ellison, R., *Invisible Man,* New York 1952

Erikson, E. H. «Pseudospeciation in the nuclear age», in: *Political Psychology* 6 (2) 1985, 213–217

Evangelische Stadtmission Freiburg e.V (Hg.), *vonWegen* 4/2022: *Das neue Wir*
Ewald Johann Ludwig, *Gemeingeist. Ideen zu einer Aufregung des Gemeingeistes,* Berlin 1801
Fensham, F. Ch., «Widow, Orphan, and the Poor in Ancient Near Eastern Legal and Wisdom Literature», in: *Journal of Near Eastern Studies* 21, 1962, 129–139
Feuerbach, L., *Grundsätze der Philosophie der Zukunft,* in: *Gesammelte Werke,* Bd. 9, Berlin 1970
Flügge E., *Egoismus. Wie wir dem Zwang entkommen, anderen zu schaden,* Bonn 2020
Forum Politische Bildung (Hg.), *Demokratiebewusstsein stärken. Informationen zur Politischen Bildung* 44, Wien 2019
Frank, M., «Ein helles Licht ist erloschen», in: *Die Zeit* vom 22. 12. 2022, https://www.zeit.de/2022/53/dieter-henrich-tod-philosophie-martin-heidegger
Frankl, V., *... trotzdem Ja zum Leben sagen. Drei Vorträge,* Wien 1946
Freud, S., *Der Mann Moses und die monotheistische Religion,* hg. von J. Assmann, Stuttgart 2010
Frevert, U., *Mächtige Gefühle. Von A wie Angst bis Z wie Zuneigung – Deutsche Geschichte seit 1900,* Frankfurt a. M. 2020
Gandhi, M., *Collected Works,* Delhi/Ahmedabad 1956–1994
Gehlen, A., *Der Mensch, seine Natur und seine Stellung in der Welt,* Berlin 1940
Gehlen, A., *Anthropologische Forschung. Zur Selbstbegegnung und Selbstentdeckung des Menschen,* Reinbek 1961
Gelfand, M., *Rule makers, rule breakers: How tight and loose cultures wire our world,* New York 2018
Gierer, A., «Biologie, Menschenbild und die knappe Ressource ‹Gemeinsinn›», in: H. Münkler und H. Bluhm (Hg.), *Gemeinwohl und Gemeinsinn. Zwischen Normativität und Faktizität,* Berlin 2002, 19–36
Goltermann, S., *Die Wahrnehmung von Krieg und Gewalt in der Moderne,* Berlin 2017
Greenblatt, S., *Renaissance Self-Fashioning. From More to Shakespeare,* Chicago 1983
Gross, R., *Carl Schmitt und die Juden. Eine deutsche Rechtslehre,* Frankfurt a. M. 2000
Haller, G., *Die Grenzen der Solidarität. Europa und die* USA im Umgang mit Staat, Nation und Religion, Berlin 2002
Haller, G. *Europas eigener Weg. Politische Kultur in der europäischen Union,* Zürich 2024
Hampe, M., *Metis* (ETH Zürich), https://metis.ethz.ch
Havice, H. K., *The Concern for the Widow and the Fatherless in the Ancient Near East. A Case Study in O. T. Ethics,* Yale 1978

Hegel, G.F.W., *System der Wissenschaft, Teil 1: Die Phänomenologie des Geistes,* Würzburg/Bamberg 1807

Henrich, D., *Grundlegung aus dem Ich: Untersuchungen zur Vorgeschichte des Idealismus. Tübingen – Jena 1790–1794,* Berlin 2004

Herder, J.G. von, *Briefe zur Beförderung der Humanität,* in: M.Bollacher (Hg.), *Werke in zehn Bänden,* Bd.7, Frankfurt a.M. 1991

Herrou, Cédric, *Ändere deine Welt. Wie ein Bauer zum Fluchthelfer wurde,* übers. von B.Heber-Schärer und A.Stephani, Zürich 2022

Himmill, G., *The Mosaic Constitution. Political Theology and Imagination from Machiavelli to Milton,* Chicago 2012

Hirschman, A.O., «Wie viel Gemeinsinn braucht die liberale Gesellschaft?», in: *Leviathan* 22, 1994, 293–304

Höffe, O., *Koexistenz der Kulturen im Zeitalter der Globalisierung,* München 2008

Hofstede, G., *Culture's Consequences: International Differences in Work-Related Values,* 2.Aufl., Beverly Hills, CA 1984

Hofstede, G., Hofstede, G.J., *Cultures and Organisations: Software of the Mind,* New York 2005

Honneth, A. (Hg.), *Kommunitarismus. Eine Debatte über die moralischen Grundlagen moderner Gesellschaften,* Frankfurt a.M. 1993

Honneth, A., *Kampf um Anerkennung. Zur moralischen Grammatik sozialer Konflikte,* Frankfurt a.M. 2003

Hunt, L., *Politics, Culture, and Class in the French Revolution,* Berkeley/Los Angeles 1984; deutsch: *Symbole der Macht – Macht der Symbole. Die Französische Revolution und der Entwurf einer politischen Kultur,* übers. von M.Bischoff, Frankfurt a.M. 1989

Illouz, E., *Undemokratische Emotionen. Das Beispiel Israel.* Unter Mitarbeit von Avital Sicron, Berlin 2023

Jaspers, K., Friedenspreisrede 1958: https://www.friedenspreis-des-deutschen-buchhandels.de/alle-preistraeger-seit-1950/1950–1959/karl-Jaspers#:~:text=Der%20Stiftungsrat%20w%C3 %A4hlt%20den%20 Philosophen

Jaspers, K., *Vom Ursprung und Ziel der Geschichte,* München 1969

Jonas, H., *Das Prinzip Verantwortung: Versuch einer Ethik für die technologische Zivilisation,* Frankfurt a.M. 1979

Jünger, E., «Das Sonderrecht des Nationalismus», in: ders., *Publizistik,* 1926, 280

Jünger, E., Schmitt, C., *Briefwechsel 1930–1983,* hg. von H.Kiesel, Stuttgart 1999

Kahneman, D., *Schnelles Denken, langsames Denken,* München 2012

Kant, I., *Grundlegung zur Metaphysik der Sitten,* hg. von T. Valentiner und eingeleitet von H.Ebeling, in: Gesammelte Schriften, Bd.4, Stuttgart 2004, 429

Kant, I., *Werke in 10 Bänden,* hg. von W. Weischedel, Darmstadt 1968

Keller, C., «Andreas Reckwitz: Die Gesellschaft der Singularitäten», in: *Herder Korrespondenz* 2/2018, 53, https://www.herder.de/hk/hefte/archiv/2018/2–2018/andreas-reckwitz-die-gesellschaft-der-singularitaeten-buchbesprechung/?gclid=EAIaIQobChMIuOjv8rmz-wIVl853Ch0sPQ18EAAYAyAAEgIZI_D_BwE

Kielmannsegg, P. Graf, «Gesinnungsgemeinschaft statt offener Gesellschafft», in: *F.A.Z.* vom 5.4.2024

Kittsteiner, H. D., «Das entdeckte Arcanum. Raphael Gross über ‹Carl Schmitt und die Juden›», in: *NZZ* vom 2.8.2000

Kittsteiner, H. D., «Der Begriff des Politischen in der Heroischen Moderne. Carl Schmitt, Leo Strauss, Karl Marx», in: M. Basler und E. van der Knaap (Hg.), *Die (k)alte Sachlichkeit. Evolution eines Konzepts,* Würzburg, 2004, 161–188

Kniephoff-Knebel, A., «Pionierin der Internationalisierung in der Sozialen Arbeit: Alice Salomons internationales Wirken», in: *alice. Magazin der Alice Salomon Hochschule* 42, 2021, 54–57

Kodalle, K.-M., «Carl Schmitt und seine Schuld. Im Spannungsfeld von Reuelosigkeit, gelebter Nachsicht und politischer Ächtung», in: *Der Staat* 58, 2019, 171–193

Kolb A., Zimmermann, O., Interview, in: *Neue Musikzeitung,* 2/2017, https://www.nmz.de/artikel/den-inneren-kern-unserer-gesellschaft-bestimmen

Koltan J., *Der Mitmensch. Zur Identitätsproblematik des sozialen Selbst ausgehend von der Frühphilosophie Martin Heideggers und Karl Löwiths,* Würzburg 2012

Köpping, K.-P., Welker, M., Wiehl, R. (Hg.), *Die autonome Person – eine europäische Erfindung?,* München 2002

Koselleck, R., *Kritik und Krise. Eine Studie zur Pathogenese der bürgerlichen Welt,* Freiburg 1959

Kracauer, S., *Frühe Schriften aus dem Nachlass.* Werke in neun Bänden, Bd. 9.2, Frankfurt a. M. 2004, 79–136

LaCapra, D., *Writing History, Writing Trauma,* Baltimore 2001

Lamont, M., *Seeing Others. How to Redefine Worth in a Divided World,* Dublin 2023

Lepenies, W., *Kultur und Politik: Deutsche Geschichten,* München 2006

Levi, P., *Ist das ein Mensch?,* München 1992

Levinas, E., *Eigennamen. Über Sprache und Literatur,* München 1988

Lingat, R., *The Classical Law of India,* New Delhi 1973

Lorenz, K., *Das sogenannte Böse. Zur Naturgeschichte der Aggression,* Wien 1963

Löwith, K., *Nietzsches Philosophie der ewigen Wiederkunft des Gleichen,* Berlin 1935

Löwith, K., *Das Individuum in der Rolle des Mitmenschen,* München 1928, 2. Aufl., Darmstadt 1962

Löwith, K., *Mensch und Menschenwelt,* in: *Sämtliche Schriften,* Bd. I, hg. von K. Stichweh, Stuttgart 1981, 9–197

Löwith, K., «Politischer Dezisionismus (C. Schmitt)» (1935), in: ders., *Der Mensch inmitten der Geschichte. Philosophische Bilanz des 20. Jahrhunderts,* hg. von B. Lutz, Stuttgart 1990, 19–48

Löwith, K., «Nietzsche nach sechzig Jahren», in: ders., *Der Mensch inmitten der Geschichte. Philosophische Bilanz des 20. Jahrhunderts,* hg. von B. Lutz, Stuttgart 1990, 285–304

Löwith, K., «Der europäische Nihilismus. Betrachtungen zur geistigen Vorgeschichte des europäischen Krieges», in: ders., *Der Mensch inmitten der Geschichte. Philosophische Bilanz des 20. Jahrhunderts,* hg. von B. Lutz, Stuttgart 1990, 49–114

Luhmann, N., «Das verlorene Paradigma. Über die ethische Reflexion der Moral», in: *F.A.Z.* vom 28. 12. 1988

Luhmann, N., «Rechtszwang und politische Gewalt», in: *Ausdifferenzierung des Rechts. Beiträge zur Rechtssoziologie und Rechtstheorie,* 154–172

Luhmann, N., *Die Moral der Gesellschaft,* Frankfurt a. M. 2008

Mandeville, B., *The Fable of the Bees or Private Vices, Public Benefits,* London 1806

Mangold, A. K., «Das Böckenförde-Diktum», in: *Verfassungsblog* vom 9. 5. 2019, https://verfassungsblog.de/das-boeckenfoerde-diktum

Mann, Th., *Von Deutscher Republik: Politische Schriften und Reden in Deutschland,* Frankfurt a. M. 1985

Margalit, A., *Politik der Würde. Über Achtung und Verachtung,* Berlin 1997

Margalit, A., *The Ethics of Memory,* Cambridge/Mass. 2003

Marx, K., «Verhandlungen des 6. Rheinischen Landtags. Dritter Artikel. Debatten über das Holzdiebstahlsgesetz. Von einem Rheinländer», in: *Karl Marx/Friedrich Engels Gesamtausgabe,* Erste Abteilung, Bd. I, Berlin 1975, 222

Mathys, H.-P., *Liebe deinen Nächsten wie dich selbst. Untersuchungen zum alttestamentlichen Gebot der Nächstenliebe (Lev 19,18),* hg. von F. Lippke, Tübingen 2015

Mau, S., Lux, T., Westheuser, L., *Triggerpunkte. Konsens und Konflikt in der Gegenwartsgesellschaft,* Berlin 2023

Mbembe, A., *Politik der Feindschaft,* Berlin 2017

Mendelssohn, M., *Schriften über Religion und Aufklärung,* hg. von M. Thom, Berlin 1989

Mendelssohn, M., *Jerusalem oder Religiöse Macht und Judentum* (1783), Neuausgabe Hamburg 2005

Menke, Ch., «Gleichheit, Reflexion, Gemeinsinn», in: H. Münkler u. a. (Hg.), *Forschungsberichte der interdisziplinären Arbeitsgruppe «Gemeinwohl und Gemeinsinn» der Berlin-Brandenburgischen Akademie der Wissenschaften*, Berlin 2002, 71–84

Möllers, Ch., «Etwas am Menschen ist heilig», in: *Die Zeit* vom 13. 10. 2011

Montaigne, M. de, *Essais*, übers. von H. Stilett, Frankfurt a. M. 1998

Mori, H., *Existenzanalyse und Logotherapie*, Wien 2020

Moser, P., «Gefangen im Superdome. Nur noch raus aus der Hölle», in: *Der Spiegel* vom 2. 9. 2005, https://www.spiegel.de/panorama/gefangen-im-superdome-nur-noch-raus-aus-der-hoelle-a-372750.html

Moyn, S., «Rights vs. Duties», in: *Boston Review* 2016

Münkler, H. u. a. (Hg.), *Forschungsberichte der interdisziplinären Arbeitsgruppe «Gemeinwohl und Gemeinsinn» der Berlin-Brandenburgischen Akademie der Wissenschaften*, Berlin 2002

Namer, G., *Mémoire et société*, Paris 1987

Neiman, S., *Links ist nicht woke*, Berlin 2023

Nietzsche, F., *Ecce Homo*, in: *Werke in drei Bänden*, Bd. 2, hg. von K. Schlechta, München 1963

Nietzsche, F., *Fröhliche Wissenschaft*, Aph. 377, in: *Werke in drei Bänden*, Bd. 2, hg. von K. Schlechta, München 1963

Nietzsche, F., *Zur Genealogie der Moral*, in: *Werke in drei Bänden*, Bd. 2, hg. von K. Schlechta, München 1963, 761–900

Nissen, H. J., «The Development of Urban Life in Mesopotamia and the Implementation of Canal Systems», in: J. K. Madsen, N. O. Andersen und I. Thuesen (Hg.), *Water of Life. Essays from a symposium held on the occasion of Peder Mortensen's 80th birthday*, Kopenhagen 2016, 86–96

O'Neill, O., *Gerechtigkeit über Grenzen. Pflichten in der globalisierten Welt*, München 2019.

O'Neill, O., «Worüber denken Sie gerade nach, Onora O'Neill? Über Pflichten», in: *Die Zeit* vom 11. 11. 2021

Oberender, Th., «Gerade jetzt – eben nicht», Interview mit Jonas Zipf, in: *JenaKultur*, 1. 5. 2020, https://blog.jena.de/jenakultur/2020/05/01/gerade-jetzt-eben-nicht

Ockinga, B., el-Masri, Y., *Two Ramesside Tombs at El Mashayikh*, Part 1: *The Tomb of Anhurmose: the Outer Room*, Sidney 1988

Offe, C., «Wessen Wohl ist das Gemeinwohl?», in: K. Günther und L. Wingert (Hg.), *Die Öffentlichkeit der Vernunft und die Vernunft der Öffentlichkeit. Festschrift für Jürgen Habermas*, Frankfurt a. M. 2001

Orwell, G., *Nineteen Eighty-Four*, New York 1962

Oschmann, D., «Wie sich der Westen den Osten erfindet», in: *F.A.Z.* vom 4. 2. 2022

Oschmann, D., *Der Osten: eine westdeutsche Erfindung*, Berlin 2023

Otto, E., *Die biographischen Inschriften der ägyptischen Spätzeit*, Leiden 1954

Ozouf, M., «Freiheit, Gleichheit, Brüderlichkeit», in: dies., *Das Pantheon. Freiheit, Gleichheit, Brüderlichkeit. Zwei französische Gedächtnisorte*, übers. von H. Thill, Berlin 1996, 39–93

Pagels, E., *Adam, Eve, and the Serpent*, New York 1988

Pascal, B., *Pensées et opuscules*, hg. von L. Brunschvig, Paris 1912

Pfeifer, W., *Etymologisches Wörterbuch des Deutschen*, München 1989

Phillips, R., «Race Against Time. Afrofuturism And Our Liberated Housing Futures», in: *Critical Analysis of Law* 9 (1), 2022, 16–34

Plessner, H., *Grenzen der Gemeinschaft. Kritik des sozialen Radikalismus*, Frankfurt a. M. 2022

Polanyi, K., *The Great Transformation. Politische und ökonomische Ursprünge von Gesellschaften und Wirtschaftssystemen*. 3. Aufl., Frankfurt a. M. 1995

Rahden, T. van, *Demokratie: eine gefährdete Lebensform*, Frankfurt a. M. 2019

Raphael, D. D., *The Impartial Spectator: Adam Smith's Moral Philosophy*, Oxford 2009

Rauhut, H., Ullrich, J., «Solidarität, diese wankelmütige Gefährtin», in: *UZH Magazin*, 29. 6. 2020, https://www.news.uzh.ch/de/articles/2020/Solidarit%C3%A4t,-diese-wankelm%C3%BCtige-Gef%C3%A4hrtin.html

Reckwitz, A., *Die Gesellschaft der Singularitäten. Zum Strukturwandel der Moderne*, 5. Aufl., Berlin 2018

Rettig, D., «Egoismus: Altruisten kommen weiter», in: *Wirtschaftswoche* vom 5. 2. 2012

Rhinow, R., «Freiheit ist mit Menschenwürde verbunden», in: *NZZ* vom 10. 2. 2022

Rhinow, R., *Freiheit in der Demokratie: Plädoyer für einen menschenwürdigen Liberalismus*, Zürich 2022

Richter, H., *Demokratie. Eine deutsche Affäre. Vom 18. Jahrhundert bis zur Gegenwart*, München 2020

Rifkin, J., *Die empathische Zivilisation: Wege zu einem globalen Bewusstsein*, Frankfurt 2010

Roccati, A., *La littérature historique sous l'Ancien Empire Égyptien*, Paris 1982

Rousseau, J.-J., *Du Contrat Social, ou principes du droit politique*, in: *Collection complète des œuvres*, Bd. 1, Genf, 1780–1789

Rousseau, J.-J., *Discours sur l'origine et les fondements de l'inégalité parmi les hommes*, Paris 2010

Saage, R., «Der Ethnologe als Utopist», in: *Paideuma* 47, 2001, 43–60

Sacks, J., *The Dignity of Difference. How to avoid the Clash of Civilizations*, London 2002; deutsch: *Wie wir den Krieg der Kulturen noch vermeiden können*, Gütersloh 2007

Sahebi, G., *Unser Schwert ist die Liebe. Die feministische Revolte im Iran,* Berlin 2023

Said, E., *Orientalism. Western Conceptions of the Orient,* London 1995

Sandall, R., «Das Fortschrittsparadox. Über die Wurzeln des romantischen Primitivismus», in: *Merkur* 59, November 2005, 1042–1049

Savoy, B., *Die Provenienz der Kultur,* Berlin 2018

Schabert, T., «From Olga Froebe-Kapteyn to the Amici di Eranos. On the history of the Eranos-Tagungen at Ascona», https://www.eranos. org/content/pdf/History_of_Eranos_Tagungen.pdf

Schäfer, A., «Die initiatorische Bedeutung der sokratischen Elenktik», in: D. Benner (Hg.), *Erziehung – Bildung – Negativität,* Weinheim 2005, 38–48

Schenkel, W., *Memphis – Herakleopolis – Theben. Die epigraphischen Zeugnisse der 7.-11. Dynastie Ägyptens,* Wiesbaden 1965

Schlink, B., «‹Das Moralische versteht sich von selbst›», in: *Merkur* 63, Juli 2009, 557–569

Schmitt, C., *Über die drei Arten des rechtswissenschaftlichen Denkens. Schriften der Akademie für Deutsches Recht,* Hamburg 1934

Schmitt, C., *Der Begriff des Politischen. Text von 1932 mit einem Vorwort und drei Corollarien,* Berlin 1979

Schmitt, C., *Die geistesgeschichtliche Lage des heutigen Parlamentarismus,* Nachdruck der 8. Aufl., Berlin 1996

Schopenhauer, A., *Die Stachelschweine,* https://www.projekt-gutenberg.org/schopenh/stachel/stachel.html

Schulte, Ch., *radikal böse. Die Karriere des Bösen von Kant bis Nietzsche,* München 1991

Scobel, G., «Komplexität, Urteilskraft, Weisheit: Philosophische Probleme der politischen Heuristik», in: K.-R. Korte, G. Scobel und T. Yildiz (Hg.), *Heuristiken des politischen Entscheidens,* Berlin 2022, 117–118

Scorzin, P. C., «Über das Unsichtbare im Sichtbaren. Szenographische Visualisierungsstrategien und moderne Identitätskonstruktionen am Beispiel von Jeff Walls ‹After Invisible Man by Ralph Ellison, the Prologue›», in: *IMAGE* 18, 7/2013, 73–98

Seneca, *De ira/Über die Wut,* hg. von Jula Wildberger, Leipzig 200

Sennett, R., *Respect in a World of Inequality,* New York 2003

Sethe, K., *Urkunden des Alten Reichs,* Leipzig 1933

Shafak, E., *Hört einander zu!,* Zürich/Berlin 2021

Shklar, J. N., *Der Liberalismus der Furcht,* Berlin 2021

Simmel, G., *Hauptprobleme der Philosophie,* 6. Aufl., Berlin/Leipzig 1927

Smith, A., *The Theory of Moral Sentiments,* London 1759

Sontheimer, K., «Thomas Mann als politischer Schriftsteller», in: *Vierteljahrshefte für Zeitgeschichte* 6 (1958), Heft 1, 1–44

Spann, O., *Schöpfungsgang des Geistes,* Jena 1928

Sprenger, R.K. «Sie sagen Solidarität und meinen Gehorsam. Wie ein Begriff und eine Tugend verdreht wird», in: *NZZ* vom 15.2.2021

Steinmeier, F.W., Wir sind ein Land mit Migrationshintergrund, in: *Die Welt* vom 10.9.2021, https://www.welt.de/politik/deutschland/article233710930/Frank-Walter-Steinmeier-Wir-sind-ein-Land-mit-Migrationshintergrund.html

Stern, F., Dankesrede für die Verleihung des Friedenspreises des Deutschen Buchhandels, 1999, https://www.friedenspreis-des-deutschen-buchhandels.de/alle-preistraeger-seit-1950/1990–1999/fritz-stern

Stollberg-Rilinger, B., *Die Aufklärung. Europa im 18. Jahrhundert,* 4. Aufl., Leipzig 2019

Strauss, L., «Anmerkungen zu Carl Schmitt, Der Begriff des Politischen», in: H. und W. Meier (Hg.), *Hobbes' politische Wissenschaft und zugehörige Schriften – Briefe,* Stuttgart 1988

Sundermeier, T., *Nur gemeinsam können wir leben. Das Menschenbild schwarzafrikanischer Religionen,* Gütersloh 1988

Taylor, Ch., *Wieviel Gemeinschaft braucht die Demokratie?,* Frankfurt a. M. 2001

Tendulkar, D. G., *Mahatma. Life of Mohandas Karamchand Gandhi,* Delhi 1960–1963

Teufel, E. (Hg.), *Von der Risikogesellschaft zur Chancengesellschaft,* Frankfurt a. M. 2001

Theunissen, M., *Der Andere: Studien zur Sozialontologie der Gegenwart,* Berlin/New York 1977

Thomasius, Ch., *Einleitung zu der Vernunfftlehre,* Halle 1691

Tomasello, M., *Warum wir kooperieren,* Berlin 2010

Tönnies, F., *Gemeinschaft und Gesellschaft. Grundbegriffe der reinen Soziologie* (1887), Darmstadt 2010

Tran, Q., «Ich werde nicht hassen», in: *F.A.Z.* vom 4.3.2024

Walzer, M., *Exodus and Revolution,* New York 1985; deutsch: *Exodus und Revolution,* übers. von B. Rullkötter, Berlin 1988

Walzer, M., *Thick and Thin,* Notre Dame 1994; deutsch: *Lokale Kritik – globale Standards. Zwei Formen moralischer Auseinandersetzung,* übers. von Ch. Goldmann, Hamburg 1996

Weber, M., *Gesammelte Aufsätze zur Religionssoziologie,* Tübingen 1978

Westphalen, A. von, «Der Mensch in Zeiten der Katastrophe», in: Deutschlandfunk, 20.2.2022, https://www.deutschlandfunk.de/altruismus-der-mensch-in-zeiten-der-katastrophe-dlf-a2f60714–100.html

Westphalen, A. von, *Die Wiederentdeckung des Menschen. Warum Egoismus, Gier und Konkurrenz nicht unserer Natur entsprechen,* Frankfurt a. M. 2019

Wittgenstein, L., *Philosophische Untersuchungen,* Frankfurt a. M. 1975

Wolf, A., Appel-Kummer, E., *Naherholung in Stadt und Land*, Norderstedt 2009
Zipf, J., Liebold, B. (Hg.), *Innehalten: Chronik einer Krise. Jenaer Corona-Gespräche*, Berlin 2020
Žižek, S., *Liebe deinen Nächsten? Nein, danke!*, München 1999

Internetquellen (sofern nicht bei den Autoren angegeben)

https://www.Spiegel.de/politik/deutschland/ostelsheim-dorf-bewohner-waehlen-ryyan-alsheblin-gefluechteten-aus-syrien-zum-buergermeister-a-d8bc20eb-f56f-49c0-a1b0-6357a4800db9
https://de.wikipedia.org/wiki/Christian_L%C3%BCth
https://en.wikipedia.org/wiki/Arthur_J._Finkelstein
https://phil.ethz.ch/forschung/laufende-forschungsprojekte/metis--das-internetportal-fuer-weisheitsliteratur-und-weisheitsp.html
https://phil.ethz.ch/forschung/laufende-forschungsprojekte/metis--das-internetportal-fuer-weisheitsliteratur-und-weisheitsp.html
https://www.bmi.bund.de/DE/startseite/startseite-node.html
https://www.bmi.bund.de/DE/themen/heimat-integration/gesellschaftlicher-zusammenhalt/gesellschaftlicher-zusammenhalt-node.html
https://www.curioctopus.de/read/42458/katar:-japanische-fans-bleiben-nach-dem-spiel-im-stadion-und-reinigen-die-tribunen
https://www.daserste.de/information/politik-weltgeschehen/monitor/videosextern/babylon-berlin-die-lehren-von-weimar-ut100.xml
https://www.uni-konstanz.de/forschen/forschungseinrichtungen/gemeinsinn-was-ihn-bedroht-und-was-wir-fuer-ihn-tun-koennen/
https://www.zeit.de/karriere/beruf/2010-11/egoismus-karriere-erfolg/komplettansicht

BILDNACHWEIS

Seite 37: © Nele von Wieringen, Keramikmuseum Westerwald
Seite 59: © picture alliance/Hans Lucas/Steven Wassenaar
Seite 114: © picture alliance/picturedesk.com/Robert Newald
Seite 129: © Guy Hirschfeld
Seite 203 und 204: © Deborah Cole
Seite 206: © picture alliance/Robert B. Fishman
Seite 213: © picture alliance/imageBROKER/Norbert Probst

PERSONENREGISTER